Christoph Girtanner

Über das kantische Prinzip für die Naturgeschichte ein Versuch

Diese Wissenschaft philosophisch zu behandeln

Christoph Girtanner

Über das kantische Prinzip für die Naturgeschichte ein Versuch
Diese Wissenschaft philosophisch zu behandeln

ISBN/EAN: 9783743398245

Hergestellt in Europa, USA, Kanada, Australien, Japan

Cover: Foto ©Thomas Meinert / pixelio.de

Christoph Girtanner

Über das kantische Prinzip für die Naturgeschichte ein Versuch

Vorrede.

Der große Philosoph zu Königsberg hat, in dreien Abhandlungen über die Menschenraſſen, die in verſchiedene Zeitſchriften eingerükt ſind, höchſt ſcharfſinnige Gedanken geäuſſert, welche, wenn ſie einer ſorgfältigen Prüfung wären unterworfen worden, dem Studium der Naturgeſchichte nothwendig eine ganz neue Richtung hätten geben müſſen. Dennoch finde ich nicht, daß neuere Naturforſcher auf dieſe Gedanken Rükſicht genommen haben, ausgenommen Herr Hofrath **Blumenbach,** in der neuen Auflage ſeiner vortrefflichen Schrift: de generis humani varietate nativa. Vielleicht ſind jene Abhandlungen, eben deßwegen, weil ſie ſich in Zeitſchriften zerſtreut finden, nicht hinlänglich bekannt geworden. Ich glaube daher allen Naturforſchern einen Dienſt zu leiſten, wenn ich das Syſtem des großen Den-

kers,

kers, so weit es in jenen Aufsäzzen enthalten ist,
hier aufstelle, seine Gedanken in Verbindung
bringe, und seine Theorie, größtentheils mit
seinen eigenen Worten, vortrage. Bei langem
Nachdenken über den Kantischen Grundsaz habe ich gefunden, daß derselbe nicht bloß von
den Menschenrassen, auf welche der berühmte
Philosoph ihn angewandt hatte, gilt, sondern
daß dieser Grundsaz ein allgemeines Gesez ist,
welches auf die ganze organisirte Natur angewandt werden kann. Eine solche Anwendung
habe ich in der folgenden Schrift, welche man
als eine Erläuterung von Kants Ideen, und
als einen Kommentar über dieselben ansehen
kann, zu machen versucht. In wiefern mir
dieß gelungen sei, darüber erwarte ich das Urtheil kompetenter Richter. Vorzüglich wünsch-
te ich zu erfahren, ob ich nicht etwa Kant miß-
verstanden habe. In einer abstrakten Speku-
lation ist Mißverstand leicht möglich; und um so
mehr muß ich befürchten, mich in diesem Falle zu befinden, da Kant schon zu wiederhol-
ten malen (Berliner Monatschr. 1785. Bd.
6. S. 391. und Deutscher Merkur 1788.
S. 38.)

S. 38.) sich beklagt hat, daß er in demjenigen, was er über Menschenrassen geschrieben, gar nicht sei verstanden worden, und daß sogar scharfsinnige Männer sich an Nebendinge gehalten, und das Prinzip selbst, worauf doch alles ankomme, übersehen hätten. Sollte ich also geirrt haben: so werde ich die Anzeige meiner Irrthümer mit dem lebhaftesten Dank annehmen, und dieselben künftig zu verbessern suchen.

Daß derjenige Theil dieses Buches, welcher von den Thier=Rassen und Pflanzen=Rassen handelt, so äusserst dürftig ausgefallen, daran ist der Mangel an zuverläßigen Beobachtungen schuld. Ueber die Menschen=Rassen findet man viele Thatsachen in Reisebeschreibungen zerstreut, welche nur gesammelt werden dürfen, obgleich auch hier noch vieles zu berichtigen und zu untersuchen bleibt: allein von den Rassen, Spielarten und Varietäten, der Thiere und Pflanzen ist noch wenig zuverläßiges bekannt. Alles, was wir bis jezt über diesen Gegenstand besizzen, sind Bruch-

stük=

ſtükke, oder bloße Vermuthungen, welche dem philoſophiſchen Naturforſcher, der nichts annehmen darf, als was zuverläßig ausgemacht iſt, kein Genüge thun können.

Sollte dieſer Verſuch von denkenden Naturforſchern nicht ganz ungünſtig aufgenommen werden; ſo dürfte demſelben nach einiger Zeit vielleicht noch ein zweiter folgen.

Göttingen am 29 Auguſt 1796.

Chriſtoph Girtanner.

In=

Inhalt.

* 5

Wa-

Inhalt.

Ver-

Inhalt.

Inhalt.

West-

Inhalt.

Ge=

Inhalt.

Wie

Inhalt.

Was

Inhalt.

Sij

Inhalt.

** Die

Inhalt.

II.

Inhalt.

** 2

Das

Inhalt.

Die

Inhalt.

** 3   Vier=

Inhalt.

Wa=

Inhalt.

Das

Inhalt

Erster

Erster Abschnitt.

Theorie.

Aufstellung der Grundsätze.

Die Natur ist der Inbegriff von allem, was nach bestimmten Gesetzen existirt.

Die Naturforschung ist zweierlei. Entweder beschäfftigt sie sich mit dem, was man eigentlich Natur nennt, mit der Welt — dann heißt sie Physik; oder sie beschäfftigt sich mit der obersten Ursache der Welt — dann heißt sie Metaphysik.

Die Naturbeschreibung (Physiographie) ist die Kenntniß der natürlichen Dinge, wie sie jetzt sind. Unrichtig hat man sie bisher Naturgeschichte genannt.

Die Naturgeschichte (Physiogonie) ist die Kenntniß von demjenigen, was die natürlichen Dinge ehemals gewesen sind, und von der Reihe der

A   Ver-

Veränderungen, durch welche sie gegangen sind, um an jedem Orte in ihren gegenwärtigen Zustand zu gelangen.

Die Naturbeschreibung ist, seit Linnes Zeiten, sehr stark bearbeitet worden; dagegen ist für die Naturgeschichte (wenn man die Theorien der Erde ausnimmt) noch wenig oder nichts gethan. Das gegenwärtige Schulsystem der Naturbeschreibung ordnet zwar die natürlichen Dinge sehr bequem für das Gedächtniß, allein es thut nichts für den Verstand. Ein physisches Natursystem für den Verstand kann man nur von der Naturgeschichte erwarten, welche eine abgesonderte Wissenschaft ist, die uns unterrichten soll, was für Veränderungen die Gestalt der Erde sowohl, als die Geschöpfe auf derselben, durch natürliche Wanderungen, durch den Einfluß des Himmelstrichs, und durch gewaltsame Revolutionen der Natur, erlitten haben. Die Naturgeschichte lehrt uns ferner (oder versucht wenigstens es zu lehren) wie das Urbild einer jeden Stammgattung von Thieren und Pflanzen ursprünglich beschaffen gewesen sei, und wie die Gattungen von ihrer Stammgattung allmählig abgeartet seien.

Alle natürlichen Körper sind entweder organisirt, oder nicht organisirt.

Orga

Organisirte Körper, sind solche Körper, in denen Alles wechselseitig als Zweck und Mittel mit einander in Verbindung steht. Alles, was in einen organisirten Körper enthalten ist, bezieht sich auf einander als Zweck und Mittel.

In der Naturbeschreibung werden die organisirten Körper, nach dem Linneischen Systeme, in Klassen, Ordnungen, Geschlechter und Arten, eingetheilt. Diese Eintheilung der Schule, welche bloß für das Gedächtniß ist, bringt die organisirten Geschöpfe unter Titel, nach ihrer Aehnlichkeit, oder nach der Analogie a).

Die Naturgeschichte, im philosophischen Sinne, theilt die organisirten Körper in Stämme, nach ihren Verwandschaften in Ansehung der Erzeugung. Sie gründet sich auf das gemeinschaftliche Gesetz der Fortpflanzung. Einheit der Gattung ist bei ihr Einheit der zeugenden Kraft. Auf diese Weise entsteht ein Natur-System für den Verstand, eine Eintheilung der organisirten Körper unter Gesetze,

und

a) Adeo ut fere desperem, posse aliunde, quam *ex analogia* et verisimilitudine, notionem speciei in Zoologiae studio depromi. *Blumenbach* de generis humani varietate nativa. S. 70.

-und zwar vorzüglich unter die Geseze des Bildungstriebes.

Mehrere berühmte Naturforscher haben bereits
die Gattungen nach den Gesezen der Fortpflanzung
zu bestimmen gesucht, oder doch wenigstens die Richtigkeit des Grundsazes anerkannt: daß Thiere,
welche mit einander fruchtbare Junge zeugen, zu einer und derselben physischen Gattung gehören. Z. B.
Rai, Frisch, und vorzüglich Büffon. Dieses
Gesez gilt aber, meiner Ueberzeugung nach, allgemein von allen organisirten Körpern, von Thieren
und Pflanzen.

Alle Thiere, oder Pflanzen, die mit ein-
ander fruchtbare Junge zeugen, gehören zu
Einer physischen Gattung — dieß ist das große
Naturgesez, worauf die Naturgeschichte sich gründet.

Organisirte Körper, welche zu Einer und derselben Naturgattung (species naturalis) gehören,
stehen, durch ihr Zeugungs-Vermögen, unter einander in Verbindung, und sind von Einem Stamme
entsprossen.

Organisirte Körper, welche zu Einer und derselben Schulgattung (species artificialis) gehören,
stehen bloß unter einem gemeinschaftlichen Merkmale der Vergleichung.

Db

Ob der Stamm, aus welchem die Gattung ursprünglich entsprossen ist, aus einem einzelnen Paare, oder aus mehreren gleichartigen Geschöpfen beiderlei Geschlechts, bestanden habe, läßt sich nicht ausmachen. Beides ist möglich, und die Entscheidung dieser Frage ist für die Naturgeschichte gleichgültig.

Nur durch Beobachtung kann ausgemacht werden, welche organisirten Körper zu Einer Gattung gehören.

Beobachten heißt: Erfahrungen methodisch anstellen.

Erbliche Abweichungen Einer Gattung, erbliche Verschiedenheiten organischer Körper die zu Einem Stamme gehören, heißen Abartungen.

Erbliche Merkmale der Abstammung, wenn sie mit ihrer Abkunft einstimmig sind, heißen Nachartung. Man sagt von einem Kinde, daß es dem Vater, oder der Mutter, nacharte.

Erbliche Merkmale der Abstammung, wenn sie mit ihrer Abkunft nicht einstimmig sind, das heißt, wenn sie die ursprüngliche Stammbildung nicht mehr herstellen können, nennt man Ausartung (degeneratio).

Es

Es ist ein allgemeines Gesez der Natur, daß sich, in der ganzen organischen Schöpfung, die Gattungen unverändert erhalten, obgleich die einzelnen Geschöpfe mancherlei Veränderungen unterworfen sind. Eine Ausartung der Gattungen, im philosophischen Sinne, kann man dem zufolge nicht zugeben, weil sie diesem Geseze der Natur zuwider läuft.

Die Abartungen sind:

1) Rassen. Wenn die Abartung nicht nur bei allen Verpflanzungen und Versetzungen in andere Erdstriche, in langen Zeugungen unter sich, beständig sich erhält, sondern auch, in der Vermischung mit andern Abartungen desselben Stammes, jederzeit halbschlächtige Junge zeugt. Z. B. Neger und Weisse sind zwei Rassen des Menschen-Stammes, und zeugen halbschlächtige Junge, oder Blendlinge, nämlich Mulatten.

Eine Rasse (progenies classifica) ist dem zufolge: der Klassen-Unterschied organischer Körper Eines und desselben Stammes, in so fern er unausbleiblich erblich ist.

2) Spielart. Wenn die Abartung, bei allen Verpflanzungen und Versetzungen in andere Erdstriche, zwar das Unterscheidende ihrer Abartung beständig

ständig beibehält, und also nachartet, aber in der Vermischung mit andern Abartungen nicht nothwendig halbschlächtig zeugt. Dieß ist z. B. der Fall mit blonden und brunetten Menschen. Blonde und Brunette sind Spielarten der weissen Menschenrasse. Wenn sie unter sich zeugen; so behalten sie das Unterscheidende ihrer Abartung (nämlich Farbe der Haare, Haut und Augen) beständig, und unter allen Himmelsstrichen, bei: wenn aber Blonde und Brunette sich mit einander vermischen und Kinder zeugen; so sind die Kinder nicht nothwendig halbschlächtig. Oft sind alle, aus einer solchen Vermischung erzeugten, Kinder brunett, zuweilen, jedoch seltener, sind alle blond. Es entsteht kein Mittelschlag zwischen brunett und blond.

3) Varietät. Wenn die Abartung zwar oft, aber nicht beständig, nachartet b). Es ist eine erbliche Eigenthümlichkeit, die sich nicht unausbleiblich fortpflanzt: eine Gestalt, die in der Fortpflanzung nur bisweilen den Karakter der nächsten Eltern,

und

b) Sunt in Italia et Gallia, imo etiam Germania, familiae notis gentilitiis infignes, fed neque in omnes perinde, nec eodem modo tranfeuntibus, imo tandem mora defecturis. *Pechlin* de colore Aethiopum. S. 157.

und zwar mehrentheils nur einſeitig, reproduzirt. Hieher gehören: die meiſten erblichen Krankheiten; gewiſſe Talente und Fähigkeiten; gewiſſe Monſtroſitäten, wie z. B. Hände mit ſechs Fingern; der Kakerlakismus bei den Thieren; gewiſſe Fehler der Organe, z. B. das Stottern, die Unmöglichkeit den Buchſtaben R auszuſprechen, u. ſ. w.

4) Ein beſonderer Schlag (varietas nativa). Wenn die Abartung zwar mit andern Abartungen halbſchlächtig erzeugt, aber durch die Verpflanzung nach und nach erliſcht. Der Schlag entſteht durch Klima und Nahrung in verſchiedenen Provinzen. Er artet zwar, in der Vermiſchung mit Fremden, halbſchlächtig an, aber er verſchwindet, in einem andern Klima und bei anderer Nahrung, nach wenigen Zeugungen.

Durch Ehen, die während einer langen Zeit immer in denſelben Familien verbleiben, kann etwas karakteriſtiſches in die Zeugungskraft endlich ſo tief ſich einwurzeln, daß die Varietät beinahe zur Spielart wird, und ſich, wie dieſe, fortpflanzt. Bei Menſchen entſteht daher der Familienſchlag, den man z. B. unter dem alten Adel zu Venedig, unter den Braminen in Oſtindien, unter dem Adel in Otaheiti und unter den Juden bemerkt. Bei den

Pfer-

Pferden sowohl, als bei andern Hausthieren, ist es eine bekannte Bemerkung, daß man, um keinen solchen Schlag entstehen zu lassen, zuweilen ausländische Rassen mit den einheimischen durch die Zeugung vermischen muß, was die Franzosen croiser les races nennen. Eben das findet bei den Pflanzen statt. Dieselbe Gattung von Gemüse mehrere Jahre auf derselben Stelle und aus ihrem eigenen Saamen gebaut, nimmt endlich einen eigenen Schlag an, welcher von der ursprünglichen Rasse verschieden ist c).

Geschieht die Zeugung in benselben Familien, durch eine lange Reihe von Zeugungen, unvermischt: so entsteht endlich ein dauerhafter Schlag, beinahe eine Rasse.

Wenn, durch Vermischung zweier organischen Körper welche erblich verschiedene Eigenthümlichkeiten besitzen, keine fruchtbare Nachkommenschaft entsteht (vorausgesezt, daß beide mit ihres gleichen fruchtbar sind): so ist dieß ein sicheres Kennzeichen, daß beide von verschiedener Gattung, das heißt,

von

c) **To prevent flax from degenerating in Scotland, great quantities of foreign seed are annually i- ported.** *Lord Kaimes's f-*

von zwei verſchiebenen urſprünglichen Stämmen ent=
ſproſſen ſind.

Wenn hingegegen , durch Vermiſchung zweier
organiſchen Körper , welche erblich verſchiedene Ei=
genthümlichkeiten beſizen , fruchtbare Nachkommen=
ſchaft entſteht: ſo iſt dieß ein ſicheres Kennzeichen ,
daß ſie zu einerlei Gattung gehören, und aus Ei=
nem urſprünglichen Stamme entſproſſen ſind.

Dieſer Grundſaz iſt allgemein und unbedingt
wahr. Auch iſt die Verſchiedenheit der Geſtalt der
beiden organiſchen Körper , welche mit einander
fruchtbare Nachkommenſchaft zeugen, kein Einwurf
gegen die Richtigkeit deſſelben. Die Verſchiedenheit
der Geſtalt ſei auch noch ſo groß: ſo muß dennoch
eine gemeinſchaftliche Abſtammung derſelben mög=
lich ſein. Denn da ſie ſich, dieſer Verſchiedenheit
ungeachtet, dennoch, durch die Zeugung, in ein
Produkt vereinigen können, welches die Eigenthüm=
lichkeiten von beiden enthält: ſo müſſen ſie ſich auch
aus Einem Stamme , welcher die Anlagen zur Ent=
wiklung der Eigenthümlichkeiten von beiden urſprüng=
lich in ſich verbarg, in zwei Raſſen durch Zeugung
haben theilen können. Dieſe Vorausſezung iſt dem
bekannten Grundſaze gemäß, vermöge welches die

Ver=

Vernunft niemals von zweien Prinzipien asgeht, wenn sie mit Einem auslangen kann d).

Der ursprüngliche Stamm einer jeden Gattung organischer Körper enthielt in sich eine Menge verschiedener Keime und natürlicher Anlagen, von denen sich, durch die verschiedene Richtung des Bildungstriebes, bald diese bald jene entwikelten, während die übrigen unentwikelt blieben: daher der Ursprung der verschiedenen Rassen, Spielarten und Varietäten, Eines und desselben Stammes.

Keime nennt man die, in der Natur eines organisirten Körpers liegenden, Gründe einer bestimmten Entwiklung, wenn diese Entwiklung ganze Theile betrifft. So haben z. B. die Vögel Keime zu einer neuen Schicht von Federn, welche sich nur im kalten Himmelsstriche entwikelt, im warmen aber zurükgehalten wird, und unentwikelt bleibt.

Natürliche Anlagen nennt man die, in der Natur eines organisirten Körpers liegenden, Gründe einer bestimmten Entwiklung, wenn diese Entwiklung nur die Größe der Theile, oder das Verhältniß derselben unter einander, betrift. So hat z. B.

d) Caussae rerum naturalium non plures admitti debent, quam quae earum phaenomenis explicandis sufficiunt. NEWTON.

z. B. das Waizenkorn eine natürliche Anlage, in einem
kälteren Himmelsſtriche allmählig eine dickere Haut
hervorzubringen.

Bei der Wanderung und Verpflanzung der or-
ganiſirten Körper entſtehen, dem Scheine nach, neue
Arten.   Dieſe ſind aber bloß Abartungen deſſelben
Stammes, Raſſen, deren Keime und natürliche
Anlagen ſich nur gelegentlich, in langen Zeitläuften,
auf verſchiedene Weiſe entwikelt haben.

Nur die Stammbildung kann in eine Raſſe abarten.

Der Himmelsſtrich, das Klima, iſt die einzige Urſache, welche auf die Zeugungskraft innig
einfließen, den Bildungstrieb mobiſiziren, demſelben eine beſtimmte Richtung geben, und eine dau-
erhafte, das heißt erbliche, Entwiklung der Keime
und Anlagen bewirken, oder eine Raſſe gründen
kann. Nur das, was auf die Quelle des Lebens,
auf die erſten Urkräfte der organiſchen Einrichtung
und Bewegung einwirkt, nur dieß kann den Bildungstrieb mobiſiziren, und auf die Zeugungskraft
einen bleibenden Eindruk machen.

Unter Klima, Himmelsſtrich, verſtehe ich Luft
und Sonne, das heißt: Lichtſtoff, Wärmeſtoff,
                                                    und

und die verſchiedenen Miſchungen der atmoſphäri-
ſchen Luft.

Die Nahrung wirkt keineswegs dauerhaft auf
die Zeugungskraft. Sie kann zwar einen Schlag
hervorbringen: allein das Unterſcheidende deſſelben
verliert ſich bald, nach der Verpflanzung unter einen andern Himmelsſtrich.

Organiſirte Körper beſtehen aus organiſirter oder lebender Materie, welche von der tobten
unorganiſirten Materie ganz verſchieden iſt.

Die unorganiſirte Materie folgt den phyſiſchen
und chemiſchen Geſezen: in der organiſirten Materie ſind hingegen die phyſiſchen und chemiſchen Geſeze den Geſezen der Organiſation unterworfen.

Die organiſirte Materie beſizt die Kraft, auch
die unorganiſirte in organiſirte zu verwandeln — daher der Wachsthum und die Ernährung organiſcher
Körper.

Organiſation iſt diejenige Einrichtung eines
Körpers, vermöge welcher jeder ſeiner Theile ſich
nicht nur als Mittel, ſondern auch als Zwek, zu den
übrigen verhält.

In einem organiſirten Körper iſt ein jeder Theil
ein Organ, ein Werkzeug: er iſt nur durch alle
übrigen da, nur um der übrigen und um des Gan-

zen

gen willen vorhanden, und trägt mit dazu bei, die übrigen Theile hervorzubringen.

Ein jeder organiſirter Körper iſt ein Ganzes, welches den Grund ſeiner Organiſation in ſich ſelbſt hat.

Leben iſt die Wirkſamkeit der Materie nach Geſezen der Organiſation.

Zwei Hauptkräfte finden wir in der Natur: den Naturmechanismus, oder die Bildungskraft, und die Organiſation, oder den Bildungstrieb.

Wenn in einem organiſirten Körper die phyſiſchen und chemiſchen Geſeze ihre Wirkſamkeit wiederum, unabhängig von ſeiner Organiſation, äuſſern: ſo iſt der Körper tod: das heißt Organiſation und Leben (im phyſiſchen Sinne) hören bei ihm auf.

Die organiſirte Materie wird demzufolge, durch den Tod des organiſirten Körpers, in unorganiſche verwandelt. Aus organiſcher Materie kann alſo unorganiſche werden: aber es kann niemals unorganiſche Materie in organiſche verwandelt werden, wenn dieſes nicht durch organiſche Materie per aſſimilationem geſchieht.

Es widerſtreitet allen bekannten Geſezen der Erfahrung, daß jemals unorganiſirte Materie von

selbst

selbst, und ohne Beihülfe anderer organisirter Materie, sich organisirt habe. Der erste Ursprung der organisirten Materie überhaupt, und aller organisirten Körper insbesondre, ist dem Naturforscher unbegreiflich: der Metaphysiker aber versucht es, denselben zu erklären.

Die Generatio aequivoca, oder das System, welches behauptet, daß durch die Mechanik der uns organisirten Materie organisirte Wesen entstehen könnten, ist demzufolge ungereimt, und widerspricht der Vernunft sowohl, als der Erfahrung.

Ein organisirter Körper hat folgende Eigenschaften e):

1) Er erzeugt sich selbst der Gattung nach; das heißt: er bringt ein organisches Produkt von eben der Gattung hervor, von welcher er erzeugt worden ist. (Zeugung).

Eine jede Gattung organisirter Körper ist demzufolge von sich selbst Ursache und Wirkung.

2) Er erzeugt sich selbst als Individuum, indem er wächst.

Das Wachsthum ist nicht Zunahme der Größe nach mechanischen Gesezen, sondern nach organischen. Ein organisches Wesen verwandelt die rohe Ma-

e) Schmids empirische Psychologie. S. 427.

Materie, die es sich zusezt, in organische, ihm ähnliche, Materie.   (Ernährung).

3) Die Erhaltung des Einen Theils hängt wechselseitig von der Erhaltung des andern ab , z. B. die Erhaltung des Baumes von Erhaltung der Blätter.

4) Wenn, durch Verlezung , oder durch Verstümmlung , Mängel eines Theils entstehen; so wird derselbe von den übrigen benachbarten Theilen, mehr oder weniger, vollständiger oder unvollständiger, ergänzt. (Reproduktion. Wiederersetzung).

5) Wenn die Organisation eines organisirten Wesens in Unordnung geräth: so bemüht sich dasselbe , durch seine eigene Kraft, die verlohrne Ordnung und Harmonie der einzelnen Theile wiederum herzustellen. (Heilung. Heilkräfte der Natur. Vis medicatrix naturae).

Der Bildungstrieb (den Hr. Hofr. Blumenbach zuerst, so äußerst scharfsinnig, von der, der Natur beiwohnenden, mechanischen Bildungskraft unterschieben hat) äußert sich demzufolge auf viererlei Weise: durch die Zeugung , die Ernährung, die Wiederersezung und die Heilung f).

Erzeu

f) Die Bildungskraft ist die vis plastica der Alten, welche bloß mechanisch wirkt: der Bildungstrieb
(nisus

Erzeugung ist: der Anfang des organischen Lebens; die Unterwerfung der todten Materie unter die Gesetze der Organisation; die Unterordnung der physischen, chemischen und mechanischen Gesetze, unter die organischen.

Geburt heißt: eine merkwürdige Entwicklung des organischen Lebens, und der Uebergang zur Unabhängigkeit von einem früher vorhandenen organisirten und organisirenden Wesen g).

Lebenskraft ist diejenige Kraft, vermöge welcher die chemischen und physischen Gesetze den Gesetzen der Organisation untergeordnet sind.

Die organisirte Natur ist kein Analogon der Kunst: denn ein Kunstwerk, z. B. eine Uhr, bringt nicht ihres Gleichen hervor, und kann sich nicht selbst ausbessern, wann ihr etwas fehlt. Sie sezt einen Künstler voraus, der außer ihr ist. Hingegen die organisirte Natur organisirt sich selbst, und in jeder Gattung ihrer organisirten Produkte zwar nach

(nisus formativus) wirkt organisch, und ist von Hrn. Hofr. Blumenbach zuerst als eine eigene Kraft dargestellt worden. Auch hat Er zuerst die Gesetze dieser Kraft bekannt gemacht.

g) Schmids empirische Psychologie. S. 426.

B

nach einerlei Exemplar im Ganzen, aber doch auch
mit ſchicklichen Abweichungen, welche die Selbſter
haltung nach den Umſtänden erfordert h). Ein or
ganiſirtes Weſen iſt demzufolge nicht bloß Maſchine;
denn dieſe hat bloß belebende Kraft: ſondern es
beſitzt zugleich in ſich den Bildungstrieb, oder die
Lebenskraft, und zwar theilt es dieſelbe den Ma
terien mit, welche ſie nicht haben. Ein organiſir
tes Weſen hat demzufolge eine Art von Bildungs
kraft welche ſich fortpflanzt, und welche durch den
Mechanismus allein nicht erklärt werden kann.

Daß die generatio aequivoca ungereimt ſei, iſt
oben bereits bewieſen worden. Alle Zeugung, ſo weit
wir ſie durch Beobachtung kennen, iſt jederzeit generatio univoca; das heißt: es wird niemals etwas Orga
niſches hervorgebracht, ohne durch etwas anderes
Organiſches. Alle Zeugung, ſo weit unſere Erfah
rungskenntniß der Natur reicht, iſt aber nicht nur
generatio univoca, ſondern auch generatio ho-
monyma: das erzeugte Produkt iſt in ſeiner Or
ganiſation mit dem Zeugenden von gleicher Gat
tung. Eine generatio heteronyma kennen wir bis
jetzt nicht; das heißt: wir kennen kein Beiſpiel,
daß ſpeziſiſch von einander verſchiedene organiſche
Weſen

h) Kant Kritik der Urtheilskraft. S. 293.

Wesen aus einander erzeugt würden; z. B. wenn gewisse Wasserthiere sich allmählig zu Sumpfthieren, und aus diesen, nach einigen Zeugungen, zu Landthieren ausbildeten. Ungereimt ist die generatio heteronyma zwar nicht, aber sie widerstreitet der Erfahrung i).

Ein jedes organisirtes Wesen ist an sich etwas vollkommenes, ein Naturzwek: nur eine einzige äußere Zwekmäßigkeit gibt es, die mit der inneren zusammenhängt, und im äußeren Verhältnisse eines Mittels zum Zwecke dient; nämlich die Organisation der beiden Geschlechter, in Beziehung auf einander zur Fortpflanzung ihrer Art. Ein solches Paar macht zusammen ein organisirendes Ganzes aus, obgleich nicht ein organisirtes in einem einzigen Körper k).

Alles was sich, bei einem organisirten Wesen, in der Fortpflanzung desselben erhält, ist zwekmäßig. Die Veränderungen, welche ein organisirter Körper zufällig (durch Verletzung) oder absichtlich (durch Verstümmelung) leidet, können nicht in die Zeugungskraft aufgenommen werden: denn, bei der überall sichtbaren inneren Zweckmäßigkeit organi-

sirter

i) Ebendas. S. 370.
k) Ebendas. S. 381.

B 2

ſirter Körper iſt das Zeugen ihres Gleichen mit der Bedingung nothwendig verbunden, in die Zeugungskraft nichts aufzunehmen, was nicht zu einer der unentwickelten natürlichen Anlagen gehört. Wenn man daher findet, daß eine Veränderung, welche irgend ein organiſirter Körper zufälligerweiſe erlitten hat, anerbt, und in die Zeugungskraft aufgenommen wird: ſo muß man vorausſetzen, daß dieſe Veränderung weiter nichts, als die gelegentliche Entwicklung einer, in der Gattung urſprünglich vorhandenen, zweckmäßigen Anlage ſei 1).

Die verſchiedenen Syſteme über die Erzeugung organiſcher Körper verdienen hier einer kurzen Erwähnung.   Sie ſind folgende.

1) Der Occaſionalismus.   Dieſes Syſtem nimmt an, daß die oberſte Welturſache, bei Gelegenheit einer jeden Begattung, der, während derſelben ſich miſchenden, Materie unmittelbar die organiſche Bildung gebe.   Ein ungereimtes Syſtem, welches, wie Kant mit Recht ſagt, Niemand annehmen wird, dem es irgend um Philoſophie zu thun iſt.

2) Der Präſtabilismus. Vermöge dieſes Syſtemes enthalten die organiſchen Weſen Anlage, ih-

res

1) Ebendaſ. S. 371.

res Gleichen hervorzubringen, welche alsdann, durch die Begattung, gelegentlich entwickelt wird.

Der Prästabilismus ist zweifach:

a) entweder betrachtet er ein jedes, von seines Gleichen erzeugte, organische Wesen als ein Edukt — die Evolutions=Theorie, das System der individuellen Präformation.

b) oder er betrachtet ein jedes, von seines Gleichen gezeugte, organische Wesen als ein Produkt — das System der Epigenesis, oder der generischen Präformation.

Die Verfechter der Evolutions=Theorie nehmen an: daß die Keime aller organischen Körper, die jemals existirt haben, und noch existiren werden, gleich bei der ersten Schöpfung, in den ersten Individuen der Gattung, seien erschaffen worden, und daß sich seither eine Generation nach der andern gelegentlich entwikle. Nach dieser Theorie, die man auch die Theorie der Einschachtelung nennen kann, kommt also jeder organische Körper unmittelbar aus der Hand des Schöpfers: nur mit dem Unterschiede von dem Occasionalismus, daß gleich zu Anfange der Welt alle diese Schöpfungen auf Einmal geschehen sein sollen.

B 3

Die

Die Vertheidiger der Evolutions-Theorie theilen sich in verschiedene Sekten:

α) In die Sekte der Panspermiſien. Dieſe Sekte, an deren Spitze Heraklitus und Hippokrates ſtehen, nahm an, daß die vorgebildeten Keime über die ganze Erde verbreitet wären, und daß dieſelben ſo lange herum ſchwärmten, bis jeder von ihnen die Zeugungstheile eines ſeiner, ſchon entwickelten, Brüder von gleicher Art anträfe, da er alsdann in denſelben Wurzel ſchlagen, ſeine bisherige Hülle abwerfen, und nunmehr ſelbſt zur Entwiklung gelangen könne m).

β) Die Theorie der Saamenthierchen. Vermöge dieſer Theorie ſchwärmen die Keime nicht herum, ſondern ſind gleich anfänglich, bei der Schöpfung, in die männlichen organiſchen Geſchöpfe gelegt worden, bei denen ſie ſich, durch die Zeugung, nach und nach entwikeln; ſo, daß eine Generation nach der andern zum Vorſcheine kommt. Dieſe Keime ſollen, durch das Mikroſkop, als lebendige Weſen, als Saamenthierchen, ſichtbar ſein.

γ) Die Theorie der Keime im mütterlichen Eierſtocke. Die Vertheidiger derſelben, unter welche einige der berühmteſten neueren Phyſiologen

und

m) Blumenbach über den Bildungstrieb. S. 15.

und Naturforscher, ein Haller, Bonnet, Spal,
lanzani, gerechnet werden müssen, behaupten: daß
alle vorgebildeten Keime, seit der Schöpfung, im
weiblichen Eierstocke eingehüllt lägen, und sich nun
nach und nach entwikelten; so, daß bei jeder Ge,
neration für die übrigen zurükgebliebenen mehr Raum
würde.

Die Evolutions-Theorie widerlegen zu wollen,
hieße, nach demjenigen, was Hr. Hofr. Blumen,
bach, in seiner zwar kleinen, aber reichhaltigen und
wichtigen Schrift, Ueber den Bildungstrieb, be,
reits dagegen erinnert hat, eine Jliade nach dem
Homer schreiben, oder Nachteulen nach Athen
tragen.

"Wenn man auch an dem Vertheidiger der
Epigenesis den großen Vorzug, den er, in Ansehung
der Erfahrungsgründe, zum Beweise seiner Theo,
rie vor dem Vertheidiger der Evolutions-Theorie
hat, nicht kennte: so würde die Vernunft doch schon
zum Voraus für seine Erklärungsart mit vorzügli,
cher Gunst eingenommen sein, weil sie die Natur,
in Ansehung der Dinge, welche man ursprünglich
nach der Caussalität der Zwecke sich als möglich vor,
stellen kann, doch wenigstens, was die Fortpflan,
zung betrifft, als selbst hervorbringend, nicht bloß

B 4   als

als entwikelnd, betrachtet, und ſo doch, mit dem kleinſtmöglichſten Aufwande des Uebernatürlichen, alles Folgende, vom erſten Anfange an, der Natur überläßt, ohne aber über dieſen erſten Anfang, an dem die Phyſik überhaupt ſcheitert, etwas zu beſtimmen." n).

Wann die urſprüngliche Stammbildung einmal in eine Raſſe abgeartet iſt, das heißt, wann der Bildungstrieb einmal eine gewiſſe Richtung bekommen hat, ſo, daß gewiſſe Keime und natürliche Anlagen entwickelt, die übrigen aber erſtickt worden ſind; wann ferner dieſe Richtung des Bildungstriebes, durch lange Zeitläufte, während einer zahlreichen Reihe von Zeugungen, erblich geworden iſt, und Wurzel gefaßt hat: dann ſind die übrigen, nicht entwikkelten, Keime und natürlichen Anlagen gänzlich erlöſcht, und die Raſſe widerſteht, nach ihrer Verpflanzung, aller ferneren Umformung durch das Klima, eben darum, weil der Karakter der Raſſe, eine beſondere Modification des Bildungstriebes, in der Zeugungskraft überwiegend geworden iſt. Der nach Afrika verſetzte Europäer wird niemals durch das Klima in einen Neger umgeändert, ſo lang er ſich aller Vermiſchung mit den Eingebohrnen enthält;

n) **Kant** Kritik der Urtheilskraft. S. 378.

hält; und der Neger wird in Europa, so lang er sich nur mit seines Gleichen vermischt, niemals zum weißen Menschen. Die Zigeuner, welche seit mehr als drei hundert Jahren sich in Europa aufhalten, sind durch das Europäische Klima nicht im mindesten verändert worden.

Demzufolge ist es ein Grundsatz: daß die vorhandenen Rassen, so lange sie sich unter einander nicht vermischen, und nur mit ihres Gleichen zeugen, nicht mehr erlöschen können.

Der Bildungstrieb kann zwar zuweilen, durch äussere Ursachen, von seiner Richtung abweichen, und Mißgeburten hervorbringen: aber selbst diese Abweichung desselben hat ihre Gränzen, und hängt nicht vom Zufalle, sondern von bestimmten Naturgesetzen ab. Es können zwar Keime entwickelt werden, die zu der übrigen Bildung nicht passen, aber es können keine neuen Theile gebildet werden, die nicht vorher im Keime vorhanden gewesen wären. Die Mißgeburten sind demzufolge nicht etwa ein Spiel der Natur (denn die Natur spielt nicht) oder ein Werk des blinden Zufalls; sondern die Natur befolgt bei Bildung derselben einige bestimmte Gesetze, von denen sie niemals abweicht. Es gibt nur gewisse Arten von Miß-

B 5   gebur-

geburten, die immer wieder vorkommen; und außer
dieſen gibt es keine. Man hat niemals geſehen,
daß ein Finger an der Stirne, oder an der Naſe,
angewachſen geweſen wäre, oder daß ſich ein Auge
an der Fußſohle gefunden hätte. Die Natur weicht
niemals von ihren Geſetzen ab. Sie hat an die
Fußſohlen keine Keime zu Augen gelegt, folglich
kann ſich auch daſelbſt kein Auge entwickeln. Es
fehlen entweder den Mißgeburten einige Theile (Keime, die ſich nicht entwickelt haben) oder es ſind einige Theile doppelt (überflüſſige Keime, die ſich
entwickelt haben): aber alle Theile finden ſich da,
wo ſie hingehören, und niemals an einer andern
Stelle o).

Unrichtig würde man ſich ausdrücken, wenn man
die Mißgeburten widernatürliche Verunſtaltun-
gen organiſirter Körper nennen wollte. Es iſt
nichts widernatürlich, was den Naturgeſetzen folgt.

Eine jede Ausbildung eines organiſirten Körpers, oder Abartung deſſelben von ſeinem urſprünglichen Stamme, muß als vorgebildet und vorher
beſtimmt angeſehen werden. Aeußere Dinge können
wohl

o) Man ſehe hierüber Sömmerrings Beſchreibung einiger Mißgeburten, und Blumenbach über den Bildungstrieb. S. 112.

wohl Gelegenheits-Ursachen, aber nicht hervorbringende Ursachen von demjenigen sein, was nothwendig anerbt und nachartet.

Es geschieht nichts von ungefähr, nichts durch blinden Zufall, oder durch bloßen Mechanismus der Natur.

In einem organisirten Körper ist nichts umsonst: denn nur diejenigen Körper nennen wir organisirt, in welchen alles Zweck, und wechselseitig auch Mittel ist.

"Wir haben unentbehrlich nöthig", "sagt Kant", der Natur den Begriff einer Absicht unterzulegen, wenn wir ihr auch nur in ihren organisirten Produkten durch fortgesetzte Beobachtung nachforschen wollen. Dieser Begriff ist also schon für den Erfahrungsgebrauch unserer Vernunft eine schlechterdings nothwendige Maxime p). Ich kann, nach der eigenthümlichen Beschaffenheit meiner Erkenntnißvermögen, über die Möglichkeit der organisirten Körper und ihre Erzeugung nicht anders urtheilen, als wenn ich mir zu dieser eine Ursache, die nach Absichten wirkt, mithin ein Wesen denke, welches nach der Analogie mit der Caussalität eines Verstandes produktif ist. Dieser Grundsatz ist

sub-

p) Kant Kritik der Urtheilskraft, S. 334.

ſubjectiv, bloß für die reflectirende Urtheilskraft, mithin eine Maxime derſelben, welche ihr von der Vernunft auferlegt wird".

"In Anſehung der Produkte der Natur, welche nur als abſichtlich ſo und nicht anders geformt müßen beurtheilt werden, um auch nur eine Erfahrungskenntniß ihrer inneren Beſchaffenheit zu bekommen, iſt jene Maxime der reflectirenden Urtheilskraft weſentlich nothwendig, weil ſelbſt der Gedanke von ihnen, als organiſirten Dingen, ohne den Gedanken einer Erzeugung mit Abſicht damit zu verbinden, unmöglich iſt" q).

"Man ſpricht (in der Naturwiſſenſchaft) mit Recht von der Weisheit, der Sparſamkeit, der Vorſorge und der Wohlthätigkeit der Natur, ohne dadurch aus ihr ein verſtändiges Weſen zu machen, weil das ungereimt wäre; aber auch ohne ſich zu erkühnen, ein anderes verſtändiges Weſen über ſie, als Werkmeiſter, ſetzen zu wollen, weil dieſes vermeſſen ſein würde: ſondern es ſoll dadurch nur eine Art der Cauſſalität der Natur, nach einer Analogie mit der unſrigen im techniſchen Gebrauche der Vernunft, bezeichnet werden, um die Regel, wornach gewiſſen

q) Ebendaſelbſt.

gewissen Produkten der Natur nachgeforscht werden
muß, vor Augen zu haben" r).

Da also in einer philosophischen Naturgeschichte dem blinden Zufalle nicht der geringste Einfluß
zugeschrieben werden darf; da auch in den organisirten Körpern sich nichts anders entwickeln oder
ausbilden kann, als was in den, von der Natur
in sie gelegten, Keimen bereits vorgebildet enthalten war; und da ferner, wie oben gezeigt worden
ist, sogar die Abweichungen des Bildungstriebes
von seiner gewöhnlichen Richtung nur nach bestimmten Gesetzen geschehen: so läßt sich leicht denken,
was von dem Vorgeben einiger Schriftsteller zu halten sei, welche bald der Einbildungskraft der Mutter, bald der Einbildungskraft des Vaters s), bald
zufälligen Verstümmelungen der Eltern, einen bleibenden Einfluß in die Zeugungskraft zuschreiben.

Die Meinung, daß die Einbildungskraft der
Mutter, während der Schwangerschaft, auf den
Foetus wirke, und daß dieser Einwirkung der Ur-
sprung aller Mißgeburten zuzuschreiben sei, ist eben
so alt, als irrig. Diese angebliche Einwirkung der
Einbildungskraft der Mutter auf den Foetus, oder

das

r) Ebendas. S. 308.

s) Wie z. B. Darwin, in seiner Zoonomie.

das sogenannte Versehen, ist weiter nichts, als ein thörichter Aberglaube: denn es finden sich Mißgeburten unter allen organisirten Körpern, unter Thieren sowohl, als Pflanzen. Vorzüglich häufig findet man sie unter den Eyerlegenden Thieren, bei denen es ungereimt wäre, anzunehmen, daß die Einbildungskraft der Mutter, während des Brütens, einen Einfluß auf das, im Ey eingeschlossene, noch ungebildete, Küchlein haben könne. Durch den angeblichen Einfluß der Einbildungskraft der Mutter auf den Foetus wird also der Ursprung der Mißgeburten um nichts deutlicher.

Einige Naturforscher, unter denen sich scharfsinnige und mit Recht berühmte Männer befinden, haben behauptet, daß zufällige Verstümmelungen, ja sogar Künsteleien, mit der Zeit zum erblichen Schlage ausarten könnten.

Hippokrates t) erzählt von den Großköpfen (macrocephalis) einem Volke am schwarzen Meere, daß sie vormals ihren neugebohrnen Kindern die Köpfe in eine längliche Figur gepreßt hätten; diese, durch eine lange Reihe von Zeugungen fortgesetzte, Sitte sei endlich zum erblichen Schlage, zu einer Rasse

---

t) *Hippocrates* de aëribus, aquis et locis. Edit. *Cherser*. T. 6. S. 206.

Raffe geworden, und die Kinder hätten jene künstliche Form des Kopfes mit zur Welt gebracht, so, daß man der künstlichen Hülfe nicht weiter bedurft habe. Daß aber weder ein erblicher Schlag, noch viel weniger eine bleibende Raffe, durch diese Künstelei entstanden war, erhellt aus dem, was Hippokrates selbst hinzusetzt. Er sagt nämlich: zu seiner Zeit habe jenes Volk nicht mehr vollkommen so gebildete Köpfe gehabt, weil es jene künstliche Bildung ganz vernachläßigt habe u).

Aristoteles führt an, daß eine Narbe, welche der Vater am Arm hatte, dem Sohne angeerbt sei, und daß man dieselbe bei diesem gesehen habe, jedoch nicht so deutlich, als bei dem Vater x).

Ein ähnliches Beispiel, von einer Narbe, die sich vom Vater auf das Kind forterbte, führt Goldsmith an y).

Plini∫

u) Ebendaselbst. S. 208.

x) *Aristoteles* de generat. animal.

y) We find nothing more common in births, than for children to inherit sometimes even the accidental deformities of their parents. I myself have seen a child distinctly marked with a scar, similar to one the father had received in battle. *Oliv. Goldsmith's* history of the earth. Vol. 2. S. 238.

Plinius behauptet ſogar: daß die vernarbten Figuren, womit ſich die Dacier und Jllirier bezeichneten, bis in die vierte Generation kenntlich geweſen ſeien z).

Julius Cäſar Scaliger behauptet: daß die Genueſer, welche vormals, nach Sitte der Mauren, ihren neugebohrnen Kindern die Köpfe zuſammengebrükt hätten, jetzt, ohne dieſe Hülfe, mit einem verunſtalteten Kopfe gebohren würden a).

Cardan meint: daß durch die Sitte der alten Peruaner um Porto Viejo, welche ihren neugebohrnen Kindern die Köpfe zwiſchen Bretter zu preſſen pflegten, ein bleibender Menſchenſchlag entſtanden ſei; ſo, daß jetzt die Kinder daſelbſt, ohne alle künſtliche Hülfe, einen ſolchen unförmlich geſtalteten Kopf mit zur Welt brächten b).

Neger,

z) Quarto partu Dacorum originis nota in brachio redditur.

a) Genuenſes, cum a Mauris progenitoribus accepiſſent olim morem, ut infantibus recens natis tempora compimerentur, nunc, absque ullo compreſſu, Therſiteo et capite et animo naſcuntur. *Iul. Caeſar Scaliger* Comment. in Theophr. de cauſis plantarum. lib. 5. p. 287.

b) *Cardani* Opp. edit. *Spon.* Bd. 3. S. 162.

Neger, denen man zur Strafe Einen, oder mehrere Finger abgehackt, sollen Kinder gezeugt haben, denen diese Finger fehlten c).

Die Kinder eines Mannes, welchem in seiner Jugend der kleine Finger der rechten Hand zerhauen und krumm geheilt worden war, hatten denselben Finger derselben Hand ebenfalls krumm d).

Judenkinder sollen zuweilen mit kurzer Vorhaut zur Welt kommen e) Allein es werden auch Christenkinder, mit eben so kurzer Vorhaut, eben so oft gebohren.

Hunde, denen man den Schwanz abgehauen hat, sollen zuweilen ungeschwänzte Junge erzeugen f). Eben dieß will man auch bei Katzen gesehen haben g).

In

c) *Thillaye* im Journal d'histoire naturelle. Heft. 12. S. 92.

d) **Blumenbach**, in **Voigts** Magazin. Bd. 6. S. 22.

e) Ebendas. S. 24.

f) *Nath. Highmore* history of generation. S. 31. Schulz Bemerkungen über einen monstrosen Kanarienvogel. S. 17. *Buffon* histoire naturelle. T. XIV. Masch. im Naturforscher, XV. St.

g) *Sir Kenelm Digby* on the nature of bodies. S. 214.

C

In England ſoll man bemerkt haben, daß daher, weil den Pferden beſtändig die Schwänze abge-
ſtumpft werden, und weil dieſes, durch eine lange
Reihe von Zeugungen, bei Hengſten ſowohl, als
bei Stuten geſchehen iſt, die Füllen zuweilen mit
einigen Artikulationen weniger im Schwanze zur
Welt kommen h).

Aus den angeführten Beiſpielen, welche man
als Beweiſe für den Satz: daß dem Bildungstriebe durch Verſtümmelungen und Künſteleien eine be-
liebige Richtung gegeben werden könne, aufgeſtellt
hat, erhellet, daß der Satz ſelbſt auf ſehr ſchwachen Stützen beruht.   Denn:

1) ſind die angeführten Beiſpiele bei weitem nicht
    alle durch glaubwürdige Zeugen hinlänglich be-
    wieſen.

2) läßt ſich eine weit größere Anzahl von Bei-
    ſpielen anführen, die das Gegentheil darthun.
    Man hat z. B. niemals bemerkt, daß bei den
    Völkern in Aſien und Afrika, welche ſeit lan-
    gen Zeugungen die Gewohnheit haben, ſich
    eines oder mehrere Gelenke der Finger abzu-
    ſchneiden, Kinder mit verſtümmelten Fingern
    gebohren würden.

                                        Hr.

h) Forſter in den Beiträgen zur Länder- und Völ-
    kerkunde, im erſten Theile.

Hr. Hofr. Blumenbach, welcher vormals selbst die angeführte Meinung vertheidigte i), und bei welchem ich die angezogenen Beispiele gefunden habe k), trägt in seinem neuesten Meisterwerke diese Meinung nur noch zweifelhaft vor l).

In der Naturgeschichte muß man es als einen Grundsatz annehmen: gar keinen, in das Zeugungsgeschäfft der Natur pfuschenden, Einfluß der Einbildungskraft gelten zu lassen; eben so wenig als ein Vermögen der Menschen, durch äußere Künstelei Abänderungen in dem alten Originale der Gattungen zu bewirken, oder solche in die Zeugungskraft zu bringen und erblich zu machen.

Das

i) In seiner vortrefflichen Schrift vom Bildungstriebe.

k) J. Fr. Blumenbach, über Künsteleien, oder zufällige Verstümmlungen am thierischen Körper, die mit der Zeit zum erblichen Schlag ausgeartet, in Voigts Magazin. Bd. 6. S. 13. 14.

l) Neutram quidem harum sententiarum, neque affirmantem, neque negantem, hactenus meam facio. *Ioh. Fr. Blumenbach* de generis humani varietate nativa. 1795. S. 108.

C 2

"Das Anerben durch die Wirkung der Einbildungskraft schwangerer Frauen", sagt Kant m),
"oder auch wohl der Stuten in Marställen; das
Ausrupfen des Barts ganzer Völkerschaften, so
wie das Stutzen der Schwänze an Englischen Pferden, wodurch die Natur genöthigt werde, aus ihren Zeugungen ein Produkt, worauf sie uranfäng-
lich organisirt war, nach gerade weg zu lassen; die
geplätschten Nasen, welche anfänglich von Eltern
an neugebohrnen Kindern gekünstelt, in der Folge
von der Natur in ihre zeugende Kraft aufgenommen wären: diese und andere Erklärungsgründe würden wohl schwerlich durch die, zu ihrem Behuf angeführten, Fakta, denen man weit besser bewährte
entgegen setzen kann, in Kredit kommen, wenn sie
nicht von der, sonst ganz richtigen, Maxime der
Vernunft ihre Empfehlung bekämen, nämlich dieser: eher alles im Muthmaßen aus gegebenen Erscheinungen zu wagen, als zu deren Behuf besondere erste Naturkräfte, oder anerschaffene Anlagen
anzunehmen. Allein mir steht eine andere Maxime
entgegen, welche jene, von der Ersparung entbehr-
licher Prinzipien, einschränkt, nämlich: daß in der
ganzen organischen Natur, bei allen Veränderungen
ein-

einzelner Geschöpfe, die Spezies derselben sich unverändert erhalten. Nun ist es klar: daß wenn der
Zauberkraft der Einbildung, oder der Künstelei der
Menschen an thierischen Körpern, ein Vermögen
zugestanden würde, die Zeugungskraft selbst abzuändern, das uranfängliche Modell der Natur um-
zuformen, oder durch Zusätze zu verunstalten, welche gleichwohl nachher beharrlich in den folgenden
Zeugungen aufbehalten würden, man gar nicht mehr
wissen würde, von welchem Originale die Natur
ausgegangen sei, oder wie weit es mit der Abände-
rung desselben gehen könne, und, da der Menschen
Einbildung keine Gränzen erkennt, in welche Fra-
zengestalt die Gattungen und Arten zuletzt noch verwildern dürften. Lasse ich auch nur Einen Fall dieser Art zu: so ist es, als ob ich auch nur eine einzige Gespenstergeschichte oder Zauberei einräumte.
Die Schranken der Vernunft sind dann einmal durch-
brochen, und der Wahn drängt sich bei tausenden
durch dieselbe Lücke durch. Es ist auch keine Gefahr, daß ich bei diesem Entschlusse mich vorsäzlich
gegen wirkliche Erfahrungen blind, oder, welches
einerlei ist, verstokt ungläubig machen würde: denn
alle dergleichen abentheuerliche Ereignisse tragen ohne Unterschied das Kennzeichen an sich, daß sie

C 3

gar

gar kein Experiment verſtatten, ſondern nur
durch Aufhaſchung zufälliger Wahrnehmungen bewieſen ſein wollen. Was aber von der Art iſt,
daß es, ob es gleich des Experiments gar wohl fähig iſt, dennoch kein einziges aushält, oder ihm mit
allerlei Vorwand beſtändig ausweicht, das iſt nichts,
als Wahn und Erdichtung”.

Der einzige wahre und hinreichende Beweis der
Verſchiedenheit der Raſſen, zugleich aber auch ein
Beweis der Einheit des Stammes, aus welchem ſie
entſprungen ſind, iſt die unausbleibliche Anartung ihrer beiderſeitigen Eigenthümlichkeiten; das
heißt: der, in dieſen Stamm gelegten, und in der
Folge der Zeugungen ſich entwickelnden, urſprünglichen Keime, ohne welche jene erblichen Mannigfal-
tigkeiten nicht würden entſtanden ſein, und niemals
hätten nothwendig erblich werden können.

Die Raſſen Eines Stammes organiſirter
Körper unterſcheiden ſich von einander vorzüglich
durch die Verſchiedenheit der Farbe und Struktur
ihrer äußeren Oberfläche, zuweilen aber auch, beſonders im Pflanzenreiche, durch Verſchiedenheit der
Bildung einzelner Theile.

Die Farben aller organiſirten Körper hangen
von denſelben Urſachen ab.

Nur

Nur durch diejenigen Eigenthümlichkeiten, welche unausbleiblich ausarten, unterscheiden sich die Rassen Eines und desselben Stammes.

In der Vermischung zweier verschiedenen Rassen desselben Stammes artet der Karakter einer jeden dem erzeugten Geschöpfe unausbleiblich an.

Dieses Kantische Prinzip ist darum zur Nachforschung in der Naturgeschichte so vorzüglich brauchbar, weil es eines Experiments fähig ist, welches die Anwendung des Prinzips sicher leiten kann. Es ist also hier nichts schwankendes, unbestimmtes, oder unsicheres.

Wann organische Körper, von verschiedener Gestalt, in die Umstände gesetzt werden, sich zu vermischen; so gibt es, wenn die Zeugung fruchtbar und halbschlächtig ist, schon eine starke Vermuthung, daß sie beide zu verschiedenen Rassen desselben Stammes gehören: ist aber das Produkt ihrer Vermischung jederzeit fruchtbar und halbschlächtig, so wird jene Vermuthung zur Gewißheit. Dagegen, wenn die Zeugung kein fruchtbares Produkt hervorbringt; so gehören die beiden Geschöpfe zu verschiedenen Stämmen: und wenn die Zeugung keinen Mittelschlag darstellt; so kann man versichert sein, daß beide Eltern, so verschieden sie auch aussehen mögen,

C 4   gen,

gen, dennoch zu Einer und derſelben Raſſe deſſelben Stammes gehören.

Durch Vermiſchung zweier Raſſen deſſelben
Stammes entſtehen halbſchlächtige Junge, Blendlinge: und wenn dieſe unter ſich zeugen, ſo entſtehen Nachkommen die ihnen ähnlich ſind. Dieß iſt
der Urſprung der Halbraſſen.

Obſchon, wie oben gezeigt worden iſt, das Klima die einmal gebildeten Raſſen nicht mehr umzu-
formen vermag: ſo bleibt daſſelbe dennoch nicht ohne Einfluß. Dieſen Einfluß äußert es vorzüglich auf die Farbe der organiſchen Körper. So iſt
z. B. die Raſſe der weiſſen Menſchen auf der Küſte
der Barbarei bräunlich. Allein jene Schminke,
welche das Klima auflegt, und welche eine kühlere
Luft wieder wegnimmt, muß nicht mit der, der
Raſſe eigenen, Farbe verwechſelt werden; denn ſie
erbt niemals an, und iſt alſo nichts karakteriſtiſches.

Wenn man daher die Farbe, welche bei einer
großen Anzahl organiſcher Körper das eigentlich karakteriſtiſche Kennzeichen der Raſſen ausmacht, genau kennen lernen wollte: ſo müßte man zwei Individuen deſſelben Stammes nicht in dem Lande, in
welchem ſie eingebohren ſind und ſich aufhalten,
                                            ſon-

sondern unter einem andern Himmelsstriche, im Auslande, zeugen lassen, und nachher die Nachkommenschaft untersuchen. Diese hätte alsdann bloß die eigenthümliche Farbe der Raffe, und nichts von der Schminke, welche das Klima auflegt, welche aber nicht anerbt.

Man muß also bei der Farbe der organisirten Körper unterscheiden: das **Wesentliche**, was den Unterschied der Raffe ausmacht und anerbt, und das **Zufällige**, was das Klima noch hinzu thut, und was nicht anerbt. So könnte man z. B. die eigentliche Farbe der Haut der Neger nicht anders kennen lernen, als wenn man einen Neger mit einer Negerinn im Auslande, etwa in Europa, Kinder zeugen ließe. Die Schminke, das Zufällige, oder derjenige Theil der Farbe, den das Klima auflegt, würde dann wegbleiben, und der junge Neger würde nur das Wesentliche, nur die Farbe behalten, welche seiner Raffe wirklich eigen ist, welche er weiter fortpflanzt, und wodurch sich seine Raffe von allen andern Menschen-Raffen unterscheidet.

Bei den warmblütigen Thieren unterscheiden sich die verschiedenen Raffen Eines Stammes vorzüglich durch die verschiedene Organisation der Haut, das heißt: durch Verschiedenheit der Struk-

E 5   tur,

tur, der Farbe, der Haare oder Federn derſelben
— alſo gerade durch denjenigen Theil, auf welchen
das Klima (Luft und Sonne) unmittelbaren Einfluß hat.

Einen der ſo eben angeführten Sätze will ich
durch ein Beiſpiel, mit Kants eigenen Worten,
erläutern.

Der ſchwarzbraune Habeſſinier iſt wahrſcheinlich
bloß ein, von dem heiſſen Klima mit Schminke be-
legter, weiſſer Europäer, und der Kaffer iſt wahrſcheinlich eine Halbraſſe, durch Vermiſchung der
weiſſen und ſchwarzen Menſchen entſtanden.   Dagegen wendet Hr. Forſter, der das Kantiſche Prinzip nicht gelten läßt, ein: daß der Habeſſinier mit
einer Kafferinn vermiſcht, der Farbe nach keinen
Mittelſchlag geben würde, weil beider Farbe einerlei, nämlich ſchwarzbraun, ſei n).   Hierauf antwor-
tet Kant o): "Nimmt Hr. F. an, daß die braune Farbe des Habeſſiniers, in der Tiefe wie ſie die
Kaffern haben, ihm angebohren ſei, und zwar ſo,
daß ſie, in vermiſchter Zeugung mit einer weiſſen,
nothwendig eine Mittelfarbe geben müßte: ſo würde der Verſuch freilich ſo ausfallen, wie Hr. Forſter

n) Deutſcher Merkur 1786. Oktober. S. 74.
o) Deutſcher Merk. 1788. Februar. S. 113.

ster will. Er würde aber auch nichts gegen mich beweisen, weil die Verschiedenheit der Rassen doch nicht nach dem beurtheilt wird, was an ihnen einerlei, sondern was an ihnen verschieden ist. Man würde nur sagen können, daß es auch tiefbraune Rassen gebe, die sich vom Neger, oder seinem Abstamme, durch andere Merkmale, z. B. den Knochenbau, unterscheiden. Denn in Ansehung deren allein würde die Zeugung einen Blendling geben. Ist aber die Farbe, die der, in seinem Lande erwachsene, Habessinier an sich trägt, nicht angeerbt, sondern nur etwa wie die eines Spaniers, der in demselben Lande von klein auf erzogen wäre: so würde seine Naturfarbe ohne Zweifel mit der der Kaffern einen Mittelschlag der Zeugung geben, der aber, weil der zufällige Anstrich durch die Sonne hinzukommt, verdeckt werden, und ein gleichartiger Schlag (der Farbe nach) zu sein scheinen würde. Also beweiset dieser projectirte Versuch nichts wider die Tauglichkeit der nothwendig erblichen Hautfarben zu einer Rassen-Unterscheidung, sondern nur die Schwierigkeit, dieselbe, in so fern sie angebohren ist, an Orten richtig bestimmen zu können, wo die Sonne noch mit zufälliger Schminke überdekt, und bestätigt die Rechtmäßigkeit meiner Forderung, Zeugungungen von denſelben Eltern im Auslande zu dieſem Behuf vorzuziehen".

Einige, zum Theil berühmte, Naturforſcher nehmen in der Natur eine ununterbrochene Stufenfolge, oder Kette an, welche von dem roheſten Klumpen ungebildeter Materie, durch Zwiſchenglieder, bis zum vollkommenſten Geſchöpfe fortgehen ſoll. Allein dieſe vorgebliche Naturkette iſt ein bloßes Hirngeſpinnſt. Zwiſchen den organiſirten und unorganiſirten Körpern iſt eine ungeheure Kluft, welche durch keine Zwiſchenkörper ausgefüllt wird. Groß iſt auch der Zwiſchenraum zwiſchen dem Thierreiche und dem Pflanzenreiche. Der Begriff von einer fortgehenden Stufenfolge der natürlichen Dinge kann demzufolge in einer philoſophiſchen Naturgeſchichte nicht Platz finden, wie bereits Hr. Hofr. Blumenbach bemerkt hat. "Erſtens", ſagt er p), "iſt ſchlechterdings noch kein Körper bekannt, noch auch, nach dem obigen beſtimmten Begriffe der drei Naturreiche, denkbar, der ein wahres Bindungsglied zwiſchen zweien derſelben abgeben könnte. Und anderſeits finden ſich hingegen, zumal im Thierreiche, ganze Klaſſen und zahlreiche Geſchlechter von einer ſo ausgezeichneten Bildung, daß man ſie, auch bei der

p) Handbuch der Naturgeſchichte. S. 7.

der sorgfältigsten Anlage einer solcher Leiter der Natur, doch nur mit Mühe, und nicht ohne sichtlichen Zwang, irgendwo einschieben und unterbringen kann. So isolirt ist z. B. die Klasse der Vögel, das Geschlecht der Schweine, u. s. w. Und endlich, wie soll es dann mit der Einrollirung derjenigen Thier-Gattungen gehalten werden, bei welchen die beiden Geschlechter eine so durchaus gänzlich verschiedene Bildung haben, wie z. B. bei den Schildläusen?"

Eine der merkwürdigsten Aeußerungen des Bildungstriebes, die Wiederersezung (Reproduktion) verdient es, daß wir uns noch etwas bei ihr verweilen. Wer nur Einmal eine solche Reproduktion gesehen hat, der kann unmöglich länger den organisirten Körper für ein Analogon der Kunst halten. Wo ist irgend ein Kunstwerk, das die Kraft hätte, ganze verlohrne Theile, und zwar die wesentlichsten, aus sich selbst und durch sich selbst zu ersezen und herzustellen? Der organisirte Körper thut dieses. Hr. Hofr. Blumenbach hat einer Waldschnecke (Helix pomatia) den Kopf abgeschnitten, und dieser Kopf wurde, innerhalb sechs Monaten, nebst seinen vier Hörnern, ganz wieder ersezt q). Das Auge eines Wassermolchs wurde ausgeschnitten, und

inner-

q) Ebendas. S. 22.

innerhalb zehen Monaten kam ein vollkommener neuer Augapfel, zwar etwas kleiner, als der vorige, aber mit einer neuen Hornhaut, neuem Augensterne, und neuer Kryſtall-Linſe r).

Die verſchiedenen Arten der Erzeugung, oder Fortpflanzung organiſcher Körper, hat Hr. Hofr. Blumenbach unter folgende vier Klaſſen gebracht, welche alles in ſich begreifen, was über die Zeugung bis jetzt bekannt iſt:

1ſte Klaſſe. Jedes Individuum vermehrt ſich auf die einfachſte Weiſe, durch Theilung, ohne vorher gegangene Befruchtung. Entweder durch bloße Theilung, wie bei mehreſten Infuſions-Thierchen und Blumen-Polypen: oder, wie bei der Brunnen-Konſerve, ſo, daß das alte fadenartige Gewächs an dem Einen Ende zu einem dicken Knöpfchen aufſchwillt, welches nachher abfällt, und wieder zu einem ſolchen Faden aufgetrieben, und umgebildet wird: oder durch Sproſſen, wie die Arm-Polypen und viele Pflanzen.

2te Klaſſe. Jedes Individuum iſt zwar auch im Stande ſich fortzupflanzen, hat aber, als ein wahrer Zwitter, beiderlei Geſchlechtstheile, und muß vorher die bei ſich habenden weiblichen Eyer, oder

ſeine

r) Götting. gel. Anz. 1785. Stük 45.

seine weiblichen Saamenkörner, mit männlichem
Saamen, oder mit männlichem Blumenstaube, be-
gießen, und dadurch befruchten, ehe sich ein Junges
daraus bilden kann. Dieß ist der Fall bei dem meisten Pflanzen, und im Thierreiche, wie es scheint,
bei manchen Muscheln.

3te Klasse. Es sind ebenfalls, wie bei den
Zwittern der vorigen Klasse, beide Geschlechter in
jedem Individuum mit einander verbunden; jedoch
so, daß keines sich selbst zu befruchten im Stande
ist, sondern daß immer zwei Individua sich zusammen paaren, und wechselseitig befruchtet werden,
und befruchten müssen. Diese Einrichtung findet sich
nur bei wenigen Thieren: bei dem Regenwurme,
bei manchen Landschnecken.

4te Klasse. Die beiden Geschlechter finden sich
in verschiedenen Individuen, von denen das Eine
die weiblichen Theile, oder Eyer, und das andere
den männlichen befruchtenden Saft enthält. In
diese Klasse gehören alle rothblütigen Thiere, nebst
vielen andern; so wie auch manche Pflanzen. Einige Thiere dieser Klasse gebähren Eyer, in welchen sich nachher das Junge vollends ausbildet. Andere gebähren keine Eyer, sondern lebendige Junge.
Es wird nämlich das Ey, bei diesen letztern, in der

Ge-

Gebährmutter so lange zurück behalten, bis das Junge völlig ausgebildet ist, und nun, von seinen Hülsen befreit, zur Welt kommt.

Die Thiere werden von Linne in sechs Klassen eingetheilt:

Iste Klasse. Die Säugethiere. Thiere, welche warmes und rothes Blut haben, welche ihre Jungen lebendig zur Welt bringen, und dieselben, nach der Geburt, eine Zeit lang an ihren Brüsten säugen. Die Brüste sind der Zahl nach sowohl, als dem Orte nach, wo sie sich an dem Körper befinden, verschieden. Nach der Blumenbachischen Eintheilung, welche unstreitig die beßte ist, gibt es zehen verschiedene Ordnungen von Säugethieren:

1) Zweihändige. Unter diese gehört allein der Mensch.

2) Vierhändige. Die Affen, Paviane und Meerkatzen.

3) Faulthiere. Thiere mit langen hakenförmigen Krallen: die Faulthiere und Ameisenbären.

4) Thiere mit Flügeln zwischen den Vorderfüßen: die Fledermäuse.

5) Nagende Thiere. Mäuse, Haasen, Wiesel, Bieber, Eichhörner.

6) Die

6) Die reißenden Thiere. Bären, Hunde, Katzen.

7) Die Thiere mit Hufen. Das Pferd.

8) Die wiederkäuenden Thiere, mit gespaltenen Klauen.

9) Die sehr großen Thiere, mit dicken Füßen. Der Tapir, der Elephant, das Nasehorn.

10) Die Wallfische.

IIte Klasse. Die Vögel. Thiere, welche warmes und rothes Blut haben, welche Federn tragen und Eyer legen. Diese sind, nach Blumenbach: A. Landvögel. B. Wasservögel.

Die Landvögel theilen sich in sieben Ordnungen:

1) In Raubvögel, mit krummen, starken Schnäbeln, mit kurzen, starken und knorrigen Füßen, mit großen, gebogenen und scharfen Klauen: Geyer, Adler, Falken, Eulen.

2) Leichtschnäbel. Vögel der heissesten Erdstriche, mit kurzen Füßen, dicken, hohlen und leichten Schnäbeln: Papagayen, Pfeffervögel.

3) Spechtartige Vögel. Vögel mit kurzen Füßen, mittelmäßig langen und schmalen Schnäbeln: Wendehals, Spechte, Baumkletterer.

D   4) Krä-

4) **Krähenartige Vögel.** Es ſind Vögel mit kurzen Füßen, nicht ſehr langem, und ziemlich ſtarkem, oben erhabenem, Schnabel: die Raben, Krähen.

5) **Sperlingsartige Vögel.** Sie haben kurze Füße, mit einem mehr oder weniger kegelförmigen und zugeſpißten Schnabel. Die meiſten Singvögel gehören in dieſe Klaſſe.

6) **Hühner.** Vögel mit kurzen Füßen, und oben etwas erhabenem Schnabel, welcher an der Wurzel mit einer fleiſchigen Haut bewachſen iſt: Hühner und Tauben.

7) **Die Strauße.** Große Vögel, die nicht fliegen können: der Strauß, Kaſuar.

Die **Waſſervögel** theilen ſich in zwei Ordnungen:

1) **Die Sumpfvögel.** Sie haben lange Füße, einen langen und walzenförmigen Schnabel, und meiſtens einen langen Hals: die Reiger, Störche, Schnepfen.

2) **Die Schwimmvögel.** Sie haben Ruderfüße, einen ſtumpfen, mit Haut überzogenen, am Rande meiſt gezähnten Schnabel, welcher ſich an der Spiße des Oberkiefers mit einem Häkchen endigt.

IIIte Kl.

IIIte **Klasse.** Die Amphibien. Thiere mit rothem und kaltem Blute, welche durch die Lunge Athem holen.

Sie haben entweder vier Füße, wie die Schild-kröten, Frösche und Eidexen, oder gar keine Füße, wie die Schlangen.

IVte **Klasse** Die Fische. Thiere mit rothem und kaltem Blute, welche durch die Kiefern, und nicht durch die Lungen, Athem holen.

Ordnungen dieser Klasse sind, nach Blumen-bach:

1) Die Knorpelfische, welche knorpelartige Gräten haben.

2) Die Kieferfische, denen entweder sowohl der Kieferdeckel, als die Kieferhaut, oder nur Eines von beiden fehlt.

3) Die Fische ohne Bauchflossen.

4) Die Fische, denen die Bauchflossen vor den Brustflossen sitzen.

5) Die Fische, denen die Bauchflossen gerade unter den Brustflossen sitzen.

6) Die Fische, denen die Bauchflossen hinter den Brustflossen sitzen.

Vte **Klasse.** Die Insekten. Thiere mit weissem und kaltem Blute, welche Fühlhörner am

Kopfe

Kopfe haben. Linne theilt dieſelben in folgende Ordnungen:

1) Die Käfer. Sie ſind größtentheils mit
einer hornartigen Haut bedeckt, unter welcher ſich,
ſo lange ſie ruhig bleiben, die Flügel zuſammen
halten. Die beiden hornartigen Flügelbecken ſchließen ſich, in der Mitte, in gerader Linie an ein-
einder.

2) Die Halbkäfer. Ein Theil von ihnen hat
einen ſpitzigen hornartigen Saugrüſſel. Die meiſten unter ihnen haben vier Flügel, von denen die
obern an der Wurzel hornartig, gegen das Ende
zu aber dünn und weich ſind. Einige von ihnen
haben eine Art von Flügelbecken.

3) Die Schmetterlinge. Sie haben vier aus-
geſpannte, mit bunten Schuppen befiederte, Flügel, und einen Saugrüſſel, welcher lang und ſpi-
ralförmig gewunden iſt.

4) Die Netzflügel. Sie haben vier Netzför-
mige, zarte und ſchillernde Flügel.

5) Die Stachelfliegen. Ihre vier Flügel
ſind häutig, und haben nur einige wenige ſtarke
Abern. Die Weibchen ſind mit einem giftigen
und verletzenden Stachel verſehen.

7) Die

6) Die Zweiflügel. Sie haben nur zwei Flügel, und hinter denselben, an der Brust, zwei kleine Knöpfe, (Flügelkolben. Halteres).

7) Die Flügellosen. In diese Ordnung gehören alle ungeflügelten Insekten.

VIte Klasse. Die Würmer. Thiere mit weissem und kaltem Blute, ohne Fühlhörner, aber mit Fühlfaden versehen. Es gibt ihrer sechs Ordnungen:

1) Die Eingeweide-Würmer. Es sind zylindrische Würmer, ohne sichtbare äußere Gliedmaßen.

2) Die weichen Würmer. Sie sind mit deutlichen, und in die Augen fallenden Gliedern versehen.

3) Die Schaalen-Thiere. In diese Ordnung gehören alle Konchylien.

4) Die Knochen-Würmer. Sie sind mit einer festen, knochenartigen Kruste überzogen. Es gehören in diese Ordnung die See-Igel, und die Seesterne.

5) Die Korallen-Würmer, welche korallenähnliche Gehäuse bewohnen.

6) Pflanzenartige Würmer. Sie sind nakt und ohne Gehäuse. In diese Ordnung gehören auch die Infusions-Thiere.

D 3 Die

Die hier gegebene, von den berühmtesten Na-
turbeschreibern angenommene, Eintheilung des
Thierreiches, ist auch für den Geschichtschreiber der
Natur so lange brauchbar, bis durch genaue
Beobachtungen, Versuche und Erfahrungen, die
Gesetze der Zeugung hinlänglich bekannt werden.
Dann aber muß eine neue Eintheilung des Thierreiches in Klassen, Ordnungen, Gattungen, Rassen, Spielarten und Varietäten, nach der Verwandschaft der Zeugung vorgenommen werden. Wahrscheinlich vergehen noch Jahrhunderte, ehe dieß geschehen kann!

Was wir bis jetzt über die Gesetze der Zeugung
bei den organisirten Körpern zuverläßig wissen, oder
mit Wahrscheinlichkeit vermuthen können, habe ich
in den folgenden Blättern darzulegen versucht. Es
ist, wie man finden wird, noch sehr wenig. Die
Rassen des Menschengeschlechts sind, durch die Beobachtungen berühmter Reisenden, Naturforscher
und Philosophen, ziemlich genau bestimmt. Unter
den Säugthieren sind, wenigstens bei einigen Geschlechtern, die Gattungen bestimmt. Bei den Vögeln ist kaum ein Anfang zu einer genaueren Untersuchung ihrer natürlichen Verwandschaft gemacht.
Bei den Amphibien, Fischen, Insekten und Wür-

mern

mern, kennen wir die Gesetze der Zeugungskraft
noch gar nicht; und bei den Pflanzen bleibt auch
noch vieles zu bestimmen und zu berichtigen. Beinahe ist Kölreuter der einzige Naturforscher, welcher es versucht hat, verschiedene Pflanzen-Rassen
Einer Gattung mit einander zu vermischen, und
aus dieser Mischung Blendlinge zu erziehen. Seine
Versuche, welche unten werden angeführt werden,
sind für die Naturgeschichte von der größten Wichtigkeit, weil sie auf das überzeugendste darthun, daß
das Kantische Prinzip, oder vielmehr, das große
Naturgesetz, welches der tiefe Denker Kant entdekt
hat, nämlich das Gesetz der halbschlächtigen Zeugung und des unausbleiblichen Anerbens alles dessen,
was wirkliche Rassen unterscheidet, für das Pflan-
zenreich nicht weniger gilt, als für das Thierreich.

Wenn es uns dereinst gelingt, in der Naturgeschichte weitere Fortschritte zu thun, und die Gesetze
auszufinden, nach denen sich die organisirten Körper verändern: so werden wir in die innere Beschaffenheit der bewunderswürdigen Einrichtung der Natur weit tiefer eindringende Blicke thun können. Wir
werden alsdann sehr wahrscheinlich darzuthun vermögen, wie die organisirten Körper in denjenigen
Zustand gekommen sind, in welchem wir dieselben

jetzt

jetzt finden: und wir werden immer deutlicher ein-
sehen, daß kein bloßer Zufall, keine plastische Kraft,
kein bloßer Natur-Mechanismus, eine so weise und
erstaunenswürdige Anordnung hervorzubringen im
Stande war, sondern daß die Allmacht und Weisheit der großen Urhebers aller Dinge in der organisirten Natur von allen denen erkannt werden muß,
die richtig denken und gründlich philosophiren.

Zweiter

Zweiter Abschnitt.

Anwendung
der
Theorie auf die Erfahrung,
und
Erläuterung der Theorie durch Beispiele.

Erste Abtheilung.
Von den Menschenraßen.

Alle Menschen auf der Erde gehören zu Einer Gattung, weil sie alle mit einander fruchtbare Kinder zeugen. Da eine Einheit der, für sie gemeinschaftlich gültigen, Zeugungskraft vorhanden ist: so gehören sie auch alle zu Einem gemeinschaftlichen Stamme.

Der Mensch war für alle Himmelsstriche und für jede Beschaffenheit des Bodens bestimmt: es mußten daher in ihm mancherlei Keime und natürliche Anlagen bereit liegen, um entweder gelegentlich entwickelt, oder zurückgehalten zu werden, damit er seinem Platze in der Welt angemessen würde, damit

er,

er, in dem Fortgange der Zeugungen, demselben
gleichsam angebohren, und für denselben gemacht zu
sein schiene.

Die Menschen sind jezt überall dem Boden ausgeartet, das heißt: es sind in jedem Himmelsstriche gewisse, in der ursprünglichen Stammgattung
enthaltene und vorgebildete, Keime entwikelt, andere aber so unterdrükt worden, daß sie ganz vernich-
tet scheinen. Daher ist die Menschengestalt jezt überall mit Lokal-Modifikationen behaftet, und die eigentliche ursprüngliche Stammbildung des Menschen
ist vermuthlich erloschen: so erloschen, daß sie nicht
wieder hergestellt werden kann.

"Die Keime, welche ursprünglich in den Stamm
der Menschengattung zur Erzeugung der Rassen gelegt waren, müssen sich schon vor langer Zeit, nach
dem Bedürfnissen des Klimas, wenn der Aufenthalt
lange dauerte, entwikelt haben. Und nachdem Eine
dieser Anlagen bei einem Volke entwikelt war, so
löschte sie alle übrigen gänzlich aus. Daher kann
man auch nicht annehmen, daß eine, in gewisser Proportion vorgehende, Mischung verschiedener Rassen auch
noch jezt die Gestalt des Menschenstammes aufs
Neue herstellen könnte: denn sonst würden die Blendlinge, die aus dieser ungleichartigen Begattung erzeugt

zeugt würden, sich auch noch jezt, wie ehemals der erste Stamm, von selbst in ihren Zeugungen, bei ihrer Verpflanzung in verschiedenen Klimaten, wiederum in ihre ursprünglichen Farben zersezen, welches zu vermuthen man durch keine bisherige Erfahrung berechtigt wird, weil alle diese Bastardzeugungen sich eben so beharrlich erhalten, als die Rassen, aus deren Vermischung sie entsprungen sind" a).

Ich nehme fünf Rassen von Menschen an, welche sich durch die Farbe ihrer Haut unterscheiden:

1. Die Rasse der Weissen. Europäer und Mongolen.

2. Die Rasse der Schwarzen. Neger.

3. Die Rasse der Olivengelben. Hindostaner.

4. Die Rasse der Braunen. Malayen.

5. Die Rasse der Zimmetfarbnen. Amerikaner.

Die Rasse der Weissen theilt sich in vier Spielarten.

a) In die Spielart der Fleischfarbnen. Die meisten Europäer.

b) In die Spielart der Dunkelgelben. Mongolen.

c) In

a) Kant, in der Berliner Monatschrift 1785. S. 417.

c) In die Spielart der Bräunlichgelben.
Kreolen.

d) In die Spielart der Bräunlichweiſſen.
Mauritanier.

Die Spielart der Fleiſchfarbnen theilt ſich in zwei
Neben-Spielarten:

α) In die Neben-Spielart der Blonden, und

β) In die Neben-Spielart der Brünetten.

Die fünf genannten Raſſen zeugen, untereinan-
der vermiſcht, halbſchlächtig; ſie bringen Blendlinge hervor, wodurch ihr Karakter, als ſo viele verſchiedene Raſſen, außer Zweifel geſezt wird.

Der weiſſe Menſch zeugt:

Mit dem ſchwarzen, den Mulatten.

Mit dem Olivengelben, den gelben Meſtizzen.

Mit dem braunen, den braunen Meſtizen.

Mit dem zimmetfarbnen, den rothen Meſtizen.

Der ſchwarze Menſch zeugt:

Mit dem olivengelben — die Miſchung iſt
noch nicht verſucht.

Mit dem braunen — die Miſchung iſt noch
nicht verſucht.

Mit dem zimmetfarbnen — den Kabugl,
oder ſchwarzen Karaiben, oder Lobo.

Der

Der weiſſe Menſch zeugt:

Mit dem Mulatten, den Terzeron, oder Moriſſo.

Mit dem gelben Meſtizzen, den Caſtizen.

Mit dem rothen Meſtizzen, einen Quattravalven, oder rothen Caſtizen.

Mit dem Kabugl, den röthlichen Mulatten.

Die Mulatten unter ſich zeugen Mulatten, welche Casken genannt werden.

Die Kabugl zeugen unter ſich die Spielart der Chalos.

Der ſchwarze Menſch zeugt mit dem Mulatten, die Cabros oder Griffos.

Der zimmetfarbne Menſch zeugt:

Mit dem rothen Meſtizzen, den Treſalvo.

Mit dem Mulatten, den braunen Meſtizzen.

Mit dem Kabugl, den Zambaigen.

Der weiſſe Menſch zeugt:

Mit dem Terzeron oder Moriſſo, einen Quatteron, oder Alvino, welcher wenig mehr von ſeinem NegerUrſprung übrig behält.

Mit dem gelben Caſtizzen, den Poſtizzen.

Mit dem rothen Caſtizzen, den Octavon, oder Eſpannolo.

Der

Der Mulatte zeugt:

Mit dem Terzeron, den Saltatras.

Mit dem Zambaigen, dem Cambujo.

Mit dem Cambujo, den Albarassado.

Mit dem Albarassado, den Borzino.

Der zimmetfarbne Mensch zeugt:

Mit dem rothen Castizzen, oder Espannolo, einen Mestindio.

Der Cabro, oder Griffo, zeugt mit einem Rabugl, einen Givero.

Der Mestindio zeugt mit dem rothen Casti-zen, einen Coyoto.

Der Coyoto zeugt mit dem zimmetfarbnen Menschen einen Harnizo.

Der weisse Mensch zeugt mit dem Quarte-ron, oder Alvino, den Quinteron wel-cher weiß ist a).

Der Quarteron und Terzeron zeugen mit einander den Tente-enel-ayre,

Der Cabro, oder Griffo, zeugt, mit dem schwar-zen Menschen, einen schwarzen Menschen.

Einige Bemerkungen über diese halbschläch-tigen Menschen.

Das Produkt aller dieser Vermischungen ist im-mer, und ohne Ausnahme, halbschlächtig. Es ent-

steht

a) History of Jamaica. Thl. 2. S. 261.

steht ein Mittelschlag zwischen dem Vater nnd der Mutter, eine Mittelfarbe der Haut zwischen beiten. So haben z. B. die Mulatten eine Mittelfarbe zwischen schwarz und weiß; ihr Haar ist zuweilen kraus, zuweilen schlicht, und der Augenstern ist schwarz. Dagegen nähert sich der Terzeron, oder Morissio, schon mehr dem weissen Menschen, von welchem er sich kaum noch durch die Gesichtszüge unterscheidet. Seine Haut ist noch schwärzlich, doch so, daß die Röthe der Wangen durchscheint: bey den Weibern sind die Lefzen des Mundes und der Schaam violett; bei den Männern ist der Hodensak schwärzlich. In der dritten Generation, bei dem Quarteron, oder Alvino, soll, nach der Versicherung der glaubwürdigsten Augenzeugen, beinahe keine Spur des schwarzen Ursprunges mehr übrig seyn.

Die Blendlinge haben oft ganz andere Eigenschaften, als ihre Eltern. So ist z. B. aus dem trägen Neger und dem noch trägern Amerikaner (bem schwarzen und bem zimmetfarbnen Menschen) ein Schlag von äusserst thätigen und tapfern Menschen auf ben Inseln St. Vincent und Dominika entstanden. Diese Kabugl, oder schwarzen Karaiben, rotteten nicht nur ihre Halbeltern, die rothen

oder

ober zimmetfarbnen Karaiben, beinahe ganz aus, sondern sie kämpften, mit außerordentlichem Muthe, lange Zeit für ihre Freiheit und Unabhängigkeit gegen
die Europäer, bis sie endlich, erst in den neuesten
Zeiten, sich der Oberherrschaft der Engländer unter-
werfen mußten.

Nicht bloß Farbe der Haut und Haare erbt sich
auf die Blendlinge fort, sondern auch andere Eigenschaften derselben, z. B. Dike der Haut, und Geruch der Ausbünstungen. Den unangenehmen Geruch des Schweißes t : Neger hat auch der Schweiß
der Mulatten, und der Terzeronen: doch in ge-
ringerem Grade. Ja, es behaupten einige Reisende, daß der besondere Geruch des Schweißes sich sogar bis in die vierte Generation forterbe, und daß
Quinteronen (Blendlinge aus der Vermischung
eines Europäers mit einer Quarteroninn, oder Al-
bina) noch nicht ganz von diesem übelriechenden
Schweiße frei seien a). Ich führe dieses an, um
zu beweisen, daß die Beschaffenheit der Haut überhaupt, nicht bloß die Farbe derselben, den Unterschied unter den Raßen ausmache. Die Beschaffenheit der Haut ist das einzige karakteristische Unter-
scheidungszeichen der verschiedenen Raßen, beinahe das
einzige, welches unausbleiblich halbschlächtig anerbt.

a) Nouveau voyage autour du monde, par M. Le
Gentil 1728. T. 3. lettre 14.

Das Gesez der halbschlächtigen Zeugung, wenn
die Raffen verschieden sind, ist ein allgemeines Naturgesez, welches keine Ausnahme leidet. Wenn daher Bruce von einigen Afrikanern das Gegentheil
gehört zu haben versichert b): so muß bieß der Un-
wahrheit, oder Unwissenheit, jener Afrikaner zugeschrieben werden. Eben so unglaublich ist, was bie-
ser Reisende an einer andern Stelle c) behauptet: baß
nämlich Neger mit Weiffen ganz weiffe, oder ganz
schwarze Kinder zeugen sollen. Es hat bereits, in
Rücksicht auf bieses Mährchen, Hr. Prof. Tychsen
ben Hrn. Bruce widerlegt d).

Weiffe Menschen, von Negern erzeugt, waren
nicht eigentliche weiffe Menschen, sondern Kakerlaken: eine Varietät, keine Raffe. Beispiele dieser
Art findet man viele in Schriftstellern e). Ein einziges Beyspiel wird angeführt, baß ein Neger mit
einer Weiffen einen Neger, statt eines Mulatten, gezeugt haben soll f). Dieses Beispiel ist aber um so
weniger glaubwürdig, ba ber Erzähler bloß nach

Hös

b) Reise zu ben Quellen des Nils. Thl. 3. S. 106.
c) Ebendaf. Thl. 4. S. 170.
d) Ebendaf. Thl. 5. S. 357.
e) *Parsons* in in Philos. Transact. Vol. 55. S. 45.
f) Ebendaf. S. 47.

E

Hörensagen, nicht als Augenzeuge, berichtet. Eben
so unglaublich ist es mir, daß jemals von weissen
Eltern ein schwarzes Kind gezeugt worden sein soll,
wovon doch gleichwohl ein Beispiel, und noch dazu
von einem berühmten Arzte, angeführt wird a).

Halbrassen der Menschen.

Unter einer Halbrasse verstehe ich ein Volk, welches
ursprünglich, durch Vermischung zweier Rassen, halbschlächtig gezeugt worden ist, sich nachher aber, durch
Zeugung mit seines Gleichen, fortgepflanzt und erhalten hat. Wenn es z. B. ein Land gäbe, welches
mit Mulatten bevölkert wäre; so würden diese halb,
durch Zeugung unter sich, eine Halbrasse, einen
Mittelschlag zwischen Negern und Weissen, bilden.
Bekannte Halbrassen sind:

1. Die Tonkinesen, Kochinchinesen, Siamer, Lanjaner, und Ramboschaner. Sie sind
durch Vermischung der Hindostaner mit den Malayen entstanden.

2. Die Kaffern und Hottentotten. Sie sind
aus Vermischung der Neger und Weissen (Araber)
entstanden.

3. Die

a) *James Lind* in Philos. Transact. No. 424.

3. Die Thibetaner. Sie sind durch Vermischung der Hindostanischen und weissen (Mongolischen) Rasse entstanden a).

4. Die Einwohner der Philippinischen Inseln sind vielleicht eine Halbrasse von Weissen (Mongolen) und Malayen b).

Noch mehrere vermuthliche Halbrassen des Menschengeschlechtes sind in der nachstehenden Tabelle mit einem Fragezeichen (?) angedeutet.

Zu der weissen Menschenrasse gehören nachfolgende Völker, die in Rücksicht auf ihre Sprache verschieden sind c).

I. Fleischfarbne Spielart.

1. Die Basken, oder Biskayer, diesseits und jenseits der Pyrenäen. Sie sind weisser als ihre Nachbaren, und sprechen die Baskische Sprache. Bei den Alten hießen sie Iberier, Aquitanier, Kantabrer und Vaskonen.

2. Die Bretagner; Abkömmlinge der alten Britten in Nieder-Bretagne und Wales. Sie sprechen die Niederbretannische Sprache (le bas-breton).

3. Die

a) *Blumenbach* de gen. human. var. nat. S. 306.
b) Ebendas. S. 507.
c) Man vergleiche Gatterers Begriff der Geographie.

E 2

3. Die Ersen; Abkömmlinge der alten Kaledonier und Deukaledonier, der Pikten nnd Skoten. Sie sprechen die Ersische oder Gaelische Sprache, und bewohnen das Schottländische Hochland, die Hebridischen Inseln, und Irland.

4. Die Spanier. }
5. Die Portugiesen. }
6. Die Italiener. } sprechen ein verdorbenes Latein.
7. Die Franzosen. }
8. Die Wallachen. }

9. Die Hochdeutschen, in Obersachsen, Franken, Bayern, Schwaben und der Schweiz.

10. Die Niederdeutschen, in Niedersachsen, Brandenburg, Pommern, Friesland, Holland und den Niederlanden.

11. Die Engländer nebst den Nieder-Schottländern.

12. Die Skandinavier: a) die Dänen, b) die Schweden, c) die Norweger, d) die Isländer.

13. Die Letten, in Lettland, Kurland, Litthauen, und (vormals) in Preußen.

14. Die Slaven. Dazu gehören: a) die Russen, b) die Pohlen, c) die Böhmen, d) die Slobacken in Hungarn, e) die Bul-

Bulgaren, f) die Servier, g) die Bosnier, h) die Slavonier, i) die Kroaten,
k) die Dalmatier, l) die Kosaken.

15. Die Wenden, in der Windischen Mark,
in Krain, Kärnthen, Steiermark, Istrien
und der Lausiz.

16. Die Albaneser, in Dalmatien, Albanien,
und auf einigen Inseln des Archipelagus.

17. Die Griechen, in Griechenland und auf einigen Inseln des Archipelagus.

18. Die Türken und Tataren. a) die Osmannischen Türken, b) die Krimmischen
Tataren, c) die Nogäjer, oder Steppen = Tataren, d) die Turkumannen,
e) die Kumüken und Chaitaken, f) die
Rasanischen Tataren, g) Die Turkestaner,
h) die Usbecken, i) die Charesmier,
k) die Bucharen, l) die Sibirischen
Tataren.

19. Die Tscherkassen a) Eigentliche Tscherkassen, oder Mameluken, in der Kuban,
b) Awchassen, in der Kuban und am schwarzen Meere, c) Kabardiner, in der großen
und kleinen Kabarda.

20. Die Kisti, am Kaukasus.

E 3   21. Die

21. Die Georgier, in Mingrelien, und die Afganen, oder Patanen, in den Gebirgen von Kandahar.

22. Die Armenier.

23. Die Juden.

24. Die Syrer.

25. Die Perser.

26. Die Einwohner des Gebirges Aureß in Afrika. (Man sehe Shaw's travels).

27. Die Acansas, in Nordamerika.

28. Die Parsis, oder alten Perser?

II. Dunkelgelbe Spielart.

1. Kalmüken oder Oelöets. a) Die Koschot in der Koschoten, b) die Soongar, in der Soongarey und in der Astrakanischen Steppe an der Wolga, c) die Derbet, in der Soongarey und in der Wolgischen Steppe, d) die Torgot, in der Kalmukey und in der Wolgischen Steppe, e) die getauften Kalmüken, am Uralflusse und im Distrikte von Stawropol, f) die Buräten, in den Irkuzkischen Gebirgen und um den See Baikal.

2. Die Mongolen, in der Mongoley.

3. Die

3. Die Kalkas-Mongolen, in der Kalkas-Mongoley.

4. Die Scharra-Mongolen, in der Scharra-Mongoley.

5. Die Rußischen Mongolen, im Selenginskischen Gebiete.

6. Die Chinesen, in China.

7. Die Tungusen, in Sibirien.

8. Die Samojeden, am Eismeere, von dem Jugrischen Gebirge an Ostwärts, bis an die Lena.

9. Die Woten, oder Woriaken? im Kasanischen uud Orenburgischen.

10. Die Tscheremissen? Ebendaselbst.

11. Die Mordwinen? Ebendaselbst.

12. Die Lesgier? Im Lesgistan, auf der Ostseite des Kaukasus.

13. Die Woguken, im Jugrischen Gebirge, in Sibirien.

14. Die Ostiaken, am Irtisch und Ob, in Sibirien.

15. Die Tschuwaschen? im Kasanischen und Orenburgischen.

16. Die Baskiren? im Orenburgischen.

17. Die Kiptschaken und Mestscherjaken? im Orenburgischen.

E 4   18. Die

18. Die Jakuten? zu beiden Seiten der Lena, und auf der Ostseite derselben, bis ans Eismeer.

19. Die Jukagiren? An beiden Seiten der Nieder-Indigirka, bis ans Eismeer.

20. Die Kirgisen? In Sibirien.

21. Die Karakalpaken? Im Orenburgischen.

22. Die Korjaken, im Nordöstlichen Sibirien.

23. Die Tschuktschi, im Nordöstlichen Sibirien.

24. Die Kamtschadalen, oder Itälmen, in Kamtschatka.

25. Die Aleuten, auf den Aleutischen, Andreanovischen und Fuchs-Inseln.

26. Die Kurilen, auf den Kurilischen Inseln, zwischen Kamtschatka und Japan.

27. Die Japaner in Japan.

28. Die Koreaner? auf der Halbinsel Korea.

29. Die Finnen, im Schwedischen und Russischen Finnland.

30. Die Lappen, in Lappland.

31. Die Jshorski? in Ingermannland.

32. Die Esthen? in Esthland.

33. Die Liven? im Rigaischen Kreise und in Kurland.

34. Die Permier? und Syrianen? An den Flüssen Wytschegda und Wym.

35. Die

35. Die Ungarn, oder Hungarn?
36. Die Eskimos, in Nord-Amerika.
37. Die Grönländer.

III. Bräunlichgelbe Spielart.

1. Die Holländischen, Portugiesischen und Spanischen Kreolen in Ostindien, in Afrika, auf den Kanarischen Inseln, und auf den Aequators-Inseln.

2. Die Engländischen, Französischen, Spanischen Kreolen auf den Westindischen Inseln und in Südamerika.

3. Die Bewohner der vereinigten Staaten von Nordamerika, vorzüglich in den Südlichen Staaten.

IV. Bräunlichweisse Spielart.

1. Araber und Beduinen.
2. Mohren, oder Mauren.
3. Habessinier,
4. Kopten?
5. Kabylen? in der Barbarey und in der Wüste Saara.

Zu

Zu der schwarzen Menschenrasse gehören
folgende Völker:

1. Die Neger in Senegambia. a) Die Fulen,
   b) die Jalofer, c) die Mandingaer.

2. Die Neger in Oberguinea.

3. Die Neger in Niederguinea.

4. Die Neger im Innern von Afrika.

5. Die Neger auf der Insel Madagaskar.

6. Die Hottentotten.

7. Die Kaffern.

8. Die Haraforas oder Alfurier, auf den Molukkischen Inseln.

9. Die schwarzen Ur-Einwohner auf den
   Philippinischen Inseln.

10. Die Neu-Holländer, auf Neu-Holland.

11. Die Neu-Guineer, auf Neu-Guinea.

12. Die Neu-Irländer, auf Neu-Irland.

13. Die Neu-Brittannier, auf Neu-Brittannien

14. Die Bewohner der Insel Choiseul.

15. Die Einwohner der Charlotten-Insel.

16. Die Einwohner der Heil. Geists-Insel.

10. Die Bewohner der neuen Hebriden.

11. Die Neu-Caledonier.

12. Ein Theil der Neu-Seeländer, nach de
    Marion.

Zu der Olivengelben Menschenrasse gehören:

1. Die Westlichen Hinduer blesseits des Ganges.

2. Die Rasbuten, in Kaschemir und auf der
vordern Halbinsel.

3. Die Maratten, in den mittlern Ländern von
Vorder-Indien.

4. Die Dschaten, um Agra.

5. Die Dakier, oder Dekaner.

6. Die Malabaren, in den Südlichen Gegenden der Indischen Halbinsel, und auf Zeilan.

7. Die Konkaner, in Kunkan.

8. Die Singalefen, auf der Insel Zeilan.

9. Die Bewohner der Lakedivischen und
Maldivischen Inseln?

10. Die Thibetaner?

11. Die Barmaner?

12. Die Siamer?

13. Die Einwohner von Laos?

14. Die Ramboschaner?

15. Die Kochinchinefer?

16. Die Tonkinefer?

17. Die Batta? auf Sumatra.

18. Die Dyago? auf Borneo.

19. Die von Mattaram? auf Java.

20.

20. Die Macassaren? auf Zelebes.

21. Die Zigeuner.

Zu der braunen Menschenraffe gehören:

1. Die Malayen, auf der Halbinsel Malakka, auf der Insel Sumatra, und an den Küsten aller Südöstlichen Asiatischen Inseln, der Molukken, Philippinen, u. f. w.

2. Die Bewohner der Marianischen und Karolinischen Inseln.

3. Die Einwohner der Inseln: Byron, la Gente Hermosa, Hoorn, Kokos, Hoffnung und Verräther.

4. Die Bewohner der freundschaftlichen Inseln.

5. Die Neu-Seeländer.

6. Die Bewohner der Sandwich-Inseln.

7. Die Bewohner der Societäts-Inseln.

8. Die Bewohner der Marquesas-Inseln.

9. Die Bewohner der niedrigen oder flachen Inseln.

10. Die Bewohner der Oster-Insel.

Zu der zimmetfarbnen Menschenraffe gehören*)

1. Die Huronen, gegen Südwesten des Sees Erie.

2. Die

*) Man vergleiche Gatterers Abriß der Geographie S. 696. ff.

2. Die Jrokesen, oder die fünf Mohakischen Nationen, von den Seen Ontario und Erie bis gegen Neu-York und Pennsylvanien.

3. Die Mingoer, um die Mitte der Westlichen Gränze von Pennsylvanien.

4. Die Delawaren, gegen Norden des Flusses Ohio.

5. Die Schawnoer, weiter Südlich am Ohio.

6. Die Schipiwäer, zwischen dem 54sten und 42sten Grade Nördlicher Breite. a) die Monsoni, Nordöstlich von dem Holz-See, und Nördlich von dem Regen-See, b) die Killistinoer oder Christinaur, um die Seen Bourbon und Winnipigon, und längst des Flusses Bourbon, bis gegen die Hudsonsbay hin, c) die Nigeponier, Nördlich vom Obern-See, d) die Algonkinen, oder gens de terre, Oestlich vom Obern-See, und Nördlich vom Huronen-See, e) die eigentlichen Schippiwäer, Südlich vom Obern-See bis Süd-westwärts zum Mississippi, auch in der Oestlichen Hälfte der Landenge zwischen dem Mischigan-See und dem Huronen-See, f) die Ottowaer, in der Westlichen Hälfte der Landenge zwischen dem Mischigan-See und

dem

dem Huronen-See, g) die Meſſiſaugauner, weiter nach Nordoſten, gegen den See Ontario hin, h) die Ottogamier (les renards) auf der Oſtſeite des Miſſiſſippi, bis an den Fluß Uisconſin, i) die Sakier (les sacs) Oeſtlich von den Ottogamiern.

7. Die Winnebagoer, Oeſtlich von den Sakern, und Weſtlich von dem See Miſchigan.

8. Die Nadoweſſier, oder Siuer, auf der Weſtſeite des Miſſiſſippi, zwiſchen dem 45ſten und 41ſten Grade Nördlicher Breite. Sie beſtehen aus zwölf Stämmen: a) Die Nehogatawonaher, b) die Matabantowaher c) Die Schaswintowaher, d) die Aſſinipoilen, oder Aſſinibulen. Sie wohnen in den Weſtlichen Gegenden der Seen Bourbon und Winnipigon, und leben in beſtändiger Feindſchaft mit den übrigen eilf Stämmen ihres Volkes, e) die Wapintowaher, f) die Tintoner, um den See Tinton, g) die Aſracutoner, h) die Mahaer, i) die Schianer, k) die Schianiſer, l) die Tſchonguskeroner, m) die Waddapadſcheſtiner.

9 Die Scherokeſen, zwiſchen dem Miſſiſſippi und den Apalachiſchen Gebirgen.

10. Die

10. Die Schikasaer, in Südkarolina.

11. Die Kriker, in Südkarolina und in Georgien.

12. Die Schaktaer. Ebendaselbst.

13. Die Jlinder, auf der Westseite des Mississippi.

14. Die Missurier.

15. Die Aparschen, oder Neu-Mexikaner.

16. Die Teguayoer, in Neu-Navarra.

17. Die Pimaer. Ebendaselbst.

18. Die Kalifornier.

19. Die Tschitschimekoer, das Urvolk von Mexiko, von welchem nur noch Ueberbleibsel in den Gebirgen vorhanden sind.

20. Die eigentlichen Mexikoer.

21. Die Karaiben, auf den kleinern Antillischen Inseln und in Guiana.

22. Die Orenokoer, um den Oronoko.

23. Die Galibyer, von Cayenne bis an den Oronoko.

24. Die Tareupier, im Oestlichen Guiana.

25. Die Kalipurner, in Brasilien.

26. Die Peruaner, welche die Inka-Sprache, Quitschoa, sprechen.

27. Die Maynaer, in der Landschaft Maynas.

28. Die

28. Die Jamdoer.

29. Die Omaguaer.

30. Die Mayurunaer.

31. Die Tschiquitoer, Nördlich von Paraguay.

32. Die Topinaquer, in St. Vincent in Brasilien.

33. Die Tupiquer, in Brasilien.

34. Die Topinamba, in Brasilien.

35. Die Topayoer, in Brasilieu.

36. Die Abiponer, in Paraguay.

37. Die Guaranier, in Paraguay.

38. Die Araucanos, oder Molutschen, auf beiden Seiten der Korbilleren.

39. Die Pescherähs, auf dem Feuerlande.

40. Die Patagonen, an der Magellanischen Meerenge.

41. Die Pueltsches, in der Gegend der Magellanischen Meerenge.

1. Die Raße der weißen Menschen.

Zu dieser Raße gehören, wie aus der vorstehenden Tabelle erhellet: die Europäer; die Mauren, oder Mohren, in Afrika; die Habessinier; die Araber; der Türkisch-Tatarische Völkerstamm; die Perser; die Mongolischen Völkerschaften; die Chineser; die nördlichsten Amerikaner, und die vermuthmuthlichen Nachkommen der alten Vandalen in dem Gebirge Aureß in Afrika.

Diese Raffe unterscheidet sich durch die weiffe Farbe ihrer Haut, welche aber im Nördlichen Asien in das Quittengelbe, und in Afrika in das Bräunliche übergeht; das heißt: diese Raffe erhält in Asien eine gelbliche, in Afrika hingegen eine bräunliche, Schminke durch das Klima. Die Kreolen haben eine bräunlichgelbe Schminke durch das Klima erhalten.

Spielarten dieser Raffe.

A. Die Spielart der fleischfarbnen Menschen.

Diese Spielart erstreckt sich über ganz Europa, die Lappen ausgenommen. In Asien geht sie bis an den Obstrom, und begreift die kleine Bucharei und Persien.

Am schönsten und vollkommensten findet man diese Spielart in Georgien.

Diese Spielart theilt sich in die beiden Neben-Spielarten der Blonden und der Brünetten.

Der hochblonde Mensch, von zarter, dünner, weiffer Haut, röthlichem Haare und hellblauen Augen, bewohnte, in den ältesten Zeiten, die Nördlichen Gegenden Deutschlands, und verbreitete sich

F   von

von da weiter hin Oestlich, vielleicht bis zum Altaischen Gebirge. Ueberall aber, wo diese Spielart sich aufhielt, bewohnte dieselbe unermeßliche Wälder; und zwar findet sie sich in den ältesten Zeiten nur in kälteren Gegenden.

Die Spielart der brünetten Menschen scheint älter zu sein, als die der blonden, und die letztere könnte wohl aus einer ähnlichen Ursache von der ersteren abgeartet sein, wie die Albinos, oder Kakerlaken, von dem schwarzen Menschen.

Vitruv beschreibt die alten Nordischen Völker als blond a). Eben so beschreibt auch Tacitus die alten Deutschen b). Plinius bemerkt ausdrüklich, daß alle Nordischen Völker blond seien c).

Wie weit sich, in den ältesten Zeiten, die blonden Menschen Oestlich verbreiteten, darüber findet sich eine merkwürdige Stelle im Herodot d). „Die Bu-
„di-

a) Immanibus corporibus, candidis coloribus, directo capillo et rufo, oculis caesiis. lib. VI. cap. I.

b) Habitus corporum, quamquam in tanto hominum numero, *idem omnibus*: coerulei oculi, rutilae comae, magna corpora. *De moribus Germanorum.*

c) Et adversa plaga mundi atque glaciali, candida cute esse gentes, flavis, promissis crinibus. *Plin. l. 2.* cap. 78.

d) Herodot. IV. 107.

diner,„ sagt der Vater der Geschichte, „hatten
„ein Land inne, voll von dichten Waldungen. Sie
„waren ein zahlreiches Volk, mit blauen Augen
„und röthlichem Haare. In ihrem Lande war
„eine hölzerne Stadt, mit hölzernen Mauern, Häu-
„sern und Tempeln. Jede Seite war ein und dreißig
„Stadien (drei viertel Meilen) lang. „ Von den
Griechen unterscheidet Herodot diese Budiner sehr
genau. „Die Bewohner der Stadt,“ sagt er, „die
„Gelonen, waren ursprünglich Griechen, die sich
„aus den Handelsstädten dahin gezogen hatten. Auch
„war noch ihre Sprache halb Scythisch, halb Grie-
„chisch. Die Budiner hingegen hatten eine ganz
„andere Sprache und Lebensart: denn sie waren
„Nomaden, und lebten von der Jagd; da hingegen
„die Gelonen das Land baueten, Getreide aßen,
„und Gärten hatten. Auch in der Farbe waren
„sie von einander verschieden. Zwar pflegten
„die Griechen die Budiner auch wohl Gelonen zu
„nennen; aber das war eine unrichtige Verwech-
„lung.“ Herodot hat ganz Recht, wenn er bemerkt,
daß die Budiner von den Griechen in der Farbe verschieden gewesen seien: denn die Griechen waren
brünett; die Budiner hingegen, nach Herodots Beschreibung, blond.

F 2   Ich

Ich habe mir lange Zeit vergebliche Mühe gegeben, den eigentlichen Wohnsitz dieser Budinen auszufinden, um genau bestimmen zu können, bis wie weit nach Nord-Osten sich die blonde Spielart des weissen Menschen vormals verbreitet habe, bis ich endlich, in dem vortrefflichen Werke des Hrn. Professor Heeren a), über diesen Gegenstand die befriedigendste Aufklärung fand. Ich will die Stelle hersezen. „Die Wohnsize der Budinen,“ sagt Herr Heeren, ”fangen, nach Herodot, da an, wo die der Sarmaten aufhören, das ist, bei Saratof, wo der Don und die Wolga sich einander nähern. Sie finden sich also in dem jezigen Kasan. Wie weit sie aber nach Norden, oder nach Osten, sich hinauf zogen, sagt uns der Geschichtschreiber nicht. Sie müssen gleichwohl einen beträchtlichen Umfang gehabt haben, da er das Volk ein grosses und mächtiges Volk nennt. Es ist bekannt, daß jenes Land noch gegenwärtig voll von Eichenwäldern ist, den großen Magazinen für den Rußischen Schifbau. Den See aber, den der Schriftsteller erwähnt, sucht man vergebens. Vielleicht ist es die große morastige Gegend, die man an der rechten Seite des Dons, unter dem 50 Grad Nördlicher Breite, auf der Karte bemerkt findet. „ Blon-

a) Heeren Ideen über die Politik. Bd. 2. S. 761.

Blonde Menschen, das heißt: Menschen mit röthlichem Haare, und feiner, weisser, mit Sommer-sprossen bedekter Haut, finden sich einzeln beinahe unter allen Menschenraffen. Herr Forster fand dergleichen Menschen sogar auf den Inseln des Süd-meeres. „In O-Taha,“ sagt er, „sah ich einen einzigen Kerl, der völlig rothes Haar hatte. Seine Haut war weisser, als gewöhnlich, und ganz mit Sommersprossen bestreut a). Hieraus scheint zu folgen, daß das hochblonde nahe mit dem Kakerlakis-mus verwandt ist, indem es nicht bloß eine Spielart der weissen Menschen-Raffe, sondern beinahe aller Menschen-Raffen ausmacht. Schade, daß Hr. Forster nicht angemerkt hat, von was für Farbe die Augen dieses hochblonden Mannes waren, den er auf der Insel Otaha fand. Wären seine Augen, wie ich vermuthe, hellblau gewesen: so würde dieß ein großer Beweis für die Meinung sein, daß die hochblonde Spielart unter allen Menschen-Raffen dieselbe ist.

In Afrika hat Shaw b) die Kabylen, oder die Bewohner des Gebirges Aureß, blond gefunden,

mit

a) Forsters Bemerkungen. S. 201.
b) *Shaw's* travels S. 39.

F 3

mit weisser Haut, blauen Augen und blondem Haare.
Er hält diese blonden Afrikaner für Nachkommen der
Vandalen. Dieß ist nicht unwahrscheinlich; jedoch
muß ich bemerken, daß bereits Prokop der blonden
Menschen erwähnt, die man in Afrika, über die
Mauren hinaus, antreffe. „Weiterhin, „sagt Pro=
kop, „giebt es andere Länder, die an Menschen frucht=
„bar sind, welche aber nicht, wie die Mauren, eine
„schwarze Haut haben, sondern weisse Körper, und
„ein röthliches Haar., a) Bruce bestätigt die Be=
merkung des Shaw. Hier (in dem Gebirge Jibbel
Aures) „sagt er,„stieß ich, zu meinem großen Er=
staunen, auf eine Horde, die, wenn ich sie gleich
nicht für so schön, als die Engländer, ausgeben
kann, doch um etwas lichter von Farbe sind, als
die Einwohner irgend einer Gegend Großbrittanniens.
Sie hatten rothes Haar und blaue Augen. Es ist
ein wildes unabhängiges Volk. Es erforderte Be=
hutsamkeit, sich ihnen zu nähern. Ich erreichte aber
meinen Zweck, ward gut aufgenommen, und erhielt
die Freiheit, zu thun was ich wollte. Diese Horde
heißt Nirdei (Nearble). Jeder von ihnen hat, in
der Mitte zwischen den Augen, ein Griechisches, mit
Spiesglanz gemachtes, Kreuz. Sie sind Kabylen.
                                                    Sie

---

a) in *Groe.* Hist. Goth. lib. 2. p. 98.

Sie leben zwar in Horden, haben aber doch in den Gebirgen Hütten von Erde und Stroh, Daschkras genannt, anstatt daß die Araber unter Zelten in Thälern leben. Sie gestanden, mit vieler Zufriedenheit, daß ihre Vorfahren Christen gewesen, und schienen sich darüber mehr zu freuen, als über ihre Verbindung mit den Mohren, mit welchen sie unaufhörlich in Krieg verwickelt sind. Sie entrichten dem Bey keinen Tribut, sondern leben beständig in Feindschaft mit ihm" a).

Von den blonden Menschen in Amerika, den sogenannten Akansas, werde ich unten ausführlicher sprechen.

Die weissesten Menschen sind, nach Martin b) die Bewohner der Insel St. Kilda, der allerentferntesten unter den Hebriden. Wenn sich Fremde auf dieser Insel niederlassen, so werden ihre Kinder nach jeder Zeugung weisser und blonder.

B. Die Spielart der dunkelgelben Menschen.

Die Quittengelben, gelbbraunen Menschen, finden sich in Asien, dem Nördlichsten Europa, und dem

Nörd-

a) Bruce Reise nach den Quellen des Nils. Band 1. S. 27.

b) *Martin* on St. Kilda. S. 36.

F 4

Nördlichsten Amerika. Es gehören dazu: alle Mongolischen Völkerschaften, welche die unermeßlichen
Steppen Asiens nomadisch durchziehen; ferner, die
Chinesen, die Bewohner des Nördlichsten Asiens,
die Samojeden und die Kamtschadalen; in Amerika
die Eskimos, welche sich an der Westlichen Küste ungefähr bis nach Alaschka, und etwas mehr Südlich,
an der Oestlichen Küste aber bis Labrador verbreitet haben; in Europa gehören zu dieser Spielart die
Lappländer.

Es unterscheidet sich diese Spielart: durch ihre
gelbliche Farbe und die besondere Gestalt ihres Angesichtes. Ihre Farbe gleicht ungefähr der Farbe einer reifen Weizenkornes. Sie haben dünne Haare
und wenig Bart. Ihre Haare sind lang und schwarz.
Ihre Gesichter sind platt; die Oeffnung ihrer Augenlieder ist eng und lang geschlizt, so, daß die Au-
genknochen und das Kinn weit hervor ragen. Der
Kopf hat, nach Blumenbachs Bemerkung, eine
beinahe viereckige Gestalt.

Diese Spielart ist darum, weil sie sich, dem
äußeren Anblike nach, von dem Europäer so sehr
unterscheidet, von berühmten Naturforschern und
Philosophen, einem Blumenbach, Kant, und
andern, für eine eigene Rasse von Menschen gehalten

ten worden: allein ich kann dieser Meinung nicht beistimmen, sondern ich muß die Mongolen für eine bloße Spielart der weissen Rasse halten, weil sie mit den Weissen nicht halbschlächtig zeugen. Hr. Pallas a) meldet ausdrücklich, daß die erste Zeugung von einem Russen mit einer Mongolinn (einer Burätinn) sogleich schöne Kinder gebe. Auch scheint bereits Rant, aus eben diesem Grunde, seine vorige Meinung, daß die Mongolen eine eigene Menschen-Rasse ausmachten, zurückgenommen zu haben b).

Die Mongolische Spielart scheint, nach Rant, unter den Koschottischen Kalmüken am reinsten zu sein. Unter den Torgöts nähert sie sich etwas, und unter den Dschingorischen noch mehr, der Tatarischen Bildung.

Es gehört diese Spielart unter die urältesten Stammvölker. Sie hat sich, wie Hr. Pallas bemerkt, nicht nur Jahrtausende lang unvermischt erhalten, sondern sich auch, durch alte und neuere Heerzüge, sowohl den umliegenden Asiatischen Reichen, als auch Europa, fürchterlich gemacht. Die Mongolis

a) Ueber die Mongolischen Völkerschaften. S. 99.
b) Berliner Monatschrift 1785. S. 408.

F 5

lischen Völkerschaften sind nomadisch. Sie haben aber ihre eigene Sprache, eigene Schrift, und eine eigene Religion.

Die Mongolische Spielart unterscheidet sich von der weissen, außer der Farbe, auch durch die Gesichtsbildung, wie bereits bemerkt worden ist. Hr. Pallas behauptet, daß der Unterschied zwischen einem Mongolen und einem Europäer, in Rücksicht auf die Gesichtsbildung, beinahe eben so groß sei, als zwischen einem Europäer und einem Neger. Ich will das Gemählde der merkwürdigen Mongolischen Bildung, nach Hrn. Pallas, etwas genauer entwerfen.

Sie sind von mittelmäßiger Größe, eher klein als groß, und gutgestaltet: nur haben die meisten etwas gekrümmte Schenkel und Beine, weil sie den größten Theil ihres Lebens zu Pferde zubringen, und sich von der frühesten Jugend an zum Reiten gewöhnen. Sie sind schlank, mager, und von Farbe gelbbraun. Doch ist diese Farbe bloß Schminke, welche das Klima auflegt: denn die Weiber, welche sich der Sonne und Luft weniger aussezen, sind sehr weiß. Das Karakteristische der Mongolischen Gesichtsbildung besteht in den, gegen die Nase zu etwas schief abwärts laufenden und flach ausgefüllten, Augen

genwinkeln; in den schmalen, schwarzen, wenig gebogenen, Augenbraunen; in der besonderen Bildung
und Breite der kleinen und platten Nase; in den
vorragenden Backenknochen, und dem runden Ge-
sichte und Kopfe. Ihre Augensterne sind schwarz-
grau, ihre Lippen breit und fleischig, ihr Kinn kurz,
ihre Zähne weiß, ihre Ohren groß und weit vom
Kopfe abstehend. Das Haar ist allgemein schwarz,
niemals braun: doch giebt es auch, wiewohl selten,
Kakerlaken unter ihnen, mit blonden Haaren. Die
Männer haben wenig Bart, und es kommt derselbe
später hervor. Ihre Sinnen sind äußerst scharf.

Die Mongolen sind ein uraltes Volk. Sie waren schon in den ältesten Zeiten, zu denen die Geschichte reicht, eine von den Tataren ganz verschiedene menschliche Spielart, und bewohnten seit undenklichen Zeiten die Gegenden um das Altaische
Gebirg. Die Chinesischen Geschichtschreiber erwähnen der Mongolen zwei tausend Jahre vor Christi
Geburt a). Sie bewohnten damals schon die heu-
tige Mongolei. In den folgenden Zeiten errichte-
ten sie ein mächtiges Reich, waren wegen ihrer Ge-
schi-

a) *Deguignes* histoire des Huns. Tom. I. Pars II.
S. 13.

schicklichkeit im Reiten berühmt, unterjochten alle benachbarten Völker, und machten so viele Einfälle in das Chinesische Reich, daß endlich, ungefähr drei hundert Jahre vor Christi Geburt, die große Mauer an der Gränze von China erbaut wurde, um diese Einfälle zu verhindern. Sie rükten immer weiter fort, und fielen, im Jahre 476 nach Christi Geburt, in Europa ein, wo sie unter dem Namen der Hunnen erschienen. Sie bemächtigten sich des Ostgothischen Reiches vom Don bis zum Dniester; eroberten nachher auch das Westgothische Reich, vom Dniester bis gegen die Theis; mischten sich in die Kriege der Römer mit den Gothen; und standen bald den Einen bei, bald den andern. Gegen die Mitte des fünften Jahrhunderts wurde Attila ihr König, welcher die Eroberungen der Hunnen Nordwärts bis an die Inseln der Ostsee, und Südostwärts bis an die Gränze des Persischen Reiches ausdehnte, Italien, Deutschland und Frankreich, siegreich durchzog, und einer der größten Eroberer war, deren die Geschichte erwähnt. Die gleichzeitigen Schriftsteller beschreiben die Gestalt dieser Hunnen völlig so, wie noch jezt die Mongolen aussehen. „Sie waren," heißt es, " klein von Person, unbärtig wie Verschnittene, dikköpfig, von sonderbarer

Ge-

Geſtalt, unb krummbeinig." a) Attila ſelbſt wird beſchrieben, als ein kleiner breitſchultriger Mann, mit einem großen Kopfe, kleinen Augen, wenig Bart, einer aufgeſtůlpten Naſe, unb einer ſchwárzlichen Geſichtsfarbe b) : alſo mit einem vôlligen MongolenGeſichte.

Gegen das Ende des ſechsten Jahrhunderts kam ein anderes Volk von Mongoliſcher Abkunft, die Avaren, aus Aſien nach Europa, eroberte Ungarn, unb drang von der Wolga unb dem Kaſpiſchen Meere bis an die Ens im Oeſterreichiſchen, unb bis an die Elbe in Thůringen vor.

Im neunten Jahrhunderte zog abermals ein Mongoliſches Volk, die Magyaren, von denen die heutigen Ungarn abſtammen, aus Aſien nach Europa, eroberte Ungarn, unb machte ôfftere Heerzüge uub Einfälle in Deutſchland, Frankreich unb
Ita

a) Exigui forma, imberbes, ſpadonibus ſimiles, opimis cervicibus, prodigioſae formae, pandi. *Ammian. Marcellin.* lib. 31.

b) Erat autem Attilla forma brevis, lato pectore, capite grandiore, minutis oculis, rarus barba, ſimo naſo, teter colore. *Jornandes* cap. 35. *Deguignes* hiſtoire des Huns. T. 2. S. 293. 309. *Leibnitii* opera. Vol. 5. S. 545.

Italien. „Es ist ein schönes Phänomen, „sagt Spitt-
ler, „wie sich ein Volk, so bieder und tapfer und kultivirt, als unstreitig die Ungersche Nation ist, vom
Finnischen oder Kalmükischen (Mongolischen) Stamme aus habe bilden können. Die Völkergeschichte
hat wenige Beispiele einer solchen Vereblung."

Zu Anfange des dreizehnten Jahrhunderts trat
wiederum unter den Mongolen ein großer Eroberer,
Tschinkischan, auf. Er unterwarf sich zuerst die
übrigen Mongolischen Horden, eroberte nachher China, und stieß die alte Dynastie der Chinesischen Kaiser vom Throne. Hierauf drang er, an der Spize
seiner Mongolen, Westlich; eroberte die Residenz des
Sultans Chowaresm, und alle übrigen Länder und
Städte, bis an den Oxus; sezte seinen siegreichen
Zug bis an den Dnieper fort; und machte auch einen
Versuch, Indien zu erobern. Sein Sohn und Nachfolger, Oktai, wurde ein eben so großer Eroberer,
als der Vater gewesen war. Er hatte eine Armee
von anderthalb Millionen Mongolen, und nahm sich
vor, mit derselben die ganze Welt sich zu unterwer-
fen. An der Spize dieser Krieger eroberte er den
noch übrigen Theil von China; drang in Baschkirien
Kasan und Bulgarien ein; unterwarf sich Rußland;

mach-

machte die Rußischen Großfürsten zinsbar; zog siegreich in Polen, bis nach Krakau; plünderte und verbrannte Breslau; gewann eine Schlacht bei Lieg= niß; und verheerte Schlesien, Mähren, Bosnien, Servien, Bulgarien, nebst dem größten Theile von Klein=Asien a)

Gegen das Ende des vierzehnten Jahrhunderts sezte abermals ein Mongolischer Eroberer die drei Thei=

---

a) Es ist keinem Zweifel mehr unterworfen, daß Tschin= kischans Krieger wirklich Mongolen waren. Man darf nur, um sich davon zu überzeugen, die Be= schreibung lesen, welche ein gleichzeitiger Schrift= steller, im Jahre 1243, von ihnen gemacht hat: Habent autem Tartari (die Mongolen erhielten das mals, sehr unrichtig, den Namen Tataren) pectora dura et robusta, facies macras et pallidas, scapulas rigidas et erectas, nasos distortos et breves, menta proeminentia et acuta, superiorem mandibulam humilem et profundam, dentes longos et raros, palpebras a crinibus usque ad nasum protensas, oculos inconstantes et nigros, aspectus obliquos et torvos, extremitates ossosas et nervosas, crura quo= que grossa, sed tibias breviores, statura tamen nobis aequales; quod enim in tibiis deficit, in superiori corpore compensatur. *Matth. Parisin.* Hist. Lon= din. 1686. fol. S. 530. und *Blumenbach* de g. h. v. n. S. 305.

Theile der alten Welt in Schrecken. Sein Name war Timur, oder Tamerlan. Als er den Entschluß faßte, die Welt zu erobern (im Jahre 1362) war er so dürftig, daß er nichts besaß, als Ein Pferd und Ein Kameel. Zehen Jahre nachher fing er seine Kriegszug an, eroberte Chowaresm, Kaschgar, Persien, Armenien, Georgien, Rußland, Hindostan, Syrien, und zwang den Kaiser zu Konstantinopel, ihm Tribut zu bezahlen. Tamerlans Nachfolger waren nachher die Kaiser, welche man in Europa unter dem Namen der großen Mogols kennt.

Einen andern Beweis, daß die Mongolischen Völker schon in den ältesten Zeiten nicht nur dieselbe Gestalt, sondern auch dieselbe Lebensart hatten, die sie noch jezt haben, finden wir in Herobots Geschichte. "Das ganze Land," sagt er, „von welchem ich so eben gesprochen habe, ist flach, und das Erdreich in demselben ist vortrefflich, aber weiter hin ist dasselbe uneben und steinig. Wenn man durch einen großen Theil desselben gekommen ist, so findet man Völker, welche am Fuße hoher Gebirge wohnen. (Das Ural-Gebirg, wo sich noch jezt die Kalmuken aufhalten). Man sagt, sie seien alle, Männer sowohl, als Weiber, von Geburt an kahl.

Sie

Sie haben eine geplätschte Nase und ein vorstehendes Kinn (die Mongolische Gesichtsbildung). Sie haben eine eigene Sprache, gehen aber gekleidet wie die Scythen. ... Sie wohnen das ganze Jahr durch jeder unter Einem Baume (Gezelt). Im Winter bedeken sie diese Bäume mit Filz von weisser Wolle, den sie im Sommer wieder abnehmen (die Filzgezelte der Mongolen). ... Man nennt sie Argippäer a).

C. Die Spielart der bräunlich-weissen Menschen.

Diese findet sich vorzüglich im Nördlichen Theile von Afrika, bis zur Nördlichen Gränze der Wüste Sara, und bis zum weissen Vorgebirge; außerdem aber auch in Habessinien und im glücklichen Arabien.

Die Farbe dieser Menschen ist bloß eine Schminke, welche das Klima auflegt: denn der im Zimmer erzogene Mauritanier, welcher sich dem Klima nicht aussezt, bleibt weiß. Poiret, ein zuverläßiger Beobachter, sagt: „Ungeachtet des Sprichwortes, sind die Mohren dennoch von Natur nicht schwarz. Sie werden weiß gebohren, und bleiben lebenslänglich

a) *Herod.* IV. 23.

lich weiß, wann ihre Arbeit sie der Hize der Sonne nicht ausßezt. In den Städten haben die Weiber eine so blendende Weisse, daß sie unsere meisten Europäerinnen darin übertreffen würden. Aber die Mohrinnen, welche sich in den Gebirgen aufhalten, beinahe immer halb nakt gehen, und beständig von der Sonne verbrannt werden, werden schon von ihrer Kindheit an, braun." a)

Die Araber, welche, schon seit langer Zeit, die Oestlichen Küsten von Afrika bewohnen, sind, an den Orten, wo sie sich mit den Schwarzen nicht vermischt haben, durch das Klima nicht brauner gefärbt worden, als sie in ihrem Vaterlande waren b).

Die Mauren, welche die Städte bewohnen, haben wenig von der Schminke, die das Klima auflegt, und sind heller von Farbe, als die Nomabischen Araber c). Ja, die Weiber und Töchter der, in Städten sich aufhaltenden, Mauren sind, wie bereits bemerkt worden ist, so weiß, als Europäerinnen d)

Die

a) *Poiret* voyage en Barbarie. T. I. S. 31.
b) *Marmol* Affrique. Bd. 3. S. 129.
c) Höchst S. 100. *Shaw* S. 241. und *Poiret* an mehreren Stellen.
d) Man sehe *Poiret* T. I. S. 31. und *Shaw*. S. 241.

Die Mauren am Senegal sind weit dunkler von Farbe. In einigen Gegenden sind sie rothbraun, beinahe schwarz e). Vermuthlich ist hier, durch Vermischung der Mauren mit Negerinnen, eine Halbrasse entstanden, welcher diese dunkelbraunen Mauren ihren Ursprung verdanken.

Die Araber haben sich über den größten Theil der Ostküste von Afrika verbreitet. Man findet ihrer von Sennaar bis gegen die Küste der Kaffern herab, so wie auf Madagaskar und auf den Komro-Inseln. Alle diese Arabischen Kolonisten haben Sitten, Sprache und Religion, der Araber beibehalten; allein die Schminke, welche ihnen das Klima aufgelegt hat, ist verschieden. In Sennaar und Aethiopien sind sie gelbbraun, auf den Komro-Inseln bräunlich, und auf Madagaskar hellbraun, beinahe weiß.

D. Die Spielart der Kreolen.

Die Wirkung des Klimas zeigt sich am deutlichsten bei den Kreolen, das heißt, bei den, von Europäischen fleischfarbnen Eltern in Ost- und West-Indien gezeugten, Kindern und Kindeskindern. Da

seit

e) *Adanson.* S. 38.

G 2

seit der Niederlassung der Europäer in den genannten Weltgegenden bereits mehrere Generationen ver-
flossen sind, so läßt sich auch der Einfluß des Klimas
desto deutlicher erkennen.   Dieser Einfluß ist doppelt. Das Klima hat erstlich der Haut eine Schminke aufgelegt; und zweitens die Gesichtszüge verändert.   Ich theile die Kreolen in vier Klassen: 1)
Nordamerikaner, 2) Südamerikaner und Westin-
dier, 3) Ostindier, 4) Afrikaner.   Künftig wird
noch eine fünfte Klasse dazu kommen, nämlich die
Neuholländer, oder Südindier, in Botanybay.

Von den **Nordamerikanern** sagt einer ihrer
Landsleute a): „Sie sind, seit noch nicht langer Zeit,
von Engländern, Irländern und Deutschen, entstanden, also stammen sie von den weissesten Völkern in
der Welt her.   Jezt haben sie sich über das feste
Land Amerikas, vom ein und dreißigsten bis zum
fünf und vierzigsten Grade Nördlicher Breite, aus-
gedehnt.   Ungeachtet der Temperatur des Klimas;
ungeachtet der Kürze der Zeit, seit ihrer ersten Niederlassung in Amerika; ungeachtet der beständigen
Vermischung der Europäer mit diesen Kreolen; ungeachtet des hohen Grades von Kultur, auf welchem
sie

a) *Smith* on the variety in the human species. S. 37.

sie standen, als sie dieses Land bevölkerten, sind sie
dennoch merklich verändert worden. Eine gewisse
Bleichheit und Schlappheit des Gesichtes fällt dem
Europäischen Reisenden auf, sobald er unser Ufer
betritt. Auch bemerkt er, daß die Farbe etwas
dunkler ist. Deutlicher sieht man diese Wirkung
des Klimas in den mittleren und Südlichen, als in
den Nördlichen Staaten; deutlicher in dem flachen
Lande, nahe am Ozean, als in der Nähe der Apa-
lachischen Gebirge; deutlicher bei der niedern arbei-
tenden Klasse des Volkes, als bei den Vornehmeren.
Die Einwohner der Provinz Neu-Jersey, unter den
Wasserfällen, sind etwas dunkler von Farbe, als
die Einwohner Pennsylvaniens, weil ihr Land fla-
cher liegt, und mit viel stehendem Wasser bedeckt ist.
Noch tiefer ist die Farbe, Südlich, längst der Ufer
von Maryland und Virginien. Die Einwohner der
niedrigen Gegenden von Karolina und Georgien sind
nur um wenige Tinten heller von Farbe, als die
Irokesen: ich meine die ärmeren Einwohner, die
durch Arbeiten ihr Brot verdienen."

Die Nordamerikanischen Kreolen sind, im
Durchschnitte genommen, weit magerer, als die
Europäer.

Das

Das Haar der Nordamerikanischen Kreolen ist härter und straffer, als das der Europäer, und kräuselt sich nicht so gut. Diese Straffheit des Haares nimmt mit jeder Generation zu b).

In Kanada sollen die Französischen Kreolen, nach Charlevoix Versicherung c), welcher aber von andern Reisenden widersprochen wird, weisser von Farbe, und blühender werden, als ihre Europäischen Voreltern.

Von den Westindischen Kreolen habe ich bereits an einem andern Orte ausführlich gehandelt. Ich werde indessen hier noch Einiges beifügen, was an jenem Orte, wegen Verschiedenheit des Planes, nicht angeführt werden konnte.

Sie sind groß, wohlgewachsen, und sehr zum Fettwerden geneigt: statt daß die Nordamerikanischen Kreolen zum Magerwerden geneigt sind. Sie haben erhabene Backenknochen und tief liegende Augen, welche Beschaffenheit des Auges sie vor dem schädlichen Rükprallen der Sonnenstrahlen schüzt. Die gewöhnlichsten Farben ihrer Augensterne sind hell=

b) Straight lank hair is almost a general characteristie of the second or third race. Ebendas. S. 52.
c) Iournal du Père Charlevoix. S. 173.

hellgrau, schwarz, und dunkelbraun. Eine erstau‐
nende Gewandtheit und Gelenkigkeit der Glieder zeich‐
net sie vorzüglich vor den Europäern aus: als Tän‐
zer sind sie daher besonders berühmt a).

Nach den Bemerkungen glaubwürdiger Reisen‐
den, soll die Schminke, welche das Klima in Süd‐
amerika der menschlichen Haut auflegt, nicht so dun‐
kel seyn, als die Schminke, welche der weisse Mensch
in Spanien erhält. Sogar in der Stadt Guaja‐
quil, welche so nahe am Aequator liegt, daß sie
nur zwei Grade Südlicher Breite hat, bemerkt man,
daß die Spanier weisser werden, als sie in Europa
sind; und man hat daher jener Gegend den Namen
der Amerikanischen Niederlande gegeben b). Wenn
man die Menschen von vermischtem Blute ausnimmt;
so sind die übrigen Kreolen daselbst blond.

Dagegen bemerkt man, in andern Gegenden von
Südamerika, eine andere Wirkung des Klimas. So
werden z. B. die Einwohner von Karthagena und
Portobello bleifarbig und gelblich. Eben dieß wie‐
derfährt auch den Portugiesen in Brasilien c). Ue‐
ber‐

a) History of Jamaica. T. 2. S. 261.
b) *Ulloa* voyage. Bb. I. S. 145. 228. Bb. 2. S. 34.
c) *Frézier.* S. 119.

G 4

berhaupt macht die blaffe, falbe und gelbliche Farbe, nebst einiger Veränderung in der Gesichtsbildung, das eigentlich Karakteristische der Westindischen Kreolen aus. Europäer, die nach Westindien kommen, und sich daselbst einige Zeit aufhalten, verlieren bald die Rosen der Wangen, und nehmen die bleiche gelbe Farbe der Kreolen an. Das Klima legt ihnen die Westindische Schminke auf. Einige Reisende beschreiben diese Schminke als gelblich=weiß, oder gelblich=bleich d).

Der unwiderleglichste Beweis, daß diese veränderte Farbe der Haut bloß eine Schminke ist, welche das Klima auflegt, nicht eine wahre Veränderung der Farbe, liegt in der Bemerkung, daß die Kinder der Kreolen, wann sie früh nach Europa kommen, und sich lang daselbst aufhalten, die Kreolen=Farbe ganz verlieren, und weiß, wie Europäer, werden e).

Ich habe bereits erinnert, daß das Westindische Klima nicht bloß auf die Farbe der Haut, sondern auch auf die Gesichtsbildung Einfluß habe. Dieser Einfluß besteht vorzüglich darin: daß die
Ba=

d) History of Jamaica. Bd. 2. S. 274.
e) Ebendaselbst. S. 262. *Ramsay* S. 212.

Backenknochen sich erheben, und die Augenlieder tiefer herabgehen. Auch diese Veränderung der Gesichtsbildung verliert sich, wann die Kinder der Kreolen früh nach Europa kommen. Ein genauer Beobachter a) sagt: „Westindische Kinder, die in England erzogen werden, bekommen nicht nur eine bessere Farbe, sondern es verschönert sich auch ihre Gesichtsbildung.‘‘ Dieselbe Bemerkung bestätigt ein anderer, nicht weniger genau beobachtender, Augenzeuge b).

Eine auffallende Bemerkung über die Wirkung des Westindischen Klimas, ist folgende. Wenn zwei Eingebohrne von England sich in ihrem Vaterlande verheirathen, und nachher nach Westindien ziehen: so werden die, in Westindien gezeugten und gebohrnen, Kinder dieses Ehepaares wahre Kreolen, an Farbe sowohl, als an Gesichtsbildung. Wenn aber eben dieses Ehepaar nachher nach Europa zurückkehrt: so werden die in Europa gezeugten und gebohrnen Kinder, an Farbe sowohl, als an Gesichtsbildung, den Europäern gleich c).

Die

a) *Ramsay.* S. 212.
b) History of Jamaica. S. 262.
c) *Hawkesworth's* collection of voyages. Bb. 3. S. 374.

G 5

Die Afrikanischen Kreolen unterscheiden sich von den fleischfarbnen Menschen, von denen sie abstammen, ungefähr eben so, wie die Westindischen. Auf den Kanarischen Inseln sind, innerhalb drei hundert Jahren, die Portugiesischen Kreolen röthlicher, oder bräunlicher von Farbe geworden, als ihre Europäischen Stammeltern a). Auf dem Vorgebirge der guten Hoffnung bemerkt man jedoch keine solche Veränderung. Die dortigen Kreolen sind noch eben so weiß, als ihre Holländischen Voreltern waren b). Von den Portugiesischen Kreolen, welche sich an der Afrikanischen Küste, zu Melinde, Mombaza und St. Thomas, aufhalten, behauptet man sogar, daß sie weisser geworden seien, als ihre Europäischen Stammeltern c). Ist diese Bemerkung gegründet: so folgt daraus, daß das Klima in Portugall der Haut eine dunklere Schminke auflegt, als an der Afrikanischen Küste, und das wäre ein neuer Beweis, daß die Dunkelheit der Farbe der Haut überhaupt, und der Schminke insbesondere, von ganz anderen Ursachen abhange, als bloß von dem größeren oder geringeren Grade der Hize eines Landes. Auch die Einwohner der Insel Bourbon

wel=

a) *Demanet* S. 173.
b) Forsters Bemerkungen. S. 243.
c) *Pigafetta.* S. 19. 187.

welche innerhalb des Wendekreises liegt, sollen weisser sein, als ihre Französischen Stammeltern waren a).

Aehnliche Veränderungen erleiden die Europäer in Ostindien. Die Holländischen Kreolen auf Amboina und den übrigen Molukkischen Inseln, sehen gelb aus b). Nicht nur die Europäer leiden, durch Versezung in das Asiatische Klima, eine Veränderung der Farbe, sondern auch die Asiatischen Kreolen in Ostindien, das heißt diejenigen, welche von Persischen oder Mongolischen Stammeltern, die sich in Ostindien niedergelassen haben, erzeugt werden, sind einer solchen Veränderung unterworfen c).

Auf der Insel Sumatra sollen die Südlichen Europäer weisser werden, als sie in ihrem Vaterlande sind d): ein Beweis, daß das Klima dort weniger Schminke auflegt, als im Südlichen Europa.

2. Die Rasse der schwarzen Menschen.

Die Neger-Rasse unterscheidet sich: durch die schwarze Farbe, die aufgeworfenen Lippen, die stumpfe Nase, und das krause, wollartige Haar.

Der

a) *Makintosh.* Bd. 1. S. 450.
b) *Valentyn.* Bd. 2. S. 136.
c) *Hodges's* travels in India. S. 3.
d) *Marsden* Sumatra. S. 40.

Der Kopf ist, nach Blumenbach, schmal, und von den Seiten zusammengedrückt; die Bakenknochen stehen, noch vorne zu, vor.

Diese Rasse von Menschen findet sich vorzüglich in Afrika, und in der größten Vollkommenheit auf Senegambia. Man trifft sie von dem grünen Vorgebirge, oder der Mündung des Senegal, bis zum schwarzen Vorgebirge, und, mit Ausschliessung der Kaffern, zurück, bis nach Habessinien, an.

Daß die schwarze Farbe nicht vom Klima abhangt, sieht man deutlich daraus, weil sie sich nicht durch unmerkliche Nüanzen allmählig ins Weisse verliert: denn auf der Westküste von Afrika macht die Farbe einen plözlichen Sprung von dem brünetten Mauritanier bis zu dem schwärzesten Neger am Senegal.

Die Haut der Neger ist unempfindlicher und dikter, als bei dem weissen Menschen. Auch fühlt sich diese Haut wie Sammet an. Das eigentliche Leder der Haut der Neger ist, nach Hrn. Soemmerrings Beobachtung, weiß, das darauf liegende Schleimhäutchen aber schwarz, und das Oberhäutchen grob, ölig und bräunlich.

We

Wegen der diken Haut des Negers haben die Haare Mühe durchzubrechen, und sind darum auch kurz und kraus. Sie kräuseln sich und umwinden sich, bei dem Durchgange durch die dike Oberhaut. Sogar die Augenwimpern sind gekrümmt. Die Lippen sind schwarz. Der Bart ist dünn. Die Kinnladen stehen vor. Das Blut ist dunkler gefärbt, als bei dem weissen Menschen. Der Schweiß ist sehr übelriechend, und das Fett wachsgelb a).

Mit der diken Haut des Negers ist eine so ausserordentliche Unempfindlichkeit derselben verbunden, daß man Beispiele von Negern hat, welche glühende Kohlen in den Händen hielten, ohne über Schmerz zu klagen b). Es gibt Schriftsteller, welche behaupten: die gegerbte Haut der Neger sei so dik,

daß

a) Soemmerring Verschiedenheit des Negers vom Europäer.

b) Sane ut hoc crederem, persuasus sum exemplis a Petro Servio et Gabriele Fonseca, Medico utroque Romano, memoratis. Narrant illi, unus proprio, alter Fratris Roderici experimento, fuisse Romae Pisisque Aethiopissas, quae ignem manibus innoxie tractarent, saltem diutissime sustinerent. *Peeblis* de colore Aethiopum. S. 78.

daß dieselbe, wie Ochsenleber, zu Schuhsohlen dienen könne a).

Die Negerkinder sind nicht gleich von ihrer Geburt an schwarz. „Die Neger, „sagt ein Augenzeuge,„ kommen ohne die schwarze Farbe auf die Welt, doch nicht ohne einige Merkmale davon. Innerhalb vier Tagen aber werden die Negerkinder, welche anfänglich so weiß, oder so roth sind, als die Europäischen, erst braun. Nach und nach wird ihre Farbe dunkler, bis sie, in drei bis vier Wochen, so schwarz wird, als sie bei ihren Eltern ist. Der Unterschied ist dabei nur, daß ein Negerkind desto eher schwarz wird, je früher es in die freie Luft gebracht wird. b)„

Diese Rasse ist nun schon seit mehr als zwei tausend Jahren, so weit nämlich die Geschichte reicht, unverändert geblieben. Herodot beschreibt bereits die Neger, unter dem Namen Aethiopier, mit krausem, wolligem Haare, und unterscheidet sie sorgfältig von den Hindostanern, welche schlichtes langes Haar

a) *Zuccbelli* relatione del viaggio e missione di Congo. Relat. 9. §. 3.

b) Oldendorps Geschichte der Mission auf den Karaibischen Inseln. Thl. I. S. 406.

Haar haben, und welche er Orientalische Aethiopier nennt a). Ferner findet man auf den Ruinen
von Persepolis Basreliefs, welche Negerköpfe vor-
stellen, mit der, den Negern noch jezt eigenthümlichen, Bildung des Mundes, der Nase und der Haare, wie Hr. Niebuhr bemerkt b). Nun sind aber
die Gebäude zu Persepolis, wie Hr. Prof. Heeren
äußerst scharfsinnig herausgebracht hat, in den alt-
persischen Zeiten errichtet worden, und demzufolge
gegen dritthalb tausend Jahre alt c). Es erhellt
also hieraus, daß die Rasse der Neger innerhalb
drei tausend Jahren keine Veränderung erlitten hat.
Eine für die Geschichte der Natur nicht unwichtige
Bemerkung!

Der übelriechende Schweiß ist eine karakteristische Eigenschaft dieser Menschen-Rasse, welche eine
etwas genauere Erwähnung verdient. In Afrika
ist dieser unangenehme Geruch der Ausdünstungen
des Negers vorzüglich stark: und zwar ist der
Geruch dem Schweiße wirklich eigen, nicht etwa
bloß eine Folge der Unreinlichkeit; denn die Neger
was-

a) *Herodot.* VII. 70.
b) Niebuhrs Reise Bb. 2. S. 147.
c) Heerens Ideen Bb. 2. S. 181. ff.

waschen und baden sich unaufhörlich a). Der Geruch ist so heftig, daß derselbe, an Orten, wo sich Neger aufgehalten haben, noch lang nachher bleibt, nachdem sie schon weg sind. Die Ausdünstungen der Neger aus Angola sollen am meisten, die der Neger aus Senegal am wenigsten übelriechend sein b).

Zufolge der Berichte der Reisenden giebt es auch eine Spielart von Negern mit langem, schlichtem Haare. Dergleichen Neger sollen sich in dem Königreiche Bornu in Afrika finden, c), und auch die Gallas sollen, nach Bruce d), langes Haar haben. Da Bruce aber dieses Volk als braun, und nicht als schwarz beschreibt; so ist noch die Frage, ob dasselbe zur Rasse der Neger gehöre, oder nicht.

Von den Afrikanischen Völkern, besonders von den Negern, wird als eine Eigenthümlichkeit bemerkt, daß ihre Weiber ausserordentlich viel Milch, und große, tief herabhängende, Brüste haben. Von den Negerinnen ist es eine bekannte Sache, daß sie dem Kinde, welches sie auf dem Rücken tragen, die Brust

über

a) *Schotte* treatise on the Synochus atrabiliosa. S. 104.

b) History of Jamaica. T. 2. S. 354.

c) Proceedings of the African Association. S. 201.

d) Bruce Reisen, von Volkmann übersezt. Bd. 2. S. 214.

über die Schulter reichen: eine Erzählung, die auch von den neuesten Reisenden als wahr bestätigt wird a).

Quis tumidum guttur miratur in Alpibus, et quis
In Meroë crasso majorem infante papillam?

Der, den Negern eigene, widerliche Geruch ihrer Ausdünstungen, scheint zum Theil von der Wärme des Klimas abzuhängen. In Afrika ist derselbe, wie Schotte bemerkt, ausserordentlich stark; in Südamerika ist dieser Geruch ebenfalls stark, und pflanzt sich sogar auf die Mulatten, bis in die vierte Generation, fort. Dagegen nimmt dieser Geruch in einem kalten Himmelsstriche, z. B. bei den Kreolischen Negern in Nordamerika, merklich ab. Auch haben einige Kreolische Neger in Nordamerika in der dritten Generation dikes, und vier bis fünf Zoll langes, Haar bekommen. Ja, bei denen, die es sorgfältig mit Oel einschmieren, ist daßelbe noch etwas länger geworden, so, daß sie einen Haarzopf tragen können b).

Es haben übrigens nicht alle Neger das krause Wollen-Haar, die aufgeworfenen Lippen und die

ein-

a) Ebendas. Thl. 2. S. 346.
b) *Smith* on the variety in the human species. S. 55.

H

eingedrükte Stumpfnase. Vielmehr finden sich unter den Neger-Völkern mancherlei Spielarten, mancherlei Abweichungen von diesem Ideale der Negerbildung. So haben z. B. die Einwohner von Bornu, wie bereits erwähnt worden ist, langes Haar.

Merkwürdig ist die Erscheinung, daß sich Neger auf den Inseln des Südlichen Ozeans finden. Man trifft ihrer auf der Insel Madagaskar, auf den Philippinischen Inseln, auf Formosa, auf den Nikobarischen Inseln, den Molukkischen Inseln, auf Neu-Holland und Neu-Guinea, anf Neu-Irland, Neu-Brittannien, auf der Insel Choiseul, auf den Charlotten-Inseln, auf der großen Insel Terra de Espiritu Santo, auf den neuen Hebriden, und auf Neu-Kaledonien an. Alle diese haben, mehr oder weniger, die den Negern eigenthümliche Gesichtsbildung, nebst dem krausen und wolligen Haare. Nach de Marion sind auch Neger auf Neu-Seeland.

Man findet die Neger in der Südsee sämmtlich auf den Westlicheren, innerhalb der Wendekreise gelegenen, Inseln; auf den Oestlichen Inseln sind bloß Malayen. Die Einwohner von Neu-Holland haben
mehr

mehr Negerartiges, als die Bewohner von Neuka=
lebonien. Diese leztern haben zwar noch dike Ne=
ger=Lippen, aber lange Bärte, welche den Negern
fehlen. Die Bewohner der Insel Mallikollo zeich=
nen sich durch eine eigene Form des Schedels aus,
welche aber wahrscheinlich durch Kunst hervorge=
bracht wird.

Daß die, auf den Inseln der Südsee vorhande=
uen, Neger aus Neu=Holland herstammen, werde
ich unten darzuthun mich bemühen.

3. Die Rasse der Olivengelben Menschen.

Diese Rasse findet sich bloß in dem eigentlichen
Hindostan, hat sich aber von da etwas mehr Nörd=
lich und Westlich verbreitet. Oestlich hat sie sich
nicht verbreitet: denn das Volk auf der Oestlichen
Halbinsel Indiens ist eine Menschen=Rasse von ganz
anderem Schlage, wahrscheinlich ein Halbschlag von
Indiern und Malayen. Rein findet sie sich nur auf
der Westlichen Küste der Indischen Halbinsel, in
dem eigentlichen Hindostan.

Es unterscheidet sich diese Rasse durch die Oli=
vengelbe Farbe der Haut, durch die, beständig mit
Schweiß bedekten, aber zugleich kalten und kleinen,
Hände, und durch die langen Schenkel.

H 2   Sie

Sie ist eine der ältesten menschlichen Raffen, und bewohnt den Nördlichen und Westlichen Theil der Indischen Halbinsel, das berühmte Land zwischen dem Indus und dem Ganges, nebst der Küste Malabar. Hohe Gebirge trennen sie, gegen Norden, von Raschemir und Thibet; gegen Osten wird sie, durch eine lange Kette steiler Gebirge, welche bis an die Spize der Halbinsel fortlaufen, von ihren Oestlichen Nachbarn getrennt, die auf der Küste Koromandel wohnen.

Die erwähnte Kette hoher Gebirge, welche bis an das Kap Comorin fortgeht, theilt nicht nur die Indische Halbinsel in zwei Theile, und trennt verschiedene Raffen von Menschen, sondern sie trennt auch ganz verschiedene Klimate. Wann die Oestliche Seite der Halbinsel Sommer hat, dann hat die Westliche Seite den Indischen Winter, die Regenzeit: und umgekehrt tritt die Regenzeit, der Ostindische Winter, auf der Oestlichen Seite der Halbinsel ein, wann die Westliche Sommer hat.

Hindostan liegt sehr hoch. Seine Flüsse fließen in die beiden Indischen Meere, und es hat von Ueberschwemmungen nichts zu befürchte. Es war daher schon in den ältesten Zeiten ein trockenes, und

dem

dem Aufenthalte der Menschen angemessenes Land. Es konnte, wie Kant bemerkt, in den ältesten Zeiten troken und bewohnbar sein, während noch die Oestliche Halbinsel Indiens sowohl, als China, in jenen Zeiten der Ueberschwemmungen, unbewohnt sein mußten, weil sich in diesen Ländern die Flüße nicht scheiteln (das heißt: nicht nach zweien Meeren abfließen), sondern parallel laufen, und also leicht austreten können.

In der That geht auch das Alterthum der Kultur in Hindostan weit über alle unsere Geschichte hinaus. Wir finden schon vor dritthalb tausend Jahren, zur Zeit der Eroberungen Alexanders des Großen, in diesem Lande dieselbe Raße von Menschen, dieselbe Regierungsform und Verfassung, dieselben Sitten und Gewohnheiten, dieselben Handwerker und Künste, dieselbe Art von Landbau, und dieselbe Religion, welche noch bis auf den heutigen Tag daselbst gefunden werden. Herodot meldet bereits: daß die eigentlichen Indier nichts Lebendiges tödteten, daß sie bloß von Vegetabilien lebten, daß sie Reis äßen, und daß sie schwarz wären, wie die Neger a).

Das

a) *Herodot.* III. 99 · 101.

H 3

Das Land war damals schon unter mehr und minder mächtige Nabobs vertheilt, die unter sich in Uneinigkeit lebten. Diese Indischen Fürsten wohnten in prächtigen Pallästen; ritten auf Elephanten; trugen baumwollene Gewänder; ließen sich Sonnenschirme über den Kopf halten; herrschten über ein Volk, welches nicht schwarz, wie die Aethiopier, aber doch dunkelgelb war: mit Einem Worte, es waren die heutigen Hindus, die Olivengelbe Menschenrasse a). Die Staatsverfassung war dieselbe, die sie noch heut zu Tage ist: sie war aristokratisch, und das Volk war damals schon, wie noch jezt, in Kasten eingetheilt. Es gab damals schon eigene Braminenstädte b), und die Braminen zettelten gegen Alexander einen sehr gefährlichen Aufruhr an c). Die Kriegerkaste war damals schon vorhanden, und nöthigte den unüberwindlichen Alexander, seine Erobe:

a) Vortrefflich hat dieses aus einander gesezt, und mit großem Scharfsinne entwikelt, Hr. Professor Heeren, in seinen Ideen, im zweiten Bande. Man sehe auch die wichtigen Untersuchen des Hrn. Hofr. Meiners, in seinen Beobachtungen über Asien.

b) Arrian. VI. 7.

c) Arrian. VI. 16.

berungen aufzugeben: ja diese Kaste hieß damals schon, so wie noch jezt, Chetri, oder Chitery a). Also war sogar die Sprache dieselbe, die noch heutzutage in Indien gesprochen wird.

So uralt ist demzufolge die Indische Menschen-Rasse in Hindostan.

Ein Theil dieses merkwürdigen Volkes, welches an seinen väterlichen Gebräuchen so fest hängt, und das Land seiner Vorelteru seit mehrern Jahrtausenden ununterbrochen bewohnt, ist, durch eine der großen politischen Revolutionen in Asien, genöthigt worden, auszuwandern, und nach Europa zu ziehen, wo diese Olivengelben Menschen sich, seit beinahe vierhundert Jahren, nicht im mindesten verändert haben; zum Beweise, daß nicht das Klima die Farbe hervorbringt, und daß auf eine einmal entwickelte Rasse alle nachmaligen Verpflanzungen und Versezungen in ein anderes Klima nichts mehr vermögen. Ich spreche von den Zigeunern.

Als der berüchtigte Asiatische Eroberer Timur auch in Hindostan eindrang, und, im Jahre 1408 und

a) Diod. S. 560. Arrian. V. 22. Heeren am angezeigten Orte. S. 343.

H 4

und 1409, an der Spize seiner Mongolen, einen Theil dieses uralten Landes eroberte: da wurden von den Mongolischen Siegern die größten Grausamkeiten gegen die Einwohner dieses Landes begangen. Dieß bewog einen Theil der niedrigsten Kaste der Hindus zum Auswandern. Die Braminen, und die höheren Kasten überhaupt, ertrugen lieber die größten Leiden, und sogar den Tod, geduldig, als daß sie ihren väterlichen Boden hätten verlassen sollen. Jene Indischen Flüchtlinge erschienen wenige Jahre nachher in Europa, und schon im Jahre 1417 in Deutschland, und zwar in sehr großer Anzahl: so, daß Stumpf (ein glaubwürdiger Schriftsteller) allein diejenigen, welche durch die Schweiz zogen, auf 14,000 Köpfe rechnet a). Seit jener Zeit, also beinahe vier hundert Jahre, haben sie nun in Europa gelebt, und auch in dem Nördlichen Klima bis in die zwölfte Generation ihre angestammte olivengelbe Farbe beibehalten. Noch immer zeugen sie halbschlächtig mit den Europäern, und vermuthlich auch mit den übrigen Rassen von Menschen: ein Beweis, daß die Hindus eine eigene Menschen-Rasse ausmachen.

Daß

a) Man sehe Hrn. Prof. Grellmanns merkwürdige Untersuchungen über die Zigeuner. Göttingen 1787.

Daß es unter den Hindus eine blonde Varietät von Menschen, eine Art Kakerlaken gebe, ist bereits von mehreren Reisenden bemerkt worden. Unter den in Deutschland vorhandenen Hindus, oder Zigeunern, kommt diese Varietät zuweilen auch vor. Ein aufmerksamer, aber genauer, Beobachter beschreibt einen solchen Hindus-Kakerlaken, als völlig blond, mit weisser Haut, hellblauen Augen, dunkelgelben, langen und struppigen Haaren a). Ich finde, daß ein vortrefflicher ungenannter Beobachter (vermuthlich Hr. Kant) diesen blonden Zigeuner ebenfalls für einen Kakerlaken zu halten geneigt ist. Nur drückt er sich darüber noch etwas zweifelhaft aus b).

Einige Schriftsteller haben behauptet: daß die Olivengelbe Farbe der Zigeuner bloß von Unreinlichkeit und Schmuz herrühre. Allein diese Behauptung ist durch genauere Untersuchungen hinlänglich widerlegt worden. Der Pfarrer Zippel bemerkt, von den Littauischen Zigeunern, ausdrücklich: die schwärzliche Farbe der Haut sei ihnen natürlich; sie brächten die-

sel-

a) Berliner Monats-Schrift. 1793. Bd. 21. S. 117. 118.

b) Ebendas. S. 154.

H 5

selbe mit zur Welt, und würden mit den Jahren immer brauner; das häufige Waschen, welches sie nicht unterließen, mache sie nicht weisser a). „So rein gewaschen sie auch sein mochten,” sagt der, bereits angeführte, vortreffliche Ungenannte, „waren sie dennoch mehr oder weniger Umbrafarbig. Ein Mann zumal, recht wohl gekleidet, und bis zum Glänzen rein gewaschen, hatte eine so tiefe Umbrafarbe, eine so ganz den Goldschlägerblättchen ähnliche, glänzende Epidermis, und einen so fremden Gesichtsschnitt, daß, wenn man ihn betrachtete, und dabei überdachte, daß dieser Mann schon wenigstens aus der zwölften Generation, seit seine Ahnen unter Europäischen Himmel gekommen sind, abstamme, man sich verwundern mußte, und statt von den Zigeunern einen Beweis herzunehmen, daß Neger im Lande der Weissen bald ausbleichen werden, man gerade in den Zigeunern einen entscheidenden, und in seiner Art einzigen, Gegenbeweis gegen diese Meinung erkennen konnte. In der That, hier ist, was man von beiden Seiten verlangt, ein komplettes Experiment. Menschen aus Hindostan leben seit vierhundert Jahren unter Europäischem Himmel, und ha-

a) Ebendas. S. 141. Man sehe auch Offervazioni sulla Vallachia e Moldavia. S. 77.

haben noch immer einen Hindostanischen Körper.
Möchten doch unsere Soemmerringe und Blumen=
bache dergleichen Körper wissenschaftlich untersu=
chen, und die vielfältige Gelegenheit, welche sich da=
zu darbietet, einmal wahrnehmen! „ a)

Nicht nur die Farbe der Hindus, sondern auch
andere auszeichnende Eigenthümlichkeiten derselben,
haben die Zigeuner beibehalten, z. B. die langen
Schenkel und die zugespizten Finger. „Ihre Fin=
ger,„ heißt es,” sind an den Enden zugespizt, und
nicht so rund, als bei den Litthauern „ b). Aber
eben diese zugespizten Finger sind auch eine Eigen=
thümlichkeit der Hindostaner, und man hat sogar aus
dieser Beschaffenheit des Fingerbaues das feine Ge=
spinnst der Schawls in Ostindien erklären wollen c).
Einer der neuesten Reisenden nach Indien, Hodges,
versichert: die Hände der Hindus seien so klein, wie
die der kleinsten Europäischen Frauenzimmer, und
deßwegen seien auch die Handgriffe ihrer Säbel für
Europäische Hände viel zu eng d). Ein anderer
Schrift=

a) Ebendas. S. 152.
b) Ebendas. S. 122.
c) Sprengels neue Beiträge. Thl. 6. S. 293.
d) *Hodges's* travels in India. S. 3.

Schriftsteller sagt a): „Der Gelenkigkeit, welche der ganzen Bildung des Indianers, vorzüglich aber seinen Händen eigen ist, verdanken wir die außerordentliche Vollkommenheit ihrer Leinwand (Baumwollen) Manufakturen. Mit eben den Werkzeugen, deren sich ein Indianer bedient, um ein Stück Battist zu machen, könnten die dikken Finger eines Europäers kaum ein Stük grober Leinwand verfertigen. "

4. Die Rasse der braunen Menschen.

Die braunen Menschen, oder Malayen, sind schwarzbraun, wie Mahagonyholz. Sie haben ein dichtes langes Haar, starke Gesichtszüge, eine breite Nase mit dikem Knopfe, und einen großen Mund.

Man findet diese Rasse auf den Inseln des stillen Ozeans, auf den Marianischen, Molukkischen, Philippinischen, Sundischen Inseln, und auf der Halbinsel Malakka. Von den Sandwich-Sozietäts- und freundschaftlichen Inseln, bis nach Madagaskar, wird die Malayische Sprache gesprochen.

Auf den Sozietäts-Inseln theilt sich diese Rasse in zwei Spielarten, von denen die Eine weißlicher von Farbe, größer von Gestalt, und den Europäern

a) *Ormes's* India. Bd. 1. S. 7.

päern an Gesichtszügen mehr ähnlich sieht. Die andere ist kleiner von Gestalt, schwärzer von Farbe, und hat krause Haare. Vielleicht ist diese zweite Spielart ein Mittelschlag, welcher aus der Vermischnug des Malayischen Blutes, mit dem Blute der, auf den benachbarten Inseln sich aufhaltenden, Papuas, oder Neger, entstanden ist.

Die Malayen, welche die Oestlich gelegenen Inseln des stillen Meeres bewohnen, und sich auf den Sozietäts-Marquesas-Sandwich- und freundschaftlichen Inseln, so wie auf der Oster-Insel und Neu-Seeland finden, sind unter sich an Farbe und Bildung sehr verschieden. Die Tahitier nähern sich, durch Schönheit der Bildung und Farbe der Haut, beinahe den Europäern. „Die Farbe der Tahitier, „sagt Hr. Forster a),„ ist weder so gelb, als die „Farbe des Spaniers, noch so Kupfer- ähnlich, als „die des Amerikaners. Sie ist heller, als das „schönste Kolorit eines Bewohners der Ostindischen „Inseln; mit Einem Worte, sie ist weiß, mit et- „was braungelbem Anstriche, der gleichwohl so stark „nicht ist, daß man auf den Wangen des weissen „Frauenzimmers nicht noch das Erröthen unterscheiden

a) Forsters Bemerkungen. S. 204.

„ben könnte." Auf den übrigen Inseln findet man alle Gattungen von Farbe, von dem weißgelben, bis zum hellbraunen und schwärzlichen.

Die Gesichtszüge der Süd-Indischen Malayen, sind, nach Hrn. Forsters Bemerkung a), ziemlich regelmäßig schön: nur die Nase ist unterwärts zu breit. Der Bart ist stark und dunkel von Farbe. Das Frauenzimmer hat ein offenes, fröhliches, rundes Gesicht, und ein großes, heiteres, strahlendes Auge. Der Leib ist schön gebaut. Die Linien des Umrisses fliessen sanft in einander, und die Verhältnisse sind weiblich schön: nur die Füße sind fast durchgehends zu groß.

Wie ist Süd-Indien bevölkert worden? Diese für die Naturgeschichte (im Kantischen Sinne) so wichtige und interessante Frage läßt sich äußerst schwer beantworten. Wir finden zwei, von einander verschiedene, Menschen-Rassen auf den Inseln jenes unermeßlichen Ozeans zerstreut, die offenbar von ganz verschiedener Abkunft sind.

Von Amerika aus sind die Inseln der Südsee nicht bevölkert worden; denn die Menschen, welche diese Inseln bewohnen, sind von einer ganz andern Rasse, als die Amerikaner, und haben mit den

Ame-

a) Ebendas. S. 205.

Amerikanern weder Sprache noch Sitten gemein.
Auch Hr. Forſter a) verwirft die Meinung, daß
Süd-Indien von Amerika aus ſei bevölkert worden.
„Wenn man, „ſagt er, „ die Südſee gegen Oſten
„von Amerika, und gegen Weſten von Aſien, den
„Oſtindiſchen Inſeln und Neu-Holland, begränzt
„ſieht, und dann die herrſchenden Oſt-Paſſatwinde
„in Erwägung zieht, möchte man in Verſuchung ge-
„rathen, die erſten Anſiedler aus Amerika nach den
„Inſeln des Südmeeres wandern zu laſſen; zumal
„ſie ſich in ſo ſchlechten, kleinen Fahrzeugen, wie
„bei ihnen zum Theil gebräuchlich ſind, nicht leicht
„gegen den Wind hinaufarbeiten können. Allein
„dieſer erſte Anſchein blendet nur. Nicht gar lange
„von der Ankunft der Spanier iſt Amerika ſelbſt erſt
„bevölkert worden. In dieſem ungeheuren Welt-
„theile fanden ſich nur zwei Staaten, oder Königs-
„reiche, die einigermaßen volkreich und geſittet waren.
„Ihre Entſtehung iſt wohl kaum um vier Jahrhunderte
„früher, als die Spaniſchen Eroberungen, erfolgt. Das
„ganze übrige Amerika ward von zerſtreuten Familien
„ſo ſparſam bewohnt, daß vierzig Perſonen oft einen
„hundert Meilen weiten Bezirk beſaßen, und darin
„einſam, und entfernt von einander, umher irrten.
„We-

a) Ebendaſ. S. 249.

„Wenige Jahre nach der Eroberung von Amerika
„hingegen fanden die Spanier, indem sie über das
„Südmeer hinschifften, verschiedene der dortigen
„Inseln bereits so volkreich, wie sie noch heut zu
„Tage sind. Ueberdieß erblikt man auch nicht die
„allerentfernteste Aehnlichkeit zwischen den Mexika-
„nischen, Peruanischen, Tschilesischen, und andern
„Amerikanischen Sprachen, und den Südländischen.
„Auch sind Farbe, Gesichtszüge, die Beschaffen-
„heit des Körpers überhaupt, und die Sitten der
„Amerikaner, von denen uhserer Insulaner ganz
„verschieden. Ja, die Entfernung von sechs hun-
„dert bis tausend Seemeilen, welche die Oestlichsten
„Inseln und Amerika von einander trennt, scheint
„den Einwohnern dieses Kontinents, die von jeher
„elende Seeleute waren, und nur kleine, zu See-
„fahrten ganz unbrauchbare, Kähne besaßen, ein
„unüberwindliches Hinderniß gewesen zu sein.
„Mehr bedarf es nicht, um darzuthun, daß die
„Inseln des Südmeeres keineswegs von Osten
„her bevölkert worden sind.‟

Den Gedanken, daß Süd-Indien von Amerika
aus bevölkert worden sei, muß man also ganz aufge-
ben, weil er nicht die minbeste Wahrscheinlichkeit

für

für sich hat. Aber woher sind dann die Bewohner dieser Inseln gekommen? — Von Westen; aus Asien. Sobald man diese Meinung annimmt: so wird vieles klar und deutlich, was in ein undurch= dringliches Dunkel verhüllt zu sein scheint. Zwei verschiedene Menschen=Rassen haben, zu verschiede= nen Zeiten, die Inseln des Südmeeres bevölkert: Neger und Malayen.

Die Abstammung der braunen Bewohner der Südsee von den Malayen wird aus folgenden Grün= den zur Gewißheit:

1. Die braunen Bewohner der Südsee haben alle einerlei Sprache, welche mit der Malayschen die größte Aehnlichkeit hat.

2. Die Lehens=Verfassung ist unter ihnen, eben so wie unter den Malayen, eingeführt.

3. Die Pflanzen, welche sie anbauen, stammen alle aus Asien, und sind offenbar von ihnen aus ihren vormaligen Wohnsizen mitgenommen worden.

4. Daß die braunen Bewohner der Südsee nicht Eingebohrne (Aborigines) sondern von dem Asiati= schen Kontinente dahin verpflanzte Menschen sind, erhellet auch aus den Thieren, welche sich auf diesen Inseln finden. Soviel bis jezt bekannt ist, enthalten die= se Inseln keine einzige Thierart, die ihnen eigenthüm=

J   lich

lich wäre. Von vierfüßigen Thieren finden sich nicht
mehr, als drei Arten, welche offenbar eingeführt,
und theils von den Einwohnern aus ihrem ursprünglichen Vaterlande, theils von Europäern dahin gebracht sind; nämlich das Chinesische Schwein und
der Hund, welche beide Hausthiere von den Einwohnern gehegt, gemästet und gegessen werden.
Die dritte Gattung vierfüßiger Thiere ist die gemeine Ratte. Diese Gattung ist von Europäischen
Schiffern dahin gebracht worden, und hat sich sehr vermehrt. Auf Neu Kaledonien ist sie noch nicht einmal
vorhanden. Eben so brachten vormals Europäische
Schiffe die gemeine Ratte nach dem Vorgebirge der
guten Hoffnung, nach den Inseln Frankreich und
Bourbon, nach den Antillischen und Bermudischen
Inseln, und nach Peru, woselbst sie von den Einwohnern Ococha (das Ding, welches aus
dem Meere kommt) genannt wurde a). Vögel
gibt es auf diesen Inseln viele, welche sich wahrscheinlich von Amerika und Neu-Holland aus über
dieselben verbreitet haben. Die große Fledermaus
(Vespertilio Vampyrus *Linn.* Caninus *Blumenbach.*)
die sich nur in Ostindien findet, ist auch gewiß von daher

a) Zimmermanns geographische Geschichte. Bb. 1.
S. 238.

her herüber geflogen. Die gemeinen Haushühner
haben die Bewohner dieser Inseln ebenfalls aus Ost=
indien mit sich gebracht. Insekten gibt es auf den
Inseln der Südsee nur sehr wenige, und auch diese nur
von den gemeinsten, bekanntesten Gattungen. Wespen,
Schnaken und giftige Gewürme, sind gar nicht vor=
handen; und nur die gemeine Hausfliege, welche
den Menschen überall begleitet, wird den Einwoh=
nern durch ihre große Anzahl lästig. Daß sich die
gemeine Eidexe (Lacerta agilis) und der Gecko (La=
certa Geko) auf den Inseln der Südsee befinden,
ist merkwürdig. Wie kommen diese Thiere dahin,
da sie nicht schwimmen können, und sich doch nicht
voraussezen läßt, daß sie möchten von Menschen
hingebracht worden sein?

Also die braunen Menschen, die angebauten
Pflanzen und die vierfüßigen Thiere, sind alle aus
Asien nach den Inseln der Südsee gekommen. So=
viel scheint ausgemacht zu sein: allein wo kommen
die schwarzen Menschen, die Neger, auf jenen Jn=
seln her? Diese Frage ist, ich gestehe es, sehr
schwer zu beantworten. Daß sich Neger auf Ma=
dagaskar finden, läßt sich erklären. Sie sind wahr=
scheinlich von den Handeltreibenden Arabern aus

J 2   Af=

Afrika dahin gebracht worden. Allein mit den Negern in der Südsee hat es doch eine ganz andere Bewandtniß. Diese können nicht aus Afrika hergeleitet werden.

„Die Papuas, „sagt Kant, „auf den Inseln des stillen Ozeans, und die, neben ihnen anzutreffende, wundersame Zerstreuung noch anderer Rassen, nämlich der Haraforas, und gewisser, mehr dem reinen Indischen Stamme ähnlicher, Menschen, kann man nicht für Aborigines halten, sondern sie müssen durch irgend eine Ursache, vielleicht eine mächtige Erd-Revolution, die von Westen nach Osten gewirkt haben muß, aus ihren Sizen vertriebene Fremdlinge (jene Papuas etwa aus Madagaskar) sein. Den vermuthlichen Wohnsiz des Stammes muß man auf dem Kontinente und nicht auf den Inseln suchen, welche wahrscheinlich erst nach vollendeter Wirkung der Natur sind bevölkert worden.„

Diese Hypothese Kants, welche äusserst sinnreich ist, hatte lange Zeit für mich den höchsten Grad der Wahrscheinlichkeit: allein ich finde doch, bei genauerer Untersuchung, unüberwindliche Schwierigkeiten, die mich verhindern, derselben beizutreten. Ich wage es daher, eine neue Hypothese der Prüfung philosophischer Naturkundiger vorzulegen.

Mir

Mir ist es wahrscheinlich, daß man den Wohnsiz des Stammes jener Negerartigen Menschen auf dem großen Kontinente von Neu-Holland suchen müsse. Daselbst scheinen sie Eingebohrne (Aborigines) zu sein; und von dort aus scheinen sie sich über die Westlichen Inseln des Südmeeres verbreitet zu haben. Wie die ersten Menschen nach Neu-Holland gekommen sein mögen, wage ich nicht zu entscheiden. Vielleicht sind sie wirklich, nach Kants Meinung, von Mabagaskar dahin gekommen, da Neu-Holland mit Mabagaskar ungefähr unter Einer Breite liegt; vielleicht aber, und dieß hat für mich mehr Wahrscheinlichkeit, hing in den ältesten Zeiten, Neu-Holland, durch die Sundaischen Inseln und Borneo, mit Asien zusammen, und es wanderten von dem menschlichen Urstamme Menschen nach Neu-Holland, welche, durch die Macht des Klimas, in eine eigene Negerartige Rasse daselbst umgeändert wurden. Ueber alles dieses wird sich erst dann entscheiden lassen, wann wir das ungeheure Kontinent von Neu-Holland, wovon uns kaum noch die Ufer bekannt sind, näher werden kennen lernen. Alles, was wir bis jezt von jenem Kontinente wissen, beweiset, daß Menschen sowohl, als Thiere auf Neu-Holland, von den Menschen und Thieren der übrigen Welttheile ganz

J 3   ver-

verschieden sind. Das Känguruh, und mehrere Gattungen von Vögeln, welche auf Neu-Holland entdeckt wurden, werden sonst nirgendwo angetroffen. Die unzähligen Inseln zwischen Neu-Holland und Asien zeigen Spuren genug von der Zertrümmerung eines ehemaligen festen Landes, und die große Menge von Vulkanen in jener Gegend geben, so wie die häufigen Erdbeben, Winke, auf welche Weise die Zertrümmerung geschehen sein mag. Ob aber diese große Erdrevolution auf Einmal statt gefunden, und ob dieselbe, nach Kants Meinung, von Westen nach Osten gewirkt habe, oder ob sie in langen Zeitaltern allmählig geschehen sei, wage ich nicht zu entscheiden.

Die Westlichen Neu-Holländer beschreibt Dampier, als am ganzen Leibe schwarz, wie die Neger in Guinea, mit schwarzem, kurzem, krausem und wolligem Haare, wie die Neger. Die Oestlichen Neu-Holländer werden von Cook als schwarz beschrieben, oder von einer dunkeln Schokolatefarbe, aber ohne platte und eingedrückte Nasen, ohne dike, aufgeworfene Lippen, mit schwarzem, langem und schlichtem Haare, welches nur wenig kraus sei. Hr. Forster nennt sie kleine und unansehnliche Menschen.

Die

Die Einwohner von Neu-Holland sind von den braunen Menschen (Malayen) der Oestlichen Inseln ganz verschieden. Sie haben eine andere Sprache, andere Sitten, andere Gebräuche. Sie besizen weder Kokosbäume, noch Pflanzungen von Pisangs, noch Schweine, und ihre Boote sind so schlecht gezimmert, daß sie mit denselben nicht weit über die See fahren können.

Oestlich von Neu-Holland findet man diese Menschen-Rasse auf Neu-Kaledonien, den Charlotten-Inseln und den neuen Hebriden, unvermischt: auf Neu-Seeland aber finden sich, nach de Marion, die Neu-Holländischen Neger sowohl unvermischt, als auch ein Mittelschlag von ihnen, welcher durch Vermischung dieser Neger mit den Malayen der übrigen Inseln der Südsee entstanden zu sein scheint.

Weiter nach Osten trifft man die Neu-Holländische Neger-Rasse nicht an, welches sich aus der schlechten Beschaffenheit ihrer Fahrzeuge, und aus den, auf der Südsee herrschenden, Ost-Passatwinden, welchen so elende Fahrzeuge nicht entgegen zu fahren vermögend sind, meiner Meinung nach, leicht erklären läßt.

J 4

De:

Desto weiter haben sich aber diese Neger, vermuthlich wegen der so eben erwähnten Passatwinde, welche ihrer Unerfahrenheit in der Schiffarth zu Hülfe kamen, Nordwestlich verbreitet. Auf Neu-Guinea finden sie sich, und zwar sind sie daselbst wahre Neger: denn Sonnerat bemerkt, daß sie dort schwarz sind, mit eingedrückter Nasen, sehr dicken, aufgeworfenen Lippen, und glänzend-schwarzen krausen Haaren.

Man findet sie ferner Nördlich auf Neu-Brittannien, Neu-Irland, Neu-Georgien, auf den Karolinen, den Pelew-Inseln, und Westlich auf den Sunda-Inseln, den Molukken, den Philippinen, auf Borneo, Celebes, Formosa und Sumatra. Auf vielen dieser Inseln findet man auch die braunen Menschen (die Malayen): allein die schwarzen Menschen waren die ersten Bevölkerer, die ursprünglichen Einwohner, und sind erst in späteren Zeiten von den neuen Ankömmlingen, den Malayen, zurückgedrängt, und in die inneren Theile der genannten Inseln getrieben worden. Auf den Molukken heißen die ursprünglichen schwarzen Neu-Holländer: Haraforas, oder Alfuris; auf Borneo, Byajos; auf Sumatra, Baddas.

Die

Die Oster-Insel scheint in älteren Zeiten von einem ganz andern Volke bewohnt, auch viel volkreicher gewesen zu sein, als gegenwärtig: denn die riesenmäßigen Bildsäulen, welche man daselbst antrifft, zeigen einen höheren Grad von Kultur an, als die gegenwärtigen Einwohner derselben besizen.

5. Die Raſſe der zimmetfarbnen Menſchen.

Dieſe Raſſe iſt über ganz Amerika verbreitet, und bewohnt ausſchlieſſend dieſen großen Welttheil, den äußerſten Norden deſſelben ausgenommen a).

Eine ſehr merkwürdige Erſcheinung, und zugleich ein Beweis, daß die Farbe nicht vom Klima abhangt, iſt es, daß dieſelbe Menſchenraſſe in Amerika durch alle Himmelsſtriche, von dem kälteſten bis zum wärmeſten, ſich verbreitet hat.

Man kann dieſe Erſcheinung nicht anders erklären, als wann man annimmt, daß Amerika erſt lange nach der alten Welt ſei bevölkert worden. Es iſt wahrſcheinlich, daß irgend einmal, in den älteſten Zeiten, ein Volk der alten Welt, aus Südlichern

a) There is a greater uniformity of countenance throughout this whole continent, than is found in any other region of the globe of equal extent. *Smith* on the variety in the h. sp. S. 158.

J 5

chern Gegenden, dessen Anartung an das Südliche
Klima noch nicht ganz vollendet war, durch eine ge=
waltsame Natur=Revolution, gezwungen wurde aus=
zuwandern, und weiter nach Norden zu ziehen. Hier
hielt es sich eine lange Zeit hindurch auf. Die noch
nicht vollendete Anartung an das Südliche Klima ge=
rieth dadurch erst in Stillstand, und machte nachher
einer entgegengesezten Entwiklung der Keime und An=
lagen für das Nördliche Klima Plaz. Als die Ent=
wiklung völlig geschehen war, so, daß die übrigen
Keime gänzlich erstikt waren, zog sich dieses Volk
immer weiter Nordostwärts, und endlich nach Ame=
rika herüber. Aus dem Norden von Amerika zog
es sich allmählig, so wie seine Zahl zunahm, immer
mehr Südlich. Da aber seine Anlagen bereits ent=
wikelt waren: so war nunmehr alle fernere Anar=
tung an das Südliche Klima unmöglich. Es fand
sich demzufolge in Amerika eine Rasse von Menschen,
welche, bei ihrem weiteren Fortrükken nach Süden,
dem Klima gar nicht angemessen war, und ei=
gentlich für kein Klima paßte: denn die Südliche An=
artung war, vor ihrer Endigung, in ihrer Entwik=
kelung unterbrochen worden, und hatte nachher mit
der Entwiklung im Nördlichen Klima abgewechselt.
Daher ist auch das Naturell der Amerikaner zu kei=

ner

ner völligen Angemessenheit mit irgend einem Klima gelangt; und aus eben diesem Grunde sind die Amerikaner eine Menschen-Raffe, welche, in Rüksicht auf Fähigkeiten und Talente, die niedrigste Stufe einnimmt, und sogar noch tief unter dem Neger steht a).

Diese Raffe unterscheidet sich: durch ihre zimmet-farbe, oder Eisenrostfarbe; durch das straffe, lange, schwarze und dünne Haar, die kurze Stirn, die tiefliegenden Augen, die geplätschte Nase und die vorstehenden Backenknochen.

Man findet in der ganzen Gesichtsbildung der Amerikaner eine auffallende Aehnlichkeit mit der Mongolischen Gesichtsbildung. Es ist daher nicht unwahrscheinlich, daß Amerika, in den ältesten Zeiten, von Asien her, durch eine Mongolische Raffe bevölkert worden sei. Es versteht sich, daß die Eskimos, welche noch jezt die Mongolische Gesichts-bildung und Farbe haben, spätere Ankömmlinge sind, die man mit den eigentlichen zimmetfarbnen Amerikanern nicht verwechseln darf.

Auch Kant hält die Amerikaner für eine Mongolische Raffe. Das bartlose Kinn, das schwarze Haar,

a) Kant im deutschen Merkur 1788. Febr. S. 120.

Haar, die rothbraune Gesichtsfarbe, nebst der Kälte und Unempfindlichkeit des Naturells, welche vom äußersten Norden bis zum äußersten Süden Amerikas sich finden, sind ihm Beweise für den Mongolischen Ursprung der zimmetbraunen Menschenrasse a). Merkwürdig ist es, daß die, in dem kalten Südlichen Klima an der Magellanischen Meerenge wohnenden, Amerikaner sich der ausgezeichneten Mongolischen Gesichtsbildung noch mehr nähern, als die ihnen Nördlich, in Peru und Chili, wohnenden Amerikaner. Diese Bewohner der Magellanischen Meerenge sind also (nachdem ihre Stammväter aus dem kältesten Norden Asiens in Amerika eingewandert waren, und allmählig durch der heißesten Erdgürtel fortrükten) nunmehr, an der Südlichsten Spize von Amerika, wiederum in ein Klima gelangt, welches mit demjenigen, aus welchem sie ursprünglich herstammen, die größte Aehnlichkeit hat: und hier entwikelten sich nun wieder merkbarer diejenigen Keime, deren gänzliche Ausbildung, während des Aufenthaltes in dem heißen Klima, war unterbrochen worden. Es erzählt Linschoten, ein genauer Beobachter, daß die Bewohner der Magellanischen Meerenge, an Gesichtsbildung, Blik, Farbe, Haaren und

a) Kant in Engels Philosoph für die Welt.

und Bart, die größte Aehnlichkeit mit den Samojeden hätten.   Die Samojeden aber hatte er, auf
seiner berühmten Reise nach Norden, genau kennen
gelernt a).

Anton Ulloa bemerkt: daß die Haut der Amerikanischen Völker weit dicker sei, als die der Europäer, und daß man bei chirurgischen Operatio-
nen die Dicke der Haut öffters mit Verwunderung
gesehen habe.   Diese ausserordentliche Dicke der
Haut ist wahrscheinlich die Ursache, daß alle Amerikanischen Völker an den übrigen Theilen des Körpers , den Scheitel ausgenommen, nur wenige und
dünne Haare haben, daher auch die Meinung entstand, daß sie ganz bartlos wären: eine Meinung,
deren Unrichtigkeit Hr. Hofr. Blumenbach hinlänglich gezeigt hat.

Die Haut der Amerikaner soll sich, nach dem
Berichte der Augenzeugen, wie Atlas anfühlen b).
Die Ausdünstungen der Haut der Amerikanischen
Völ-

a) *Linschoten* not. ad Acost.   S. 46. B.   Man sehe
   auch *Blumenbach* de gen. hum. var. nativ. S. 319.

b) Leur chair est basanée et fort douce ; il semble
   que ce soit du satin, quand on touche leur peau.
   Biet voyage de la France équinoxiale. S. 352.

Völker werden als von einem sehr widrigen Geruche beschrieben a).

Ein aufmerksamer Beobachter b) beschreibt die
Physiognomie der Amerikaner auf folgende Weise:
"Das Auge ist leer und ohne Ausbruck; der Blick
ist starr und dumm; der ganze Ausbruck des Gesichtes ist wild und schwermüthig; die Muskeln des
Angesichtes sind weich und schlapp; das Gesicht ist
breit; der Mund ist groß; die Lippen sind dik und
vorstehend, und die Nase ist platt gebrükt.

Nicht nur die Gesichtsbildung und Physiognomie der Amerikaner ist über das ganze ungeheure
feste Land, von Kanada bis an das Kap Horn,
dieselbe; sondern alle Nationen dieses großen Welttheiles haben auch einerlei Sitten, einerlei gesellschaftlichen Zustand, überhaupt einerlei Lebensart c).

So wie die Menschen, mit denen das große
feste Land von Amerika bevölkert ist, alle zu Einer Rasse gehören, die von den übrigen Rassen,
welche man in den drei Theilen der alten Welt findet,

a) *Thibault de Chanvalon* voyage à la Martinique.
    S. 44.
b) *Smith* on the variety in the human species. S. 125.
c) Ebendas. S. 159.

bet, ganz verschieben ist; eben so sind auch die, in Amerika vorhandenen, Thiere von denjenigen Thieren, welche man in der alten Welt antrifft, ganz verschieden. Mit einigen Ausnahmen, welche unten näher angegeben werden sollen, kann man behaupten: daß die Thiere (und Pflanzen?) der alten Welt nicht in der neuen, und die Thiere der neuen Welt nicht in der alten angetroffen werden. Ein merkwürdiger Umstand, der die genauere Untersuchung des philosophischen Naturforschers verdient, und auf die wichtige Frage leitet:

Wie ist Amerika bevölkert worden?

Die Bevölkerung von Amerika erklärt sich am beßten, wann man annimmt, Amerika habe, in den ältesten Zeiten, mit der Nordöstlichsten Spize von Asien zusammengehangen: so, daß das Tschukotskoische Vorgebirg in Asien mit dem Prinz von Wales Vorgebirg in Amerika Ein Land ausgemacht habe. Nun wurden einmal, in den ältesten Zeiten, durch eine fürchterliche Natur-Revolution, die von Süden nach Norden hinwirkte, und wahrscheinlich eine ungeheure Ueberschwemmung war, mehrere große Völker aus den Südlichen Gegenden Asiens (aus der Mongoley, Kalmükey, Soongarey,

rey, (großen und kleinen Bucharey) nebst den, in den
genannten Gegenden vorhandenen, Thieren genö=
thigt, sich nach Norden zu flüchten. Die Ueber=
schwemmung scheint immer mehr nach dem Nord=
Pole zu sich hingezogen, und zulezt ein großes inlän=
disches Meer gebildet zu haben, wovon vermuthlich
die salzigen Steppen und die großen Sand=
wüsten noch jezt die zurückgebliebenen Spuren
sind. Bei dieser Wanderung der Menschen und
Thiere von Süden nach Norden, kamen alle Thiere
der heißen Zone um, weil diese das kalte Klima nicht
vertragen konnten, und die ihnen nöthigen Nah=
rungsmittel in demselben nicht fanden. Daher kommt
es, daß man in Amerika nicht ein einziges Thier
antrifft, dessen Aufenthalt in der alten Welt in der
heissen Zone ist. Menschen und Thiere gingen aus
dem Nordöstlichen Asien nach Nordamerika, und
verbreiteten sich von da über jenen ganzen Welttheil,
wurden aber, durch Klima, Nahrung und Lebens=
art, in neue Rassen, Spielarten und Varietäten,
umgeändert, die von den übrigen Rassen und Spiel=
arten ihres gemeinschaftlichen Stammes in der alten
Welt merklich abweichen. Der Elephant scheint
mit nach Amerika hinübergegangen zu sein, aber
sich in der kalten Zone nicht fortgepflanzt zu haben;
da=

daher die Ueberbleibſel, welche man von den, aus dem Süden nach Norden vertriebenen, Elephanten, am Jeniſei in Sibirien, und am Ohio in Norbamerika findet.

Die Thiere, welche Amerika mit der alten Welt gemein hat, ſind: 1) Hausthiere. Das Pferd, der Eſel, der gemeine Ochſe, das Schaaf, die Ziege, das Schwein, der Hund, die Kaze, die Ratte und die Maus. Von allen dieſen Gattungen läßt es ſich beweiſen, daß ſie erſt ſeit der Entdekkung von Amerika aus der alten Welt dahin ſind übergebracht worden. 2) Thiere der Eiszone. Der Wolf, der Fuchs, der Iſatis, der Luchs, das Elennthier, das Rennthier, der Hirſch, der Landbär, der Eisbär, der veränderliche Haaſe, die Flußotter, der Bieber, das Eichhorn, der Zobel, der Marder und das Wieſel. Alle übrigen Thiere Amerikas, außer den genannten, ſind Amerika eigenthümlich, und finden ſich in der alten Welt nicht.

Amerika iſt alſo von Aſien aus bevölkert worden. Allein zuverläßig geſchah dieſe Bevölkerung durch eine ganz andere Raſſe von Menſchen, als durch diejenige, welche gegenwärtig das Nordöſtliche Aſien bewohnt. Die Mongolen, eine Spielart

K   der

der weissen Menschen, scheint sich erst später, vielleicht nach der Trennung Amerikas von der alten Welt, in dem Nördlichen und Oestlichen Asien verbreitet zu haben. Sie ist nachher allmählig bis auf den Archipelagus, welcher zwischen Asien und Amerika liegt, und bis in den Nördlichsten Theil von Amerika fortgerükt, hat sich aber von da nicht weiter verbreitet. Diese Asiaten, welche den Nördlichsten Theil von Amerika bewohnen, sind erst lange nach den ersten Asiaten, welche Amerika eigentlich bevölkert haben, in diesen Welttheil gekommen, und müssen von den ersten Bevölkerern Amerikas, mit denen sie in beständigem Streite leben, wohl unterschieden werden.

Noch muß ich einer merkwürdigen Erscheinung erwähnen, auf die man bis jezt zu wenig Rücksicht genommen hat. Es haben nämlich die Amerikaner verschiedene sonderbare Gewohnheiten mit den Bewohnern des Nordöstlichen Asiens gemein, nämlich: das Tabakrauchen, das Ausrupfen der Barthaare u. s. w.

Außer den Eskimos, oder den Nordamerikanischen Mongolen, und den eigentlichen Amerikanern, gibt es noch in Amerika ein kleines Völkchen von weissen Menschen, mit blauen Augen und blondem Haa-

Haare. Von diesem Volke fehlt es leider! sehr an genaueren Nachrichten. Einige Reisebeschreiber erwähnen desselben unter dem Namen des schönen Volkes, oder der Akansas, und sezen den Wohnort desselben in Louisiana, um den vierzigsten und sechs und vierzigsten Grad Nördlicher Breite: andere haben Menschen dieser Art an der Westlichen Küste von Amerika, um den fünf und fünfzigsten Grad Nördlicher Breite, gefunden a). Es sei mir erlaubt, meine Gedanken über diese merkwürdige Erscheinung hier vorzutragen.

Ich halte diese blauäugigen Amerikaner für Abkömmlinge der Normänner, und finde in ihnen einen Beweis des Sazes, daß das Klima eine Rasse, wenn sie einmal völlig entwikelt ist, nicht ferner abzuändern vermag. Um sich hievon zu überzeugen, braucht man nur sich mit der Geschichte der Entdekung von Amerika durch die Normänner bekannt zu machen. Sie ist kurz folgende: b)

Ein

a) Mémoire sur les pays de l'Asie et de l'Amérique par *I. N. Buache*. Paris 1775.

b) Gewährsmänner sind: die alten Isländischen Geschichtschreiber, Arngrim Jonas und Torfäus, fer-

K 2

Ein Isländer, Namens Herjolf, machte jähr=
lich eine Reise zur See nach verschiedenen Ländern,
um der Handlung willen. Auf diesen Reisen beglei=
tete ihn sein Sohn Biörn. Im Jahre 1001 wur=
den beide durch einen Sturm von einander getrennt.
Biörn erfuhr, bei seiner Ankunft in Norwegen,
sein Vater sei nach Grönland gesegelt. Dahin woll=
te er ihm folgen; allein ein Sturm verschlug ihn
nach Südwesten, und er landete an einem ebenen,
flachen, ganz mit Wald bedekten Lande. Von die=
sem Lande fuhr er nach Grönland, und machte da=
selbst seine Entdekung bekannt. Leif, ein Sohn
Erichs des Rothköpfigen, rüstete bald nachher
ein, mit fünf und dreißig Mann beseztes, Schiff aus,
und fuhr, in Biörns Gesellschaft, über die See, um
das von jenem entdekte Land aufzusuchen. Sie fan=
den dasselbe, und landeten an einem steinigen un=
fruchtbaren Ufer, welchem sie den Namen Helle=
land gaben. Bald darauf entdekten sie ein niedri=
ges Land mit weissem Sande, welches sie Mark=
land

ferner Adam Bremensis, welcher in der Mitte
des eilften Jahrhunderts, folglich zur Zeit dieser
Entdekung lebte. Man sehe: *Mallet* introduction
à l'histoire de Danemarc. S. 174. ff. Pontoppi=
dan natürliche Historie von Norwegen. S. 428.
und Cranz Historie von Grönland. S. 327. ff.

land nannten. ' Nach zweien Tagen erblikten sie abermals ein Land, woselbst sie Pflanzen mit süßen Beeren fanden. Sie fuhren mit der Fluth in einen Strom, bis in einen See, aus welchem der Strom herkam. Sie fanden hier eine milde Luft, einen fruchtbaren Boden, und ein äußerst frisches Wasser, welches Lachse in Menge enthielt. Sie befanden sich, wie aus ihrem Berichte deutlich erhellt, in der Gegend des Laurenz-Flusses, in Kanada. Hier baueten sie sich Hütten, und lebten einige Zeit auf ihrem neuentdekten Lande, um die Beschaffenheit desselben auszukundschaften. Nach wenigen Tagen vermißten sie einen Deutschen Matrosen, Namens Tyrker, den sie endlich, nach langem Suchen, springend und hüpfend im Walde antrafen. Er erzählte: die Ursache seiner Lustigkeit sei, daß er solche Trauben gegessen, aus denen in Deutschland Wein gemacht würde. Leif sah die Trauben, kostete dieselben, und nannte das Land **Weinland** (Vünland). Wirklich gibt es in den Wäldern von Kanada eine Art wilder Trauben, aus denen aber kein Wein gemacht werden kann. Im folgenden Frühlinge kehrten die Entdekker nach Grönland zurük. Thorwald, Leifs Bruder, fuhr noch in demselben Jahre wieder nach Amerika, in Begleitung derjenigen Matrosen, wel-

K 3 che

che mit Leif die Entdeckungs-Reise gemacht hatten. Er untersuchte das Land Westwärts, und im folgenden Sommer Ostwärts. Er fand eine stark mit Wald bewachsene Küste, und viele kleine Inseln in der Nähe, aber keine Fußstapfen von Menschen, oder Thieren. Im dritten Sommer wurden die benachbarten Inseln untersucht. Allein das Schiff litt beträchtlichen Schaden an einem Vorgebirge, und mußte ausgebessert werden. Weil der alte Kiel desselben nicht mehr konnte gebraucht werden, richteten sie denselben an dem Vorgebirge auf, und gaben diesem den Namen Kiölär-Näs. Näs, Noß (Nase) ist bei den Nördlichen Völkern der gewöhnliche Nahme für ein Vorgebirg. Nach Ausbesserung des Schiffes, wurde die Ostseite des entdekten Landes näher untersucht, und nunmehr fanden die Normänner einige Eskimos, welche in breiten, mit Fellen überzogenen, Booten ihnen entgegen ruderten. Diese Wilden werden von ihnen als klein und schwach beschrieben. Der Geschichtschreiber nennt sie Pygmaeos bicubitales. Mit einer großen Anzahl dieser Wilden geriethen sie in ein Gefecht, in welchem Thorwald durch einen Pfeilschuß das Leben verlohr. Er wurde an dem Vorgebirge Kros-sa-Näs begraben. Seine Leute blieben den Winter

ter über in Weinland, und kehrten im folgenden
Frühlinge nach Grönland zurück. Thorwalds
zweiter Bruder, Thorstein, schiffte sich in demselben Jahre, mit seiner Frauen Gudrid, seinen Kindern und allen seinen Leuten, fünf und zwanzig Personen an der Zahl, ein, um nach Weinland zu fahren. Er wurde aber, durch einen Sturm, auf die
Küste von West-Grönland geworfen, wo er den
Winter zubrachte. Eine epidemische Krankheit be-
fiel die kleine Kolonie, und er starb an derselben,
nebst mehreren seiner Leute. Seine Frau brachte
im folgenden Frühjahre seine Leiche nach Grönland.
Ein reicher Isländer, Namens Thorfin, heirathe-
te die Witwe, erbte dadurch das Recht des Thor-
steins auf Weinland, und entschloß sich, daselbst
eine Kolonie anzulegen. Er fuhr, mit sechzig Männern und fünf Weibern, dahin ab, nahm allerlei
Arten von Werkzeugen und Vieh mit, und baute
sich daselbst an. Vermuthlich ist von diesem Vieh
der wilde Bukelochse entstanden, den man noch jetzt
in Kanada häufig findet. Die nene Kolonie trieb
einen einträglichen Pelzhandel mit den Eskimos.
Thorfin kam nach Verfluß dreier Jahre nach
Grönland zurück, verkaufte seine Pelzwaaren mit
großem Vortheile, reiste mit dem Gelde nach Is-

K 4

land, und baute sich daselbst ein prächtiges Haus. Sein großer und schnell erworbener Reichthum bewog mehrere Isländer, die Fahrt nach Amerika auch zu versuchen. Nach seinem Tode reiste seine Witwe, Gudrid, nach Rom, kam, nach geendigter Wallfarth, nach Island zurück, und starb daselbst, in einem Kloster, welches ihr Sohn, Snorro, welcher in Weinland gebohren war, auf seine Kosten hatte bauen lassen. Unter den Isländischen Abentheurern, welche nach Amerika fuhren, waren zwei, Namens Helgo und Finbog, die den Pelzhandel ins Große trieben. Jeder von ihnen rüstete ein Schiff mit dreißig Mann aus. Sie nahmen auch Weiber mit, unter anderen eine Tochter von Erich Raude, Namen Freidis. Diese zettelte, einige Zeit nachher, in der neuen, nunmehr ziemlich ansehnlichen, Kolonie einen Aufruhr an, in welchem dreißig Personen umkamen, unter andern auch Helgo und Finbog. Die Kolonisten zogen sich nunmehr (aus Furcht, daß ihre Landesleute kommen möchten, sie zu bestrafen), in das Innere des festen Landes von Amerika zurück, und seit jenem Zeitpunkte fehlt es an zusammenhängenden Nachrichten von der Normännischen Kolonie in Amerika, ungeachtet noch lange nachher die Normänner, von Island laub nnd Grönland aus, Amerika besuchten. Noch hundert Jahre nachher, im Jahre 1121, reiste der Grönländische Bischof Erich nach Amerika, um daselbst seine verlohrnen Landsleute aufzusuchen. Sehr wahrscheinlich ist es demnach, daß die blonden und blauäugigen Akansas von jenen Normännern abstammen.

Amerika hatte bei seiner Entdeckung gar keine Hausthiere: ein unleugbarer Beweis, daß es noch ein neues, nicht lange bevölkertes, Land war.

Die auffallende Aehnlichkeit, welche die Amerikaner in ihren Gesichtszügen haben, ist von einigen Reisenden so sehr übertrieben worden, daß sie behaupteten: die Uebereinstimmung der Gesichtszüge sei so groß, daß wer Einen Amerikaner gesehen habe, der habe sie alle gesehen a); ja, der Vice-König von Mexiko und Peru, Don Enriquez, geht gar so weit, daß er sagt: die Aehnlichkeit aller Amerikaner unter sich sei so groß, daß man sie nicht einmal von einander unterscheiden könne; man müsse nicht sagen, die Amerikaner sähen sich ähnlich,

a) Man sehe *Robertson's* history of America. Bd. I. S. 249. 461. 462.

K 5

lich, sondern sie sei seien wirklich nur Eins a). Das
Uebertriebene einer solchen Behauptung fällt in die
Augen, und man müßte schon a priori an der Wahrheit derselben zweifeln, wenn es auch nicht bessere
Beobachter gäbe, welche ausdrücklich das Gegentheil versichern. Ich will das Zeugniß eines der
lezteren anführen, um diese Meinung zu widerlegen,
welche nur zu oft ist wiederholt worden. Der berühmte Molina sagt: "Ich lache bei mir selbst,
wenn ich in gewissen neueren Schriftstellern, die man
für fleißige Beobachter hält, lese, daß alle Amerikaner sich ähnlich seien, und daß wenn man Einen
gesehen habe, so habe man sie alle gesehen. Jene
Schriftsteller haben sich zu leicht durch einen gewissen
entfernten Anschein von Aehnlichkeit verführen lassen, welcher größtentheils von der Farbe herkommt,
welcher aber verschwindet, sobald man die Individuen der Einen Nation mit den Individuen einer andern vergleicht. Der Einwohner von Chili unterscheidet sich von dem Einwohner von Peru im Aeusseren eben so sehr, als der Deutsche von dem Italiener. Ich habe Paraguayen, Cujanen und Magel-
las

a) Que no acertaban los, que decian, que todos los
Indios eran unos, porque todos eran uno. Man
sehe *Gily* Bd. 4. S. 254.

-

lanen, gesehen, und alle diese haben besondere Ge=
sichtszüge, durch welche sie auffallend von einander
abweichen. „

Auch andere Beobachter bestätigen diese Bemer=
kung des Molina a). Einige Amerikaner haben ge=
plätschte Nasen; andere, z. B. die Abiponen, haben
Habichtsnasen.

Es ist übrigens von jeher den kultivirten Völ=
kern vorgekommen, als wann unter den Wilden eine
ganz besondere Aehnlichkeit und Uebereinstimmung
der Gesichtszüge statt fände. Tacitus beschreibt
die alten wilden Deutschen eben so, wie uns flüch=
tige Beobachter die Amerikaner beschreiben. Die
äußere Gestalt, sagt er, sei bei allen einerlei b).

Noch muß ich, in Rüksicht auf die weisse Na=
tion, welche sich im Norden von Amerika befindet,
und welche, wie ich gezeigt habe, von den Nor=
männern abstammt, bemerken, daß auch einige
Rußische Zeugnisse vorhanden sind, welche das Da=
seyn jenes Volkes sowohl, als seine Aehnlichkeit mit
den Europäern, beweisen. Der Kosake Robelef hör=
te

a) *Molina* sulla storia naturale del Chili. S. 336.

b) Habitus quoque corporum, quamquam in tanto
hominum numero, idem omnibus. *Tacit.* c. 4.

te von dem Oberhaupte der zweiten Insel in der
Meerenge zwischen dem Tschuktschischen Vorgebirge
und dem festen Lande von Amerika: daß auf
dem festen Lande Amerikas ein Flekken, Kingo-
wei genannt, liege, welcher von Russen bewohnt
werde; daß diese Russen ihre Sprache noch immer
beibehielten; daß sie aus Büchern beteten, schrieben,
heilige Bilder verehrten, und sich durch ihre starke
Bärte von den Amerikanern unterschieden a).

Allgemeine Bemerkungen über die Men-
schenrassen.

Es scheint, als wenn die Natur, dadurch, daß
sie in jeder Menschen-Rasse, die, dem Himmelsstriche, in welchem dieselbe sich aufhielt, angemessenen,
Keime und natürlichen Anlagen entwikkelte, die übrigen aber erstikte, es scheint, sage ich, als wenn
die Natur hieburch jede Vertauschung und Ver-
wechslung des kalten Klimas mit dem warmen, und
des warmen mit dem kalten, habe verhindern wollen.
Wenigstens ist es merkwürdig, daß Kolonien von
einer Menschen-Rasse, welche aus dem ihr ange-
bohrnen Himmelsstriche in einen andern, weit entfernten, verpflanzt worden sind, sich in dem neuen
Himmelsstriche niemals recht haben einwohnen können,

a) Pallas Nord. Beiträge. Bd. 4. S. 108.

nen, selbst in Jahrhunderten nicht. Die Zigeuner geben hievon ein Beispiel: denn es sind nun in beynahe vier hundert Jahren noch keine Landbauer und Handarbeiter aus ihnen geworden a). Eben so bemerkt man auch: daß unter den vielen tausend frei gelassenen Negern, welche man in England und Amerika antrifft, kein einziger ein Geschäfft treibt, welches man eigentlich Arbeit nennen könnte b). Dieser Saz bestätigt sich sogar bei den Varietäten. Die Juden, ein, dem Orientalischen Himmelsstriche angewohnter, Schlag weisser Menschen, bleiben noch jezt in Europa, ungeachtet ihres langen Aufenthaltes unter uns, aller eigentlichen Arbeit abgeneigt, und scheinen ganz unfähig zu derselben zu sein. Eben so wenig ist das Naturell der Amerikaner zu einer völligen Angemessenheit mit irgend einem Himmelsstriche des ungeheuren Welttheiles gelangt, den sie bewohnen.

Eine genaue Untersuchung lehrt, daß die jezt bestehenden Menschen-Rassen seit den urältesten Zeiten,

a) Kant im deutschen Merkur 1738. Februar. Seite 117. Berliner Monatsschrift 1793. Februar und April.

b) Sprengels Beiträge. Bd. 5. S. 286.

ten, so weit unsere Geschichte reicht, unverändert sich bis jezt erhalten haben. Daraus folgt: 1) die Richtigkeit des Sazes, daß die einmal bestehenden, gänzlich ausgebildeten, Rassen nicht untergehen können, und auch durch das Klima nicht ferner verändert werden. 2) Daß es irrig ist, wenn man, wie einige Naturforscher gethan haben, eine immer fortdaurende, allmählige Veränderung der Rassen durch das Klima annimmt. 3) Daß unsere Erde, nach ihrer jezigen Beschaffenheit, schon ein sehr hohes Alter besizen muß, weil bereits vor drei tausend Jahren die Menschen-Rassen eben so vollkommen ausgebildet waren, als sie es jezt sind.

Die Naturgeschichte (im philosophischen Sinne) ist noch so wenig bearbeitet, daß man überall auf Lükken stößt. So ist z. B. bisher noch nicht untersucht worden, ob bei Menschen verschiedener Rassen nicht auch eine Verschiedenheit der thierischen Wärme statt finde: eine Untersuchung, welche für die Naturgeschichte des Menschen äußerst interessante Resultate liefern könnte. Ich bin geneigt zu glauben, daß die thierische Wärme des Menschen in verschiedenen Klimaten sehr verschieden, und daß dieselbe in kalten Himmelsstrichen, bei den daselbst

dueingearteten Menschen-Raſſen, weit gröſßer ſei, als bei den Raſſen, die in einen gemäßigten Himmels-ſtriche eingeartet ſind. Iſt dieſe Meinung gegrün-det: ſo ſieht man leicht ein, wie es zugeht, daß Lappen, Samojeden, Grönländer und Eskimos, die auſſerordentliche Kälte ihres Klimas weit leichter ertragen, als die, unter ihnen ſich aufhaltenden, Deutſchen oder Engländer. Man hat bis jezt dieſe Verſchiedenheit bloß auf Rechnung der Gewohnheit geſchrieben, und die Erſcheinung vollkommen zu er-klären geglaubt, wenn man ſagte: ſie ſeien an die Käl-te ihres Klimas gewohnt. Allein dieſe Erklärung erläutert die Sache nicht im mindeſten. Man müß-te es denn ſo verſtehen: daß ſie in ihr Klima einge-wohnt, eingeartet ſeien; das heißt: daß die, von der Natur, zu ihrer Erhaltung, für das kalte Kli-ma in ſie gelegten, Keime bereits entwikkelt wären, welches gerade das iſt, was ich behaupte.

Eben ſo glaube ich auch: daß in dem heiſſen Himmelsſtriche die thieriſche Wärme des Menſchen weit geringer ſei, als in dem gemäßigten, und daß dieſe geringere thieriſche Wärme den, in den warmen Erbgürtel eingearteten, Menſchen-Raſſen die bren-nende Hize ihres Klimas viel erträglicher mache.

Ue-

Ueberhaupt aber scheint mir diese Verschiedenheit der Wärme nicht bloß von Menschen, sondern von den Thieren überhaupt zu gelten, und ich halte es für ein allgemeines Gesez der Natur: daß, bei allen Arten von Thieren, die thierische Wärme der eingearteten Rassen mit der Temperatur des Klimas, in welches sie eingeartet sind, im umgekehrten Verhältnisse stehe.

Ungeachtet die Reisebeschreiber auf diesen wichtigen Umstand nicht die mindeste Rüksicht genommen haben; so haben sie doch einzelne Thatsachen angemerkt, welche die Richtigkeit des von mir aufgestellten Gesezes zu beweisen scheinen. Ich will einige derselben anführen.

Kranz erzählt von den Grönländern: daß sie die heftige Kälte ihres Landes, bei sehr leichter Kleidung, mit bloßem Kopfe und Halse gut ausstehen, so daß sie in ihren Häusern (ohne Feuer) im Winter meistens bis auf die Beinkleider nakend sizen. „Sie machen,‟ sezt Kranz hinzu a) „einem Europäer, der bei ihnen sizt, durch ihre heissen Ausdünstungen, so warm, daß er es nicht lange aushalten kann. Wenn sie im Winter beim Gottesdienste ver-

sam-

a) Kranz Historie von Grönland. S. 179.

sammelt sind, dunsten, oder vielmehr blasen sie so viele Wärme aus, daß man gar bald den Schweiß abwischen muß, und vor Dampf mit Mühe Athem holt." Hieraus erhellet offenbar: 1) daß die thierische Wärme der Grönländer um ein beträchtliches größer ist, als die der Europäer; 2) daß diese vermehrte thierische Wärme nicht von dem Klima, sondern von dem Karakter der Grönländer als Rasse, abhangt: weil an Europaern, die sich zehen und mehr Jahre in Grönland aufgehalten hatten, wie die Herrenhuter, diese vermehrte thierische Wärme nicht bemerkt wurde. — Wahrscheinlich erbt das Vermögen, einen höheren Grad von thierischer Wärme hervorzubringen, auch auf die, aus Vermischung der Rassen entstehenden, Blendlinge fort.

Von den Eskimos hat man ebenfalls bemerkt, daß ihr Blut und ihr Athem außerordentlich warm sind a).

Dagegen scheinen die Völker der heissen Zone, wenn ich den Beobachtungen der Reisenden trauen darf, eine weit geringere thierische Wärme zu haben, als die Völker des gemäßigten Himmelsstriches.

Brus

a) *Lord Kaimes's* sketches of the history of men. T. I. S. 10.

Bruce sagt a): „der wollüstige Türk entfernt sich von der schönsten Zirkasserinn, oder Georgianerinn, seines Seralls, und wendet sich in den warmen Sommermonaten blos zu den schwarzen Sklavinnen. Der merkliche Unterschied in der Kälte der Haut treibt ihn an, den lezteren in dieser Jahreszeit den Vorzug zu geben." — Ferner sagt er: b) „die Araber wählen, in den heissen Sommermonaten, bloß Negerinnen, wegen ihrer vorzüglich frischen und kühlen Haut, zu Beischläferinnen, weil sie darin von den Arabischen Weibern unterschieden sein sollen." — Ferner: c) „reiche Herren, sowohl Türken als Mohren, ziehen, während den heissen Sommermonaten, die Mädchen aus Arabien denen aus Zirkassien und Georgien vor:„ Demzufolge wäre also die Wärme der Neger geringer, als die der Araber, und die Wärme der Araber geringer, als die der Zirkassier und Georgier.

Auch in Ostindien ist, an den Hindus und Malayen, eine Eigenthümlichkeit bemerkt worden, welche

a) Reisen nach den Quellen des Nils, übersezt von Volkmann. Thl. 2. S. 552.

b) Ebendas. Thl. 4. S. 489.

c) Ebendas. Thl. 4. S. 489. vergl. mit Thl. 5. S. 277.

che einen geringeren Grad von thierischer Wärme an-
zuzeigen scheint, nämlich, daß ihre Hände beständig
mit kaltem Schweisse bedekt sind. Ferner hat die
Erfahrung gelehrt, daß diese Eigenthümlichkeit der
Hände (und vermuthlich auch der Füße) auf die
Blendlinge, welche durch Vermischung der Hindostanischen Rasse mit Europäern entstehen, forterbt,
und sich erst nach einer, durch mehrere Zeugungen
fortgesezten, Vermischung mit Europäern ganz verliert.

Es ist oben, S. 40. bereits bemerkt worden,
daß die Schminke, welche das Klima auflegt,
von der eigentlichen Farbe der Haut, welche den
Karakter der Rasse ausmacht, wohl müsse unterschieden werden. Die Farbe der Haut ist Entwiklung der ursprünglichen Keime, und erbt unausbleiblich an: die Schminke ist bloße Färbung der Haut
durch den Lichtstoff, und erbt nicht an. Die Farbe
der Haut bleibt auch dann, wann der Mensch sich
der Luft und der Sonne gar nicht aussezt: die
Schminke entsteht bloß nach Aussezung an Luft und
Sonne. So ist z. B. überall in Europa der Landsmann, welcher den ganzen Tag dem Klima (Luft
und Sonne) ausgesezt ist, dunkler von Farbe, brauner,

L 2 als

als der Einwohner der Städte, welcher die größte
Zeit seines Lebens im Zimmer eingeschlossen
bleibt, und sich der Wirkung des Klimas nicht aussezt. Das heißt: der Landmann trägt die Schminke, welche das Klima auflegt, der Städter aber
trägt dieselbe nicht. Es läßt sich nunmehr leicht einse-
hen, warum die unbedekten Theile des Körpers vorzüglich, und mit Ausnahme der bedekten Theile, diese Schminke tragen. Bringt der braune
Landmann einige Jahre in der Stadt im Zimmer
zu, so verliert sich die Schminke allmählig; und
umgekehrt wird der Städter mit derselben belegt,
wann er einige Zeit auf dem Lande zubringt. Diese
Bemerkung, welche den, für die Naturgeschichte so
unendlich wichtigen, Unterschied zwischen der Farbe
der Haut (couleur de la peau) und der Schminke, welche das Klima auflegt (teint) festsezt, gilt
für alle Rassen von Menschen, und für alle
Himmelsstriche. Einige Beispiele sollen dieses erläutern. Pallas sagt von den Mongolen a): „Ihre Leibes- und Gesichtsfarbe ist noch ziemlich weiß;
wenigstens sind alle jungen Kinder von dieser Farbe.
Allein der Gebrauch des gemeinen Volkes, die Kinder männlichen Geschlechts ganz nakend, sowohl in
der

a) Ueber die Mongolischen Völkerschaften. S. 98.

der heissen Sonne, als im Rauche ihrer Filzhütten, herum laufen zu laffen, und daß auch erwachsenes Mannsvolk im Sommer, die Unterkleider ausgenommen, ganz bloß zu schlafen pflegt, verurfacht, daß ihre gewöhnliche Leibfarbe gelbbraun ist. Das Weibesvolk hingegen ist am Leibe oft fehr weiß; ja unter den Vornehmen gibt es auch zarte, weiffe Gesichter, welche von der Schwärze des Haares noch mehr erhöht werden., Uuter den Wilben in Guiana sind diejenigen, welche sich in den dichten, für die Sonne undurchbringlichen, Wäldern aufhalten, viel weiffer, als diejenigen, welche auf den Ebenen wohnen, und Luft und Sonne ausgefezt sind a) Sogar bei schwarzeu Menschen wird diefes bemerkt; weil auch sie, auffer ber natürlichen schwarzen Raffen-Farbe ihrer Haut, noch eine dunkle, von dem Klima aufgelegte, Schminke tragen. Es erzählen z. B. die Reisebeschreiber: daß die vornehmeren Malabaren bei weitem nicht fo schwarz feien, als die gemeinen, und baß bei den Leuten vom höchsten Range die schwarze Farbe mehr in das Braunrothe und ins Gelbe falle ; dagegen feien die Malabaren von den unteren Ständen fehr fchwarz, weil fie fich den

gans

a) *Hartfink* befchryving van Guiana. T. I. S. 9.

L 3

ganzen Tag über, bei ihrer Arbeit, der Sonne aus-
sezten. „Vornehme Leute," heißt es, „gehen nicht so
viel in die Sonne, sind also auch nicht so schwarz a)
Eine bekannte, und in England durch eine Menge
von Beispielen erwiesene, Bemerkung ist es: daß
wann ein Engländisches Ehepaar sich nach den Westindischen Inseln begiebt, und daselbst Kinder zeugt,
die in Westindien gezeugten und gebohrnen Kinder
bräunlich, wie Kreolen, werden; daß aber, wann
dasselbe Ehepaar nachher nach England zurükkehrt,
und in England Kinder zeugt, die in England gezeugten
und gebohrnen Kinder so weiß sind, wie andere Engländer b). Eine kleine Entfernung macht oft einen großen
Unterschied im Klima, welcher sich durch die Verschiedenheit der natürlichen Schminke zeigt. So sind z. B.
die Weiber in Biskaya sehr weiß, in Granada hingegen
auffallend braun c). Auf der Haut unserer zarten Europäerinnen, welche sich den ganzen Winter über im
Zimmer aufhalten, bringt oft ein einziger warmer
Sonnenreicher Tag im Märze oder April, wann sie
sich der Luft aussezen, eine große Menge Sommer-
sproß

a) Tranquebarische Missions-Nachrichten. 22te Con-
tinuation. S. 896.

b) *Hawkesworth's* collection of voyages T. 3. S. 374.

c) *Blumenbach* de gen. h. var. S. 135.

sprossen hervor, welche nachher unauslöschlich sind. Die
Schminke ist aber weiter nichts, als eine allgemeine
Sommersprosse über den ganzen Körper, oder wenigstens über die unbedekten Theile desselben. Die
Kinder der Weissen, welche von deu Nordamerikanischen Wilden in früher Jugend gestohlen werden, und
von Jugend auf nakkend gehen, bekommen eine sehr
dunkle Farbe a). Diejenigen Peruaner, welche unten,
an der Westseite der Andes, am Fuße der Gebirge,
gegen dem Südmeere wohnen, wo die Gegend kühl
ist, sind beinahe den Europäern an Weisse gleich;
hingegen diejenigen, welche von den Andes weiter
entfernt, und den heissen Winden mehr ausgesezt
sind, haben eine tiefere Kupferfarbe b). Am Oronoko sind diejenigen Nationen, welche in den Wäldern wohnen, viel weisser, als diejenigen, welche
die Ebenen bewohnen und beständig der Sonne ausgesezt sind c). Auf den Maldivischen Inseln sind
die Weiber viel weisser, als die Männer, weil sie

eine

---

a) *Smith* on the variety in the human species. S. 94.

b) *Bouguer* dans les mémoires de l'acad. des Sciences
de Paris. 1744, und *Bouguer* figure de la terre. In-
troduct. S. 101.

c) *Gumilla* hist. de l'Orenoque. T. I. p. 107.

eingeschlossen leben, und sich der Luft und Sonne nicht aussezzen a). Unter den Tunkinesern sind die Vornehmen, welche sich der Luft nicht aussezzen, viel weisser von Farbe, als die gemeinen Leute b). Auch hat man bemerkt, daß Menschen, welche an dem Ufer der See leben, vorzüglich wann sie sich mit der Schiffarth abgeben, dunkler von Farbe sind, als ihre Nachbaren im Inneren des Landes, weil die See= luft merklich schwärzt c). Die Wedas auf der Jn= sel Zeilon, welche sich beständig in den dichten Wäl= dern aufhalten, sind viel heller von Farbe, als die übrigen Einwohner d). Auf der Jnsel Otahiti ha= ben die Erioies, oder Edeln, ein besonderes Ver= fahren, um ihre Haut weiß zu machen: sie gehen Einen oder zwei Monate nicht aus dem Hause, tra= gen eine Menge Kleider übereinander, und essen nichts, als Brodfrucht e).

Daßelbe Gesez, welches, in Rüksicht der Far= be, von den Menschen=Raßen gilt, gilt auch von

Thie=

a) Allg. Hist. der Reisen. Thl. 8. S. 199.

b) Ebendas. Thl. 10. S. 97.

c) *Marsden's* history of Sumatra. S. 43.

d) Wolfs Reise nach Zeilan. 2. Theil. S. 39.

e) Cooks dritte Reise. X. 2. S. 147. im Engländi= schen Originale.

Thieren und Pflanzen, das heißt von der ganzen
Natur: denn die Thiere und Pflanzen des heiß
sen Erdstriches sind überhaupt dunkler gefärbt,
als die des Nordens. Auch haben die Thiere und
Pflanzen, eben sowohl als die Menschen, eine
Schminke, welche das Klima auflegt, und welche
von ihrer eigentlichen Farbe wohl muß unterschieden
werden.   Der Laubfrosch (Rana arborea) wechselt
die Farbe, nach Beschaffenheit seines Aufenthaltes.
Je mehr derselbe dem Sonnenlichte ausgesezt ist, de
sto dunkler wird seine grüne Farbe.   Hr. von Us
lar a) machte Versuche über diesen Gegenstand. Er
bewahrte mehrere Laubfrösche eine geraume Zeit
im Finstern auf, und fand, daß ihre Farbe zulezt
nicht mehr grün, sondern weißgrau war. Eben sol
che weißgraue Laubfrösche traf er auch zwischen dunke
lem Gemäuer an. Die Larven einiger Nacht-Schmet
terlinge, des Bombyx Vinula, Sphinx ocellata,
Sphinx Ligustri, u. s. w. behalten ihre Farbe, bis
nahe vor ihrer Verwandlung, wann man sie in Be
hältern mit Glasdeckeln aufbewahrt, und sie dem
Lichte aussezt.   Werden sie aber mit hölzernen De
keln

a) **Fragmente neuerer Pflanzenkunde (ein trefflic
ches Werk)** S. 37.

£ 5

keln bedekt, so, daß das Licht sie nicht treffen kann:
so bleichen sie bald. Nicht nur verwandelt sich die
grüne Farbe in gelb, sondern bei Vinula und Ligustri wird sogar das Roth blässer. Noch fehlt es an
Versuchen, ob man nicht auf diese Weise auch eine
Veränderung der Farbe in dem, aus der Larve entstehenden, Schmetterlinge bewirken könnte a).

Allgemein kann man sagen: daß Pflanzen und
Thiere aus heissen Weltgegenden, nach ihrer Ver-
pflanzung in einen kälteren Himmelsstrich, heller an
Farbe werden b).

Die-

a) Ebendas. S. 37.

b) Vögel, welche man beständig im Zimmer unter-
hält, verlieren endlich die dunkelen Farben, vorzüglich die rothe, und werden nach jedem Maufern
heller von Farbe, weil sie dem Einflusse des Klimas, der Sonne und Luft, nicht mehr ausgesezt
sind. Vielleicht trägt bei den Vögeln auch die veränderte Nahrung etwas zu diesem Bleichwerden
bei. Wie dem aber auch sein mag, so ist doch die
Erfahrung richtig. Id etiam, sagt ein genauer Beobachter, Hr. Sprenger (Opuscula physico-mathematica S. 41) in aliis avibus, ex. gr. Carduelibus,
contingere videas, ut si in hypocaustis plumas mu-
tant, colores rubri flavique debilitentur quotannis,
et multorum annorum spatio fere pereant toti.

Dieſer Gegenſtand hangt auf das allergenaueſte mit der Beantwortung zweier wichtiger Fragen zuſammen, welche ich jezt genauer unterſuchen werde, nämlich:

1. **Was hat das Klima für Einfluß auf die Raſſen der Menſchen?**

2. **Woher entſtehen die Farben der verſchiedenen Menſchen-Raſſen?**

Unter dem Klima kann man nichts anderes verſtehen, als Luft und Sonne; und unter den Wirkungen des Klimas nichts anderes, als die Wirkung von Luft und Sonne. Das Klima bringt die Raſſen hervor, indem es die, von der Natur in die organiſchen Körper gelegten und vorgebildeten, Keime und natürlichen Anlagen entwikkelt, ausbildet, und die entgegengeſezten Keime erſtikt. Man ſagt alſo mit Recht, das Klima bilde die Raſſen, wann man unter dieſem Ausdrukke verſteht, daß das Klima bloß die gelegentliche Urſache der Entſtehung der Raſſen ſei. Meint man aber damit, daß das Klima alles thue; daß es die Raſſen nicht bloß entwikkele, ſondern ſchaffe; und daß es die einzige wirkende Urſache ſei: ſo iſt dieſe Meinung irrig. Das Klima thut weiter nichts, als daß es die Richtung

tung des Bildungstriebes bestimmt und modifizirt a).
Hat aber einmal, durch einen beständigen Aufenthalt, während einer langen Reihe von Generationen, in demselben Himmelsstriche, der Bildungstrieb bei irgend einer Rasse organischer Wesen eine
bestimmte Richtung angenommen: so behält er diese Richtung beständig. Das Klima vermag nun weiter nichts über ihn: denn er behält dieselbe Richtung
auch dann, wann die Rasse in ein ganz entgegenge-
seztes Klima verpflanzt wird.

Ueber diesen Gegenstand sind aber die berühmtesten
Naturforscher größtentheils ganz andere Meinung.
So schreibt z. B. Hr. Zimmermann dem Klima
alles zu b). Er behaüptet: daß der Grad der
Hize, oder überhaupt die Temperatur der Luft, mit
der Farbe der Haut in der genauesten Verbindung
stehe; so, daß der schwärzeste Mensch in dem heissesten, und der weisseste Mensch in dem kältesten Klima sich finde. Allein dagegen streitet die Erfahrung: denn 1) wohnen an der Mündung des Senegal, in nicht sehr großer Entfernung von einander,
die

a) Hiemit stimmt auch überein Hr. Hofr. Blumenbach de gen. hum. var. nat. S. 90.
b) In seinem vortrefflichen Werke: geographische
Geschichte des Menschen. Bd. 1. S. 78.

die allerschwärzesten Neger und die bräunlich gefärbten Mauritanier. Das Klima ist dasselbe, und dennoch die Farbe so sehr verschieden. 2) Wohnen auf den Inseln der Südsee die weissesten Menschen in den heissesten Gegenden, und die schwärzesten Menschen in den kälteren. 3) Findet sich der weisseste Mensch in dem gemäßigten Himmelsstriche. Weiter Nördlich, gegen den Pol herauf, wird er braungelb. 4) Finden sich in Ländern, die einerlei Klima haben, Einwohner von ganz verschiedener Farbe. Amerika hat in seinem heissesten Klima keine schwarzen Menschen, keine Ostindische, keine Neger-Gestalt; in Ostindien findet man keine Neger; und in Arabien keine Ostindier, ungeachtet das Klima dasselbe ist a). Hr. Z. sagt: „je größer die „Hize eines Landes ist, desto tiefer gefärbt, oder „desto schwärzer, ist der dort lebende Mensch; und „so wie die Hize sich vermindert, verbleicht die Far- „be der Haut: sie wird endlich, unter dem kalten „Klima, völlig weiß.„ Aus den angeführten Gründen

a) Sed cum totae quoque gentes, iisdem expositae caloribus et sole vexatae magis perpendiculari, et illo vultus charactere et nigredine careant; quid aliud judicare aequum est, quam aliam esse colorum originem. *Peeblin* de colore Aethiop. S. 130.

ben kann ich diesem Saze nicht beistimmen. Die Amerikaner allein widerlegen denselben schon hinläng- lich, wie auch Lord Kaimes bereits bemerkt hat: denn alle Amerikaner sind, ohne Ausnahme, zimmet- farbig, da doch in diesem ungeheuren Welttheile al- le nur möglichen Verschiedenheiten des Klimas ange- troffen werden. Es lassen sich die Neger und Ne- gerartigen Menschen, welche man auf mehreren Inseln des stillen Ozeans sowohl, als auf Neu-Guinea antrifft, unmöglich durch das Klima erklären: denn zwischen dem Klima am Senegal und dem Klima von Neu- Guinea ist eine beträchtliche Verschiedenheit, und dennoch findet sich dieselbe Menschen-Rasse in beiden.

„Die Sarazenen und Mauren,„ fährt Hr. Zim- mermann fort „welche im siebenten Jahrhunderte das Nord-Oestliche Afrika einnahmen, und damals braun waren, sind anjezo, nachdem sie tiefer gegen den Aequator heruntergegangen sind, dem wahren Neger so ähnlich, daß man sie durch nichts unter- scheidet.„ Wenn diese Thatsache erwiesen wäre, so bedürfte es keiner weitern Bestätigung des Sazes, daß die Rassen von Klima abhangen. Allein die erzählte Thatsache ist so wenig gewiß, daß ich viel- mehr, nach der genauesten Untersuchung, gerade das

Ge-

Gegentheil finde. Die Manten ſind Mauren ge=
blieben: ſie haben ſich aber, vermuthlich aus Man=
gel an Weibern, mit den Negern ſo verbaſtert,
daß nun endlich, nach einer langen Reihe von Zeu=
gungen, der Mauriſche Urſprungs ganz erlöſcht
iſt. Eben ſo verliert ſich endlich, nach einer Reihe
von Zeugungen zwiſchen dem Neger und dem weiſ=
ſen Menſchen, das karakteriſtiſche des Negers ganz,
wenn jedesmal der entſtandene Blendling ſich wieder
mit dem weiſſen Menſchen vermiſcht, wie oben S. 61.
bereits gezeigt worden iſt. Nur durch Zeugung kön=
nen die Raſſen verándert werben. Der Neger zeugt
mit dem weiſſen Menſchen, den Mulatten; der
Mulatte zeugt mit dem weiſſen Menſchen, den Mo=
riſſio; der Moriſſio zeugt mit dem weiſſen Men=
ſchen den Alvino, welcher ſchon gröſstentheils ein
weiſſer Menſch iſt, und von ſeinem Neger=Urſprun=
ge wenig mehr übrig behált. Eben dieſes Geſez
gilt auch umgekehrt. Der Neger zeugt mit dem
weiſſen Menſchen, den Mulatten; der Mulatte
zeugt mit dem Neger, den Cabro; der Cabro
zeugt mit dem ſchwarzen Menſchen den Negrino,
welcher ſchon gröſstentheils ein Neger iſt, und von
ſeinem weiſſen Urſprunge mehr übrig behált. Aus
dem Negrino entſteht, durch Zeugung mit dem
Ne=

Neger, ein vollkommener Neger — und auf dieſe
Weiſe können wohl aus den Mauren Neger entſtan=
den ſein, aber keinesweges durch die Wirkung des
Klimas.

Man führt ferner die Portugieſen an, welche
ſich, im vierzehnten Jahrhunderte, am Gambia=Fluſ=
ſe, unweit des Senegal, niedergelaſſen haben, und
jezt in vollkommene Neger verwandelt ſein ſollen,
wie der Abbé Demanet behauptet a). Allein die=
ſe Neger ſind eben ſo wenig durch das Klima in Ne=
ger verwandelt worden, als die Mauren, von denen
oben die Rede war. Die Portugieſen kamen ohne
Weiber auf der Küſte an, vermiſchten und verba=
ſtarteten ſich aber mit den eingebohrnen Negern.
Man darf ſich alſo nicht wundern, daß keine Spur
mehr von ihnen übrig iſt. Hr. Hofr. Blumenbach
ſtimmt dieſer Meinung bei, und fügt noch hinzu:
jene Portugieſen könnten keine Weiber ihrer Raſſe
zur Gründung ihrer Niederlaſſung gehabt haben;
denn es ſei eine erwieſene Thatſache, daß Europäi=
ſche Weiber, die aus ihrem Vaterlande unmittelbar
nach der Küſte von Afrika verſezt würden, es da=
selbſt

a) *Demanet* Hiſtoire de l'Afrique Françoiſe. Tom. 2.
S. 203.

selbst nicht lang aushielten, sondern bald an einer tödlichen Verblutung der Gebärmutter starben a).

Daß, wie Tudele b) behauptet, die Juden, welche sich in Habessinien niedergelassen haben, eben so braun seyn sollen, als die Einwohner selbst, beweiset ebenfalls nichts; denn: 1) ist Tudele ein ganz unzuverläßiger Zeuge, von welchem noch nicht einmal erwiesen ist, daß er wirklich gereiset sei c), und 2) sind die Habessinier bloß eine Spielart der weissen Menschen-Rasse, welche die Schminke ihres Klimas tragen. Es ist also höchst wahrscheinlich, daß andere weisse Menschen, die sich daselbst niederlassen, ebenfalls mit dieser Schminke belegt werden. Man unterscheide doch nur die Schminke, welche nicht anerbt, von der Hautfarbe, welche unausbleiblich anerbt.

Man führt ferner einzelne Fälle an, daß Neger in Europa sollen gebleicht worden sein, dergleichen verschiedene in Schriftstellern aufgezeichnet sind. Z. B.

a) *Blumenbach* de generis hum. var. nat. S. 129. in der Anmerkung.

b) Voyage du Rabbi Benjamin, fils de *Jona de Tudele* T. I. S. 207.

c) Differtation sur Tudèle par *Baratier.* T. 2. §. 6.

M

B. in Caldanis Schriften, welcher behauptet: er habe einen Neger gesehen, der als Kind sei nach Venedig gebracht worden, und, durch den langen Aufenthalt daselbst, so sehr von seiner Schwärze verlohren habe, daß er nur noch gelblich von Farbe zu sein schiene a). Ferner findet man einen merkwürdigen, und von glaubwürdigen Augenzeugen bestätigten, Fall dieser Art in den Schriften der Königlichen Sozietät der Wissenschaften zu London, welcher sich folgendermaßen verhält. Eine Negerinn bemerkte, daß die Haut an den Nägeln ihrer Finger weiß wurde; bald nachher ward auch der Mund weiß; und diese Veränderung der Farbe erstrekte sich allmählig über den ganzen Körper. Ihre ganze Haut wurde zulezt weiß und glatt, und so dünn und durchsichtig, daß man die, unter derselben laufenden, Blutadern deutlich durchscheinen sehen konnte. So wie die Haut an den haarigen Theilen weiß ward, wurden auch die, auf derselben wachsenden, Haare weiß b). Dieser Umstand erklärt die Erscheinung deutlich genug, und zeigt, daß die Negerinn

a) *Caldani* institut. Physiolog. S. 194.
b) *Bate* account of the remarkable alteration of colour in a Negro-woman. In den Philosophical Transactions. Vol. 51. P. I. S. 175.

rinn die Krankheit hatte, welche man Katerlakis mus nennt. Einzelne Beispiele beweisen überhaupt nichts: vielmehr zeigt schon ihre Seltenheit, daß sie Ausnahmen von der Regel sind; und überdem gibt es der entgegengesezten Beispiele eine sehr viel größere Menge. Wer z. B. hat jemals gesehen, daß die vielen tausend Neger, welche jährlich aus Afrika nach Westindien geführt werden, oder diejenigen, welche sich in Europa aufhalten, gebleicht worden wären? Vielmehr weiß man, daß die Neger in Pennsylvanien durch vier Generationen unverändert schwarz geblieben sind a). Ferner haben die Zigeuner in Europa, nun seit vierhundert Jahren, ihre Olivengelbe Farbe unverändert behalten. Der König von Portugall, Johann der Zweite, ließ, im fünfzehnten Jahrhunderte, die Insel St. Thomas an der Afrikanischen Küste durch lauter getaufte Judenkinder bevölkern, und von diesen stammen noch jezt die weissen Einwohner auf derselben ab. Sie sind also in drei Jahrhunderten nicht zu Negern ge-

ge-

a) There have been four complete generations of negroes in Pennsylvania, without any visible change of colour: they continue yet blak, as originally. *Lord Kaimes's* sketches. T. I. S. 19.

M 2

worben: daher möchte auch wohl Voltaire so ganz Unrecht nicht haben, wenn er seinen, ziemlich voreilig schliessenden, Landsmann, den Abbe Demanet, etwas derb abfertigt; nur hätte es nicht auf eine so skurrilische Art geschehen sollen a).

Pechlin, ein Schriftsteller des vorigen Jahrhunderts, welcher über die Farbe der Neger mit grossem Scharfsinne und trefflichem Beobachtungsgeiste geschrieben hat, bemerkte bereits, daß diese Farbe sich von dem Einflusse der Sonne nicht herleiten lasse b).

Fer-

---

a) Monsieur l'Abbé, sagt Voltaire, sachez que vous auriez beau faire des enfans en Guinée; vous ne feriez que des Welches, qui n'auroient ni cette belle peau noire huileuse, ni ces levres noires et lippues, ni ces yeux ronds, ni cette laine frisée sur la tête, qui font la différence spécifique des Nègres. *Voltaire* questions sur l'Encyclopédie. Art. Ignorance.

b) In seinem seltenen Werke: de habitu et colore Aethiopum. Kilon. 1677. 8. Er sagt, S. 129.: Denique, si illa quoque argumenta delibare licet, quibus Brounius Boyleusque toti incumbunt, nihil magis evicerit, colorem illum non esse a sole, quam quod in alias deducti peregrini orbis colonias, etiam

in

Ferner gibt es Beweise genug, daß das Klima nicht vermag, eine, in einen andern Himmelsstrich völlig eingeartete, Raſſe organiſcher Körper umzuändern, und dem neuen Klima anzuarten. Die Europäiſchen Kreolen in Oſt- und Weſtindien ſind niemals dem Klima angeartet. Es gibt Spaniſche Koloniſten in Süd-Amerika, welche daſelbſt ſeit länger als zwei Jahrhunderten eingewohnt ſind. Allein ſie ſind doch immer noch Frembe: ſie ſind in dieſer langen Zeit dem Klima noch nicht angeartet, und können die dortige Hitze bei weitem nicht ſo gut vertragen, als die Eingebohrnen, oder als die, aus ei-

in illa vitae et aëris mutatione, eundem eolorem non tantum ſervent, verum etiam in ſobolem propagent, non ante lineamentis aut colore mutatis, quam miſturam gentis fecerint; et ne tum quidem facile obliteratis notis, quando hactenus ſimae nares et deturpata labra Hiſpanienſium Indorum characterem et vultum jam inde a centum annis vitient; Luſitani contra, notante Edoardo Lopeſio, in illis Nigritarum Provinciis integrum et quod excurrit ſeculum viventes, necdum tamen formam iſtam nigredinemque Aethiopum imbiberint: ut adeo nihil Sol ad colorem iſtum tam peculiarem conferre videatur.

einem eben so warmen Himmelsstriche dahin gebrach-
ten, Neger.   In Ostindien, z. B. auf der Insel
Java, und auf den Westindischen Inseln, würden
die Kreolen bald aussterben, wann nicht von Zeit
zu Zeit der Mangel der Bevölkerung durch Europäer ersezt würde.   Ja es gibt sogar ein auffallendes Beyspiel, daß weisse Menschen, in den heissesten Theil von Afrika, mitten unter schwarze Menschen, versezt, so lang sie unvermischt unter sich zeugen, während vieler Jahrhunderte dem Klima
nicht anarten, sondern ihre weisse Farbe beibehalten.
Der berühmte Reisende Shaw a) hat nämlich in
der Barbarei, in den Gebirgen von Aureß, die
gegen Süden an Algier gränzen, ein Volk gefunden
welches weiß und roth von Farbe ist, und gelbes
oder blondes Haar hat.   Shaw hält dafür (und
seine Meinung ist nicht unwahrscheinlich) daß dieses
Volk ein Rest der Vandalen sei, welcher sich in diese Gebirge geflüchtet habe.   Sie reden zwar die
Sprache des Landes: allein bleß ist sehr natürlich,
da sie dieselbe haben lernen müssen, um mit den Einwohnern umgehen zu können, und es ist keinesweges
ausgemacht, oder hinlänglich untersucht, ob sie nicht
unter sich ihre eigene Sprache, die Sprache der alten

a) *Shaw's travels* S. 120.

ten Vandalen, noch beibehalten haben. We=
nigstens versichert Bruce: daß sie ihre eigenen Ge=
wohnheiten, Bauart der Häuser und Verfassung
haben, sich mit Stolz Christen nennen, und sich
noch auf den heutigen Tag mit dem Griechischen
Kreuze bezeichnen a). Unsere Haushüner, welche seit
Jahrhunderten aus einer warmen Gegend Asiens
nach Europa verpflanzt wurden, sind dem Klima
noch nicht angeartet. Sie leiden von der Kälte,
und legen im Winter keine Eier, wofern man sie
nicht warm hält. Unsere Pfirschen und Aprikosen
sind seit Jahrhunderten in Europa aus Saamen ge=
zogen worden: und dennoch sind sie dem Europäi=
schen Klima noch nicht angeartet. — Beweise ge=
nug, daß das Klima eine Rasse nicht mehr zu än=
dern vermag, wann dieselbe einmal völlig entwikkelt
und ausgebildet ist.

Die einzigen Wirkungen, welche das Klima,
in Verbindung mit der Nahrung, auf eine bereits
entwikkelte Rasse organisirter Körper hervorbringt,
ist, daß es die Größe des Körpers bestimmt (ent=
weder das Wachsthum befördert, oder hindert),

und

a) Reise zu den Quellen des Nils. Bd. 1. S. 27.

M 4

und daß es die Gesichtszüge etwas ändert. Das
Klima ist die Ursache der Größe, oder der Kleinheit,
bei den Thieren sowohl, als bei den Pflanzen. Im kalten Himmelsstriche sind alle organischen Körper kleiner, im heissen sind sie größer, uud im
gemäßigten am größten.

Was das Klima auf den Menschen vermag, davon haben wir ein Beispiel an den Hungarn und
den Lappländern. Beide Völker sind von Einem
Stamme, von Mongolischer Abkunft; beide sprechen noch jezt Eine Sprache; beide bewohnen noch
nicht viele Jahrhunderte die Weltgegend, in welcher
sie sich niedergelassen haben. Aber welch ein Unterschied zwischen beiden! Bei den Hungarn hat sich
nicht nur die Mongolische Farbe der Haut verlohren, (welches leicht zu erklären ist, da diese Farbe
eine bloße Schminke des Nördlichen Klimas war,
und die Hungarn zur weissen Menschen-Rasse gehören) sondern auch die Mongolische Gesichtsbildung
ist verwischt, und die Hungarn gehören jezt zu den
edelsten, tapfersten und schönsten Völkern Europens.
Nun betrachte man dagegen ihre Brüder, die Lappländer. Dieses Volk, welches, in späteren Zeiten,
aus einem milderen Himmelsstriche, in die Eiszone
ge-

getrieben wurde, ist, in wenigen Jahrhunderten, durch das kalte Klima schon sehr verändert worden. Die Mongolen sind hier kleiner geworden und haben kürzere Beine bekommen.

Auch andere Völker, welche die Eiszone bewohnen, sind sehr klein, z. B. die Eskimos, die Grönländer und die Samojeden. Die Pescheräs, welche den untersten Südlichen Theil von Amerika bewohnen, sind ebenfalls ein sehr kleines Volk a).

Große Völker finden sich dagegen nur in gemäßigten, wärmeren Gegenden. Wir wissen von den alten Deutschen, daß sie sich durch ihre Größe auszeichneten b); sie wohnten aber in einem gemäßigten

Erb-

a) They are a little, ugly, half-starwed, beardless race. I saw no tall person amongst them. *Cook's* voyage towards the South-Pole. S. 183.

b) Immanes animis et corporibus. *Pompon. Mela* de Germ. antiqua. lib. 3. cap. 1. *Jul. Caesar* de bello Gallico. L. 1. c. 39. *Tacitus* de moribus Germanorum. c. 19. Conf. *Conring.* de habitus corpor. Germanor. antiqu. et nov. causis. Die Römer schildern sich selbst als kleiner, denn die Deutschen. Quid adversus Germanorum proceritatem nostra brevitas potuisset audere? *Veget.* I. c. 1. Germaniam

re-

M 5

Erdstriche, in den feuchten Wäldern des alten Deutschlandes. Die größte Nation, welche wir jezt kennen, sind die Patagonen. So sehr auch ihre Größe von einigen Reisenden ist übertrieben worden: so bleibt es dennoch gewiß, daß sie alle übrigen, bis jezt bekannten, Völker der Erde an Größe übertreffen. Nach Byron sind sie sieben Fuß hoch a) Man fand die Patagonen bisher an der Magellanischen Meerenge: allein ich stimme ganz der Meinung des Hrn. Zimmermann bei, wenn er behauptet, daß das eigentliche Vaterland der Patagonen in der Gegend der Magellanischen Meerenge nicht zu suchen sei; denn diese Gegend wird von kleinen Menschen bewohnt b). Die Patagonen wohnen, nach Hrn. Zimmermanns Meinung, höher hinauf, in den

rerum natura decoravit altiffimorum hominorum exercitibus. *Columell.* 3. c. 8.

a) I did not meafure him, but if I may judge of his height by the proportion to my own, it could not be much lefs, than feven feet . . . . . few of the men were lefs, than the chief. *Byron* in Hawkesworth's account. T. I. S. 28. Man vergleiche das mit *Carteret* in philof. Tranfact. Vol. 60 und *Wallis* in Hawkesworth's account. T. I. S. 374.

b) Zimmermanns geographische Geschichte des Menschen. Bd. 1. S. 62.

den Ebenen zwischen Chili und Paraguay: denn sie
sind erstens mit Pferden versehen, welche man nur
höher hinauf antrifft, zweitens nähren sie sich nicht,
wie die eigentlichen Bewohner des Feuerlandes und
der Magellans-Straße, von Fischeu und Seehun-
den; drittens geben auch die Einwohner von Chili
Nachricht von einem riesenmäßigen Volke, welches
in ihrer Sprache Chaucahues heißt. Da aber
Bougainville von den Patagonen mit dem Geschrei
Chaoua empfangen wurde: so gibt dieses eine Wahrscheinlichkeit mehr, daß die Patagonen und das, den
Einwohnern von Chili bekannte, Riesenvolk Eine
und dieselbe Nation sind; daß die Patagonen in den
Ebenen hinter Chili wohnen; und daß sie nur zuweilen Streifzüge nach der Magellanischen Meerenge
hinab machen. Das Klima, worin diese Patagonen eigentlich sich aufhalten, möchte demzufolge
von dem der alten Deutschen nicht sehr verschieden sein.
Auch sind sie, eben sowohl als die alten Deutschen,
ein jagendes und Fleischessendes Volk. Uebrigens
fand schon Roggewein die Patagonen an der Magellanischen Meerenge a), und eben dieser Reisende
fand

a) „In diesen Magellanischen Ländern sind verschiedene Sorten von Familien, wovon einige von un-
ge-

fand noch größere Menschen auf der schädlichen Insel im stillen Ozeane, unter dem 15 bis 16 Grade Südlicher Breite, also in einem ziemlich warmen Himmelsstriche a).

Ein gewisser Grad von Wärme wird nothwendig erfordert, um Menschen, oder organisirte Körper überhaupt, von ausgezeichneter Größe hervorzubringen. So sind auf der kleinen Insel Raradino, oder Amsterdam, bei Zeilan, die Menschen von besonderer Größe. Wolf maß einen derselben, der völlig sieben Fuß Rheinländisch hielt b). Die Eigenschaft des Klimas dieser Insel, die organisirten Körper zu vergrößern, ist, wie Wolf bemerkt, so vorzüglich, daß wann Menschen aus anderen Gegenden sich daselbst niederlassen, ihre dort ge-

gemeiner Größe, und mehrentheils weiß von couleur sind.„ Behrens Reisebeschreibung um die Welt. 1738. S. 47.

a) „Dieselben Leute waren größer, als die auf Pasch-Eiland. Wir haben sie nachdem nicht mehr so groß gesehen. Einige sagen, daß sie Fußstapfen gefunden, von mehr als zwanzig Zoll. . . . Sie waren mit schwarzem langem Haar, und rothbraun von couleur.„ Behrens Ebendas. S. 99.

b) Wolfs Reise nach Zeilan. Thl. 2. S. 20.

gezeugten Kinder durchgängig größer werden, als ihre Eltern. Auch findet man die Thiere daselbst von einer etwas größeren Spielart.

Herodot führt an, daß es zu seiner Zeit im heissen Afrika ein Volk von Negern gegeben habe, welches wohl gewachsen, und größer als alle übrigen (damals bekannten) Menschen gewesen sei a) Demzufolge können also ausserordentlich große Menschen sogar in einem sehr heissen Himmelsstriche entstehen, welches ein neuer Beweis ist, daß die Wärme das Wachsthum befördert.

Dieselbe Wirkung hat das Klima auch auf die Thiere und Pflanzen. In der Eiszone sind Thiere und Pflanzen kleiner als in warmen und gemäßigten Ländern b). Kranz bemerkt ausdrücklich, daß die Bäume in Grönland nur auf dem Boden fortkriechen, und kaum ein paar Schuhe hoch wachsen c). Auch um die Hudsonsbay sind die Bäume ausserordentlich klein, und weiter Nördlich wächst gar kein Baum

a) *Herodot* III. 20.

b) „Die Füchse sind hier kleiner, als in südlichen Ländern.„ Kranz Hist. von Grönland. S. 97.

b) Ebendas. S. 97. 87.

Baum mehr a). Auf den Alpen bemerkt man dieselbe Erscheinung, und auch gegen den Süd-Pol,
auf dem Feuerlande b).

Die Pferde sind kleiner, je weiter gegen Norden
sie gezogen werden c), und eben dieses Gesez findet
überhaupt bei allen Arten von Thieren statt.

Dagegen nimmt die Größe der Thiere und
Pflanzen unter einem warmen Himmelsstriche be-
trächtlich zu.

Hr. Kant hat zu erklären versucht, auf welche
Weise das Klima der Eiszone die Mongolische Gesichtsbildung und Gestalt hervorbringe. „Alle Aus-
wikkelung,„ sagt er, „ wodurch der Körper seine
Kräfte nur verschwendet, muß in den austroknenden
Himmelsstrichen nach und nach gehemmet werden:
daher die Keime des Haarwuchses mit der Zeit unterdrükt werden, so, daß nur das Haupthaar noch
übrig bleibt. Auf eben diese Weise werden auch
die hervorragenden Theile des Gesichtes flach. So
entspringt nach und nach das bartlose Kinn, die ge-
pletschte Nase, dünne Lippen, blinzende Augen, das
flache Gesicht, die röthlichbraune Farbe mit den
schwar-

a) *Umfreville* prefent ftate of Hudfonsbay. S. 12.
b) *Cook's* voyage in Hawkeworth's voyages. S. 43.
c) *Blumenbach* de gen. hum. var. nativa. S. 93.

schwarzen Haaren, mit Einem Worte, die Kalmü-
kische Gesichtsbildung „ a). Auf eine ähnliche Weise hat ein Französischer Schriftsteller, Volney, die
Entstehung des Neger-Gesichtes in der heissen Zone erklärt: „Ich bemerke,„ sagt er,„„daß die Gestalt der Neger ganz genau denjenigen Zustand der Zusammenziehung ausdrükt, welchen unser Gesicht annimmt, wann
dasselbe von dem Lichte und von einer stark zurükpral-
lenden Wärme getroffen wird. In diesem Falle run-
zeln sich die Augenbraunen, die Wange erhebt sich,
die Augenlieder schliessen sich an einander, und der
Mund sieht verdrüßlich aus (la bouche fait la
moue).

a) Engels Philosoph. für die Welt. Band 2. Seite
146. Eben so, wie Kant (jedoch ohne von
Kants Erklärung etwas zu wissen) spricht *Smith
on the variety in the human species. S. 66.* von
diesem Gegenstande. Let us attend, sagt er, to the
effects of extreme cold. It contracts the aperture
of the eyes; it draws down the brows; it raises
the cheek; by the pressure of the under jaw against
the upper, it diminishes the face in length, and
spreads it out at the sides, and distorts the shape
of every feature. . . . The inhabitants of frozen
climates naturally drawing their breath more through
the nose, than through the mouth, thereby direct
the greatest impulse of the air on that feature and
the parts adjacent.

moue). Diese Zusammenziehung, welche in dem nakten und heissen Lande der Neger beständig statt findet, ist vielleicht die Ursache des Karakteristischen ihrer Gesichtsbildung,, a) Dampier meint, daß die Einwohner von Neu-Holland darum mit den Augen blinzelten, weil sie, wegen der ungeheuren Menge von Schnaken in ihrem Lande, von frühester Jugend an die Augen nicht zu öffnen wagen dürften. b) — Alle Erklärungen dieser Art sind jedoch hypothetisch, und möchten schwerlich hinreichen, die Eigenthümlichkeiten der Gesichtsbildung der verschiedenen Menschen-Rassen befriedigend zu erläutern.

Daß die Mongolen in Ostindien, seit ihrer Eroberung dieses Landes und ihrer Niederlassung daselbst, etwas von der Hindostanischen Gesichtsbildung angenommen haben c), möchte wohl aus ihrer

a) *Volney* Voyage en Syrie et en Egypte. T. I. S. 74.

b) Leurs paupières sont toujours demi-fermées, pour empêcher que les mouches ne leurs donnent dans les yeux ... De là vient, qu'étant incommodés de ces insectes dès leur enfance, ils n'ouvrent jamais les yeux, comme les autres peuples. T. 2. S. 169.

c) *Blumenbach* de gen. hum. var. nat. S. 187. Doch bemerkt man auch an den Negern in Nord-Amerika, daß nach einigen Generationen ihre Gesichtszüge etwas sich

rer Vermischung mit den Hindus zu erklären sein.
Eben so haben auch die Hungarn ihre ursprüngliche
Mongolische Gesichtsbildung vielleicht durch Vermi:
schung mit den Deutschen und Griechen verlohren.
Ferner sind, durch Ver:nischung der Mongolen mit
den Tataren, entstanden:

1. Die Karakalpaken, welche in der Ruß:
schen Provinz Orenburg, und um die Gegend des
Sees Aral wohnen.

2. Die Kirgisen in Sibirien.

Auf die Farbe der Menschen, Thiere und
Pflanzen, hat das Klima einen merklichen Einfluß.
Der Haut des Menschen legt es die Schminke auf,
von welcher oben ausführlich ist gehandelt worden;
bei den Pflanzen verändert es die Farbe der Blüthen; bei den warmblütigen Thieren die Farbe der
Haut und den Bau der Haare.   So sind z. B. auf

St.

sich verändert, daß die Nase nicht mehr so einge-
drükt ist, und die Lippen nicht mehr so stark auf-
geworfen sind. (*Smith* on the causes of the variety
in the human species. S. 92.) Auch die Europäischen Kreolen in Westindien haben eine eigene, von
der Europäischen abweichende, Gesichtsbildung.
Also ist dem Klima der Einfluß auf die Aenderung
der Gesichtsbildung nicht abzusprechen.

N

St. Jago am grünen Vorgebirge und in Guinea, die Hühner schwarz. Auch die Hunde sind daselbst schwarz, haben eine besondere glatte Haut, wie die Neger, und sind über den ganzen Körper ohne Haare a) Die schwarze Farbe hat bei ihnen den Siz im Schleimhäutchen, so wie bei dem Neger b). Bei den Schaafen, Ziegen, und anderen Hausthieren, ist der Unterschied in der Feinheit der Wolle, nach der verschiedenen Beschaffenheit des Klimas, auffallend. Gegen Norden, und vorzüglich in der Eiszone, werden alle Thiere, und größtentheils auch die Blüthen der Pflanzen, weiß. Zu dem Weißwerden, welches eine Art von Kakerlakismus ist, wird große Kälte und Abwesenheit der Sonne erfordert. Beide Bedingungen finden aber um die Pole statt: darum sind dort beinahe alle die Thiere weiß, welche in dem gemäßigten Himmelsstriche mehr oder weniger dunkel von Farbe sind, z. B. Füchse, Pferde, Haasen, Wiesel, Eichhörner, Rennthiere, Schnee-ammern, Rebhüner, Raben, Falken, Amseln, Buchfinken und Dohlen.

Daß

a) *Pechlin* de habitu et colore Aethiopum. S. 56. Doch ist noch die Frage, ob diese Guineischen Hunde nicht eine eigene Rasse sind.

b) Ebendas. S. 78.

Daß dieſe Veránderung der Farbe noch mehr der Kálte, als der Abweſenheit des Lichtes, zuzuſchreiben ſei, erhellet daraus, daß ein áhnliches Weißwerden auch auf den Alpen, an mehreren Thieren, des Winters bemerkt wird. Sie verlieren ihre dunkelgefárbte Haare, oder Federn, und bekommen neue Haare, oder Federn, welche weiß ſind. Es entwikkelt ſich für den Winter eine neue Schicht von Haaren, oder Federn, wozu die Natur die Keime in jene Thiere gelegt hat. Vormals glaubte man, daß die bereits vorhandenen Haare und Federn ihre Farbe veránderten: allein eine genauere Beobachtung hat gelehrt, daß dieſe Meinung irrig war. „Die Schneehúhner, „ſagt Kranz, a) „ ſind in Grönland im Sommer grau, und im Winter weiß. Einige meinen, daß ſie ihre Federn behalten, nnd nur die Farbe verándern; mau hat hier aber genau angemerkt, daß ſie alle Frühlinge und Herbſte die Federn verlieren, und neue bekommen. Nur der Schnabel und die áufferſten Spizen der Schwanzfedern bleiben grau.„ Eben dieß beobachtete Cartwright b). Er ſagt, nach genauer Unterſuchung, daß die Vögel

auf

a) Hiſtorie von Grönland. S. 101.

b) *Cartwright* Journal on the coaſt of Labrador. T. I, S. 279.

auf der Küste von Labrador im Winter eine ganz neue Schicht weißer Federn bekommen. Im Frühjahre fallen die weißen Federn aus, und gefärbte treiben an der Stelle derselben hervor. Es fallen im Frühjahre zuerst die Federn am Halse aus, und von da weiter, bis zum Schwanze: im Herbste fallen zuerst die Federn am Bauche, und die am Halse zulezt aus.

Der Siz der Farbe ist bei dem Menschen jederzeit in dem Schleimhäutchen. Es besteht nämlich die Haut des Menschen aus dreien Theilen: 1) aus dem Oberhäutchen, welches bei allen Menschen dünn und durchsichtig ist, 2) aus dem eigentlichen Leder, welches ebenfalls bei allen Menschen weiß, aber bei verschiedenen Menschen von verschiedener Dikke ist, 3) liegt zwischen beiden das Schleimhäutchen, eine zellige, mehr oder weniger gefärbte, Membran. Diese gibt der Haut die Farbe, indem ihre Farbe durch das durchsichtige Oberhäutchen durchscheint.

Das gefärbte Schleimhäutchen steht mit der Gesundheit und Beschaffenheit des übrigen Körpers in der allergenauesten Verbindung. Es zeigt jede Veränderung, die in denselben vorgeht, durch Ver-

äus

änderung der Farbe an. Der weisse Mensch wird
bleich, roth, gelb, bräunlich, nach Beschaffenheit
der Umstände, und der physischen oder moralischen
Eindrükke, die sein Körper leidet.

Die Ursache der Farben, durch welche sich
die Rassen unterscheiden, ist schwer zu erforschen.
Man findet eine Menze von Hypothesen über diesen
Gegenstand in den Schriftstellern: allein keine derselben ist befriedigend. Doch scheint mir die Erklärung des Hrn. Hofr. Blumenbach a) bei weitem
die wahrscheinlichste unter allen, die bis jezt be-
kant gemacht worden, und ich trage, nach einer genauen Untersuchung, kein Bedenken, dieser scharf-
sinnigen Erklärung, welche mir eine große Naturhi-
storische Entdekkung zu scheint, beizustimmen.

Hr. Blumenbach hält dafür: daß die Aus-
dünstung der Haut, bei den schwarz und braun gefärbten Völkern, in gekohltem Wasserstoffgas bestehe,
daß das Wasserstoffgas, (vermöge der hohen Temperatur derjenigen Länder, in welcher diese Völker
leben) sich mit dem Sauerstoffgas der Atmosphäre
verbinde, wodurch einerseits Wasser (Schweiß) sich
bil-

a) De gen. hum. var. nat. S. 125.

N 3

bilde, andererseits aber der Kohlenstoff unter der Oberhaut, in dem Schleimhäutchen, niedergeschlagen werde, dasselbe schwarz färbe, und dem ganzen Körper die schwarze Farbe mittheile.

Diese Erklärung scheint mir, aus folgenden Gründen, wahr, und der Natur vollkommen angemessen zu sein:

1) Weil dadurch die Farbe der verschiedenen Menschen-Rassen überhaupt erklärt werden: denn nach dieser Hypothese sind schwarz, braun, gelb und roth, bloß verschiedene Wirkungen derselben Ursache, welche von der größeren oder geringeren Menge des niedergeschlagenen Kohlenstoffes abhangen.

2) Erhält man auf diese Weise eine ganz neue Erklärung der Entstehung des Schweisses, welche weit richtiger ist, als alle bisher bekannten.

3) Ist es ein Beweis für diese Meinung, daß die Ausdünstungen der Neger, und anderer gefärbten Völker, einen höchst widerlichen und unangenehmen Geruch haben, welcher mit dem Geruche des gekohlten Wasserstoffgas ziemlich genau übereinstimmt.

4)

4) Haben neuere Versuche, von Beddoes a) und anderen, gelehrt, daß die Haut der Neger durch übersaure Kochsalzsäure in wenigen Minuten kann weiß gewaschen werden, welches offenbar anzeigt, daß Kohlenstoff die Ursache ihrer schwarzen Farbe ist.

5) Werden die Kinder der Neger, und überhaupt alle Kinder der Menschen ohne Unterschied, weiß gebohren, und die Schwärze der Haut zeigt sich nicht eher, als bis die Haut mit der atmosphärischen Luft in Berührung kommt.

6) Wann, durch Krankheit oder irgend eine andere Ursache, die Absonderung des Kohlenstoffes in dem Körper, oder die Niederschlagung desselben in dem Schleimhäutchen, aufhört; so wird der bereits abgesonderte, und in dem Schleimhäutchen vorhandene, Kohlenstoff von den einsaugenden Gefäßen wieder aufgenommen: die Haut erscheint alsdann schneeweiß, und so entstehen die Albinos, oder weißen Neger, und überhaupt der Kakerlakismus. Die vorzüglichste Ursache des Kakerlakismus ist eine Ueberladung des Körpers mit dem Sauerstoffe. Der überflüßige Sauerstoff bleicht, in einem solchen Falle, den Neger von innen, wie er, in Beddoes bereits angeführtem

a) *Beddoes* on factitious airs.

N 4

tem Versuche, denselben von aussen bleichte. Da es nun, wie ich vorlängst bewiesen habe a), kein leichteres Mittel gibt, den Körper mit Sauerstoff zu überladen, als den Gebrauch des Quekſilbers; ſo iſt zu vermuthen, daß ein fortgeſezter Gebrauch des Quekſilbers Neger bleichen, das heißt ſie zu Kakerlaken machen würde. Einige Erfahrungen, welche ich in Schriftſtellern aufgezeichnet finde, ſcheinen dieſe Vermuthung zu beſtätigen. So ſagt z. B. Foucher Dobſonville b) ausdrüklich: daß weiſſe Mohren erzeugt würden, wann die Eltern, zur Zeit der Zeugung, eine Quekſilberkur gebrauchten.

7) Wann hingegen, durch Krankheit oder irgend eine andere Urſache, die Abſonderung des Kohlenſtoffes in dem Körper zunimmt, oder die Niederſchlagung deſſelben in dem Schleimhäutchen geſchieht: ſo kann, auch bei dem weiſſeſten Menſchen, ein, mehr oder weniger vollkommenes, mehr oder weniger allgemeines, mehr oder weniger langdaurendes, Schwarzwerden des Körpers entſtehen. Fälle dieſer

a) Man ſehe meine zweite Abhandlung ſur l'irritabilité conſidérée comme principe de vie dans la nature organiſée, in *Rozier* Journal de Phyſique 1790. Août.

b) *Foucher d'Obſonville* eſſais philoſophiques ſur les moeurs de divers animaux. S. 185.

ser Art finden wir sehr viele in Schriftstellern aufs
gezeichnet. Solche Fälle kommen vor: 1) bei
Schwangeren. Man hat Beispiele von Schwangeren,
denen, bei jeder Schwangerschaft, der Unterleib, oder
die Beine, oder die Ringe um die Brüste, schwarz
wurden a). Ja, man will sogar beobachtet haben,
daß eine Dame, während jeder Schwangerschaft,
braun, und zuletzt so schwarz, wie eine Negerinn,
wurde b). Diese Schwärze verliert sich jedesmal
nach der Niederkunft. Während der Schwanger=
schaft wird aber offenbar mehr Kohlenstoff in dem Kör=
per des Weibes abgesondert, und weniger Kohlenstoff
ausgeführt, als ausser derselben. 2) Bei Gelbsüchtigen.
Ein Gelbsüchtiger blieb, nach überstandener Krank=
heit, Olivengelb, wie die Hindostaner c). Ein anderer
wurde und blieb schwarz d); ein dritter bekam die
Farbe eines Mulatten, und behielt dieselbe e). Man
hat

a) *Le Cat* traité de la couleur de la peau humaine
  S. 141. *Lorry* de melancholia. T. I. S. 298. Cam=
  pers kleinere Schriften. Thl. 1. S. 47.

b) *Bomare* Dictionnaire. Article *Nègre.*

c) *Strack* observationes de febribus intermittentibus.
  lib. 3. cap. 2.

d) Ebendaf.

e) Ebendaf.

N 5

hat auch Beispiele von Kranken, die in der Gelbsucht kohlschwarz wurden a). Eine große Anzahl
ähnlicher Beispiele hat Hr. Hofrath Blumenbach
gesammelt b).

Obgleich das Klima, wie bereits mehrmals gesagt worden ist, die einmals ausgebildeten Rassen
nicht ferner zu verändern oder umzubilden vermag:
so wirkt doch gleichwohl dasselbe auf die bereits gebildeten Rassen, bei jeder Verpflanzung derselben,
sehr merklich ein. Und da die Keime bereits erloschen sind, also der Einwirkung des Klimas nicht
ferner nachgeben können: so entsteht Krankheit, und
oft der Tod. Auf diese Weise muß man die Krankheiten erklären, welchen die Europäer in heissen,
und die Neger in kalten Himmelsstrichen, unterworfen sind.

Der heisse Himmelsstrich wirkt vorzüglich auf
die Galle. Die, des heissen Klimas ungewohnten,
Europäer müssen daher vorzüglich gallige Krankheiten ausstehen. Der Schweiß der Europäer wird
am Senegal übelriechend und gelb, so, daß die
Hember wie mit Safran gefärbt aussehen c). Ihre
Haut

a) *Lorry* de melancholia. T. I. S. 273.
b) De gen. human. var. nat. S. 159.
c) *Schotte* on the Synochus S. 105.

Haut wird gelb, wie in der Gelbsucht, und sie leiden an galligen Durchfällen a).

Alle Krankheiten, deren Ursache das Klima ist, sind der eingebohrnen und angearteten Raſſe weniger gefährlich, als jeder anderen. Die fürchterlichen Epidemien, welche von Zeit zu Zeit auf der Afrikaniſchen Küſte, herrſchen, sind den Europäern am gefährlichſten, den Mulatten weniger, und den Negern noch weniger b).

Einzelne Wirkungen des Klimas sind zuweilen äuſſerſt auffallend. So haben z. B. in Syrien, vorzüglich in der Gegend um Angora, die meiſten Thiere: die Kaninichen, die Kazen, die Hunde, die Schaafe und die Ziegen, ein auſſerordentlich langes, weiſſes und feines Haar. Die Thiere, welche von der Stadt Angora den Nahmen haben, und Angoriſche Ziegen, Kaninichen, Kazen u. ſ. w. genannt werden, finden ſich nicht in der Nachbarſchaft dieſer Stadt, sondern in der umliegenden Gegend, vier bis fünf Tagereiſen von Angora entfernt. Man findet ganze Heerden ſolcher Ziegen in dem ehemaligen Gallatien; aber auch nur in dieſem Theile des alten Phrygiens: denn in allen benachbarten Gegenden

a) Ebendaſ. S. 107.
b) Ebendaſ. S. 40.

den arten ſie ſowohl, als die Hunde, Kazen, u. ſ.
w. aus a). Seſtini ſchreibt die Feinheit und Länge der
Haare ſo mancher Thiere in jener Gegend der trokenen
Luft und den nakten vulkaniſchen Bergen zu. Allein
dieſe Urſache reicht nicht hin, um eine ſo ſonderbare
Wirkung des Klimas zu erklären: denn ſo viele andere Gegenden Europens und Aſiens, welche eine
nicht weniger trokkene Luft und einen eben ſo vulkaniſchen Boden haben, bringen keine ähnlichen Thiere
hervor. Der feinen Wolle, welche, ſchon in den
älteſten Zeiten, die Schaafe um Laodicäa und Ko-
loſſa trugen, erwähnt bereits Strabo b).

Auf der Inſel Korſika ſind Pferde, Hunde, und
mehrere andere Thiere, auf eine auszeichnende Weiſe geflekt, welches eben ſowohl eine ſonderbare Wirkung des Klimas zu ſein ſcheint, als das Schwarzwerden der Menſchen, Hunde und Hühner, auf der
Küſte von Guinea c).

Das Klima, welches auf die Pflanzen noch einen weit größeren Einfluß hat, als auf die Thiere,
ändert dennoch, bei den einmal ausgebildeten Raſſen
der Pflanzen, bloß die Geſtalt; es vermag aber nicht

mehr

a) *Seſtini* viaggio. S. 95.
b) *Strabo* lib. 12. S. 866. 867.
c) *Blumenbach* de gen. hum. var. nat. S. 76.

mehr auf die Zeugungskraft zu wirken. Es bringt
eine Menge neuer Varietäten, aber keine neuen
Raffen mehr hervor. Weil von der Zeugungskraft
der organifirten Körper das Dafeyn der Gattungen,
nebft ihrer unveränderten und ununterbrochenen Fortpflanzung abhangt: fo hat die weife Natur dafür
geforgt, daß äuffere Umftände auf die Zeugungskraft keinen nachtheiligen Einfluß haben können. Hr.
Forfter gibt es ausbrüklich als Refultat feiner auf-
merkfamen Beobachtung a): daß auf den Infeln
des Südmeeres, zwifchen den Wendekreifen, eine
große Menge von Varietäten bei den Pflanzen, durch
den Einfluß des Bodens und des Klimas, hervorgebracht würden; daß drei, vier und mehr, Varietäten der nämlichen Pflanzen-Raffen nichts feltenes
wären; daß fogar die entfernteren Abartungen leicht
für verfchiedene Gattungen gehalten werden könnten,

wenn

a) Forfters Bemerkungen auf feiner Reife um die
   Welt. S. 154. Von diefem vortrefflichen Werke
   babe ich bald das Engländifche Original, und bald
   die, mit Zufäzzen vermehrte, Deutfche Ueberfezzung
   angeführt. Dieß kommt daher, weil ich im Anfange, bei Ausarbeitung meines Buches, die Ueberfezzung nicht erhalten konnte, und mich indeffen der
   Engländifchen Ausgabe bediente, welche die hiefige
   Univerfitäts-Bibliothek befizt.

wenn man die, dazwischen gehörigen, Blendlinge nicht
fände, welche die Verbindung und unmerkliche Abweichung von der ursprünglichen Gestalt anzeigten;
daß die Form der Blätter, die Zahl der Blumen-
stiele, und die Menge der Haare, der Variation
stark unterworfen wären; daß aber die Gestalt der
Blume, nebst den Fruchtwerkzeugen (also die Zeugungstheile) am beständigsten blieben.

Wenn der philosophische Naturforscher von dem
Klima spricht: so versteht er darunter niemals das
geographische Klima, sondern das physikalische;
nicht die geographische Breite eines Landes, sondern
die Beschaffenheit seines Erdbodens, seiner Luft und
seiner Produkte. Länder, welche unter derselben geographischen Breite liegen, haben oft ein sehr ver-
schiedenes Klima. Die Schweizer-Alpen z. B. haben ziemlich einerlei Klima mit Lappland und Grönland; denn diese, in Rüksicht auf die geographische
Breite so sehr verschiedenen, Länder bringen einerlei
Pflanzen hervor. Das Dasein oder die Abwesenheit der Gebirge; die größere oder geringere Entfernung von dem Meere; der gewöhnliche Lauf der Winde; die größere oder geringere Kultur des Erdreiches
sowohl, als die Beschaffenheit desselben; und die
Gegenwart oder Abwesenheit von Morästen und Flüssen,

sen, oder Wäldern, verändern die Beschaffenheit
des Klimas, unter derselben geographischen Breite
sehr.

Die Gebirge einer Gegend haben großen Einfluß auf
das Klima derselben. Hohe und gebirgige Gegenden
sind um so viel kälter, je mehr sie über die Oberfläche
des Meeres erhaben sind. Eine Reihe hoher Gebirge, wie z. B. die Helvetischen Alpen, die Pyrenäen,
die Appenninen, die Anden, der Kaukasus, der
Imaus, eine Reihe solcher Gebirge hält die Winde
auf, wodurch die hinter ihr gelegenen Länder bald
wärmer, bald kälter werden, als sie ohne die Gegenwart dieser Gebirge sein würden. Auf der Indischen Halbinsel trennen die Gebirge den Sommer
von dem Winter: diesseits derselben ist es Sommer,
wann es jenseits Winter ist, und umgekehrt. So
groß ist der Einfluß, den die Gebirge eines Landes,
verbunden mit ihrer Höhe und Lage, auf das Klima
eines Landes haben! Sogar unter dem Aequator sind
die hohen Gebirge mit ewigem Schnee bedekt.

Eben wegen des Mangels an Gebirgen hat auch
der Westliche Theil von Asien gar keinen gemäßigten Himmelsstrich. Von dem weissen Meere bis
an den Kaukasus, ist ein ebenes, flaches und kaltes
Land.

Land. Dagegen werden die Südlicheren Theile vor
den kalten Nordwinden durch den Kaukasus geschüzt;
und darum sind, unterhalb dieses Gebirges, die Asiatische Türkey, Arabien und ein Theil von Persien,
sehr warme Länder.

Die größere oder geringere Entfernung von dem
Meere hat ebenfalls großen Einfluß auf das Klima
eines Landes. Die Temperatur des Ozeans bleibt
ziemlich gleichförmig, und ist nicht so vielen Veränderungen unterworfen, als die Temperatur des Landes. Inseln, und Länder welche nahe an der See
liegen, haben daher eine weit gemäßigtere und gleich-
förmigere Temperatur, als Länder welche mitten in
dem festen Lande liegen. In dem heissen Erdstriche sind
diejenigen Gegenden, die am Meere liegen, kühler,
im kalten Erdstriche sind sie wärmer, als die binnen-
ländischen.

Die größere oder geringere Kultur des Erdreiches ist eine der Haupturfachen, welche das Klima
modifizirt und abändert. Die Geschichte gibt uns
über diesen Gegenstand die auffallendsten Erläuterungen. Zu den Zeiten der Römer war Deutschland ein ganz unkultivirtes Land, ein ungeheurer
morastiger Wald, in welchem Rennthiere, Elenn-
thie-

thiere und Auerochſen hauſeten a). Damals war
Deutſchland noch viel kälter, als es jezt iſt.
Die Donau fror jeden Winter zu, und die Römer
brachten oft ihre Armeen über das dikke Eis derſelben. Auch fror damals der Rhein weit öfter zu,
als es jezt geſchieht b). Die Gegenden am Rhei-
ne hatten vor fünfzehnhundert Jahren eben das Klima, welches jezt Europa im Nördlichen Rußlande
im

a) Quis Germaniam peteret, informem terris, aſpe-
ram coelo, triſtem cultu aſpectuque? .... Germania in univerſum ſilvis horrida, aut paludibus foe-
da. *Tacit.* de mor. Germ. c. 2 und c. 5.

b) Hi maximi amnium ſub Septentrione feruntur, Rhe-
nus ac Danubius, quorum alter Germanos, alter
Pannonios praeterfluit. Atque aeſtate quidem na-
vigabiles ſunt, altiſſimo latiſſimoque alveo; per hie-
mem, concreti gelu, camporum in morem preequitantur. Eſt autem adeo alvei ſolida glacies, uti
non equorum ungulis tantum, pedibusque virorum
ſubſiſtat, ſed qui hauſturi inde ſunt, non tam urnas,
aut vaſa alia, ſecum afferant, quam ſecures ac do-
labras, ut caeſam inde aquam, ſine vaſe ullo, ve-
luti lapidem, aſportent. Atque haec quidem ho-
rum amnium eſt natura. *Herodian.* lib. 6. Auch
Ariſtoteles (de mirabil. c. 182.) beſtätigt dieß,
wenn nicht etwa die Stelle in dem angeblichen Werke des Ariſtoteles aus dem Herodian abgeſchrieben iſt.

O

im 63ſten und 64ſten Grade der Breite hat. —
So viel vermag die Kultur über das Klima! Dikke Wälder verhindern die Sonnenſtrahlen durchzubringen, und den Erdboden zu erwärmen; ſtehende
Waſſer und Moräſte dünſten aus, und erhalten die
Luft beſtändig feucht und kalt. Seit der Ausrottung
der Wälder in Nordamerika, und der Anbauung des
Bodens daſelbſt, hat ſich das Klima in jenem Lande merklich verändert und verbeſſert.

Die Kultur des Erdreiches in einem Lande hat
aber nicht bloß auf das kultivirte Land ſelbſt, ſondern auch auf die benachbarten Länder, eine merkliche Wirkung. Als Deutſchland noch feucht, kalt,
und mit moraſtigen Wäldern bedekt war, war auch
Italien kälter, ungeachtet es damals weit beſſer angebaut geweſen ſein muß, als es jezt iſt. Virgil
bemerkt, daß vor ſiebzehen hundert Jahren der Wein
in Italien im Winter zuweilen in den Gefäſſen fror,
in denen derſelbe aufbewahrt wurde, welches jezt niemals geſchieht, ſeitdem diejenigen Länder, welche
Italien gegen Norden liegen, beſſer angebaut ſind.
Eben ſo gibt auch Virgil Anleitung, wie das Vieh
im Winter vor Schnee und Kälte zu bewahren ſei:
eine Anleitung, deren der jezige Italiener gar
nicht bedarf a). Die beſſere Kultur Deutſchlands
hat

a) *Smith* on the variety in the human ſpecies. S. 18.

hat demzufolge auf das Klima von Italien einen merklichen Einfluß gehabt. Auf dieselbe Weise ist auch das Klima von Deutschland wärmer und milder geworden, seitdem der Norden von Europa, und vorzüglich Rußland, besser angebaut wurde. Frankreich war zu der Römer Zeiten weit kälter, als es jezt ist a). Noch im Jahre 1543 war in Frankreich ein so harter Winter, daß daselbst der Wein gefror b). Erst seitdem der Norden von Europa besser angebaut wird, ist auch das Klima von Frankreich wärmer geworden.

Eine andere Haupturſache der Spielarten ist die **Nahrung.** Doch ſcheint der Einfluß derſelben auf den Körper nicht ſo groß zu ſein, als man a priori vermuthen ſollte. Es kommt mehr auf die Menge der Nahrung, als auf die Art derſelben an, und vielleicht hat Lukrez nicht ganz unrecht, wenn er ſagt:

Nec refert quicquam, quo victu corpus alatur.

Es gibt ein Volk, welches ſich ſeit den älteſten Zeiten bloß von Vegetabilien nährt, nämlich die Einwoh-

a) Man ſehe die Briefe des Kaiſers Julians.
b) *De Serres* inventaire général de l'hiſtoire de France. Vol. 2. S. 231.

wohner von Hindostan. Auch die Japaner und die
Einwohner der Molukkischen Inseln leben größten=
theils von Pflanzenspeisen. Eben so finden sich in
Afrika, in Numidien und Mauritanien, ganze Völ
ker, welche von Pflanzen (Feigen, Kürbis, Dat=
teln) leben. In einigen Theilen von Aegypten näh=
ren sich die Einwohner, nach Hasselquist, beinahe
ganz von Datteln. Die alten Einwohner von Me=
xiko nährten sich, nach Clavigero, von Mays,
Kakao, Kokosnüssen, und lebten bloß von Pflan=
zenspeisen.

Dagegen erhalten sich die Nördlichen Völker in der
Eiszone größtentheils von thierischer Nahrung, von
Fleisch und Fischen; von Rennthierfleisch, Seehun=
den, Wallfischen u. s. w. Einige derselben bereiten
sich ein Brot aus geriebenen Fischgräten; andere
mischen die gemahlene Rinde des Förrenbaumes un=
ter das Mehl a). Noch andere Nördliche Völker
leben größtentheils von Thran. Die Einwohner
von Island nähren sich ganz von Fischen b). Die
alten Deutschen nährten sich, wie ihre Nachkommen
noch

a) Tagebuch einer Reise nach Norwegen. 1789. S.
280.

b) Letters on Iceland.

noch thun, von Vegetabilien und Thieren, von ge-
mischter Nahrung a).

Diese, so sehr verschiedene, Nahrung der Völker
bringt dennoch keinen sehr auffallenden Unterschied
unter ihnen hervor, wenigstens keinen, den man mit
Grund der Nahrung allein zuschreiben könnte. Bei
den übrigen Thieren verhält es sich ganz anders,
als bei den Menschen. Pferde und Kühe, welche
in fettem Grase weiden, z. B. in den sogenannten
Maschländern, oder auf den Alpen der Schweiz,
werden viel größer, als diejenigen, welche an ma-
geren Stellen weiden. Stieglize, Hänflinge, Bluts-
finken und Lerchen, bekommen schwarze Federn, und
werden ausserordentlich fett, wann man sie lange Zeit
mit Hanfsaamen, oder mit Leindotter (Myagrum
sativum) füttert b).

Indessen bleibt doch auch bei dem Menschen die
Nahrung nicht ganz ohne sichtbaren Einfluß auf Gestalt und Bildung. Es ist eine erwiesene Thatsache, daß Branteweins-Trinken in früher Jugend, ehe
noch das Wachsthum des Körpers vollendet ist,
dem-

a) Cibi simplices, agrestia poma, recens fera, aut lac
concretum. *Tacitus* de moribus Germanorum.

b) Günther im Naturforscher. St. 2. S. 1.

D 3

demselben schadet und es zurükhält c). Die wilden Bewohner der Gegenden um die Hudsonsbay sind von Generation zu Generation kleiner geworden, seitdem sie sich dem Brantweintrinken ergeben haben b). Dagegen sollen die vornehmeren Einwohner von Otaheiti ihre ausgezeichnete Größe vorzüglich ihrer Nahrung zu verdanken haben c).

Die Nahrung muß sich nach dem Klima richten. Es ist ein Fehler, den die meisten Europäer während ihres Aufenthaltes in heissen Himmelsstrichen begehen, daß sie daselbst so leben, wie sie es in Europa gewohnt waren. Geistige Getränke z. B. sind in Europa weit weniger schädlich, als in Afrika, oder in Ostindien. Dem schreklichen Faulfieber, welches, im Jahre 1778, den Europäern am Senegal so gefährlich wurde, entging nur ein einziger, und zwar der Einzige, dessen Gewohnheit es war, gar keine geistigen Getränke zu sich zu nehmen d).

Eben

a) *Martin* in den Abhandlungen der Schwedischen Akademie der Wissensch. Bd. 31. S. 75.

b) *Ellis's* voyage to Hudsonsbay. S. 201. der Deutschen Uebersezzung.

c) J. R. Forsters. Bemerkungen. S. 236.

d) *Schotte* on the Synochus. S. 159.

Eben den Einfluß, den die Nahrung auf die Thiere hat, hat sie auch auf die Pflanzen. Hr. Forster bemerkte, auf seiner Reise um die Welt a), daß dieselben Pflanzen, welche in fettem Erdreiche ein dünnes Laub haben, in sandigem, felsigem Boden, dicke und fleischige Blätter trugen, und daß ein Kraut, welches in dürrem Erdreiche völlig mit Haaren bewachsen und rauh ist, in einer nassen und sumpfigen Gegend glatt und unbehaart gefunden wurde.

Die Lebensart hat ebenfalls einen großen Einfluß auf das Physische des Menschen, so wie auf Thiere und Pflanzen. Welch ein Unterschied zwischen Hausthieren und wilden Thieren derselben Gattung! welch ein Unterschied zwischen angebauten und wilden Pflanzen von einerlei Gattung! und welch ein Unterschied zwischen dem kultivirten Menschen und dem Wilden!

Die Kultur, oder die Lebensart, ist die fruchtbarste Mutter aller Spielarten und Varietäten der organischen Körper; allein sie vermag niemals eine

Raß

a) Forsters Bemerkungen auf seiner Reise um die Welt. S. 155.

D 4

Raſſe hervorzubringen. Wird die Spielart, oder Varietät, nicht länger kultivirt; wird ſie ſich ſelbſt und der Natur überlaſſen; verwildert ſie, wie man zu ſagen pflegt: ſo nimmt ſie bald den eigenthümli= chen Karakter ihrer Raſſe wieder an, und alle Spu= ren der Kultur ſind verwiſcht. Bei den Hausthie= ren und Hauspflanzen (es ſei mir erlaubt mich die= ſes Ausdrukes zu bedienen) iſt dieß eine bekannte Sa= che: allein man möchte zweifeln, ob es auch mit dem Menſchen dieſelbe Bewandtniß habe; ob der einmal kultivirte Menſch wieder verwildern könne, wenn nicht auch hier die Erfahrung alle Zweifel höbe. Die kultivirten Europäer, welche von Europa auswan= dern, um die Weſtlichen Gegenden von Nordamerika anzubauen, verwildern in jenen dichten Wäldern, in welchen ſie von allen kultivirten Menſchen entfernt ſind, bald ganz. Sie werden eben ſo faul und un= thätig, eben ſo roh, als die eingebohrnen Wilden. Jede Art von Einſchränkung iſt ihnen eben ſo ver= haßt, als den Wilden, und die geſellſchaftlichen Bande ſind unter ihnen eben ſo ſchlapp, als unter den Wilden. Auch nähren ſie ſich nicht vom Akkerbaue, ſondern von der Jagd. Mit Einem Worte, ſie neh= men nicht nur ganz den Karakter der Wilden, nebſt den Sitten derſelben an, ſondern ſie werden den

Wil=

Wilden auch an Farbe und Gesichtszügen etwas ähnlich a).

Es geschieht zuweilen, daß die Norbame= rikanischen Wilden den Norbamerikanischen Kreo= len kleine Kinder entführen. Diese Kinder der weissen Menschen, welche unter den zimmet= farbnen Wilden aufwachsen, werden denselben so ähnlich, daß sie zum deutlichen Beweise dienen, wie= viel Kultur und Lebensart über den Menschen ver= mögen. Sie bekommen die ausdrukslose Physiog= nomie der Wilden, den starren Blik, die aufgebun= senen Gesichtsmuskeln, die Gestalt und Lage der Glieder, und sogar den karakteristischen Gang der Wilden, den sogenannten Enten=Gang, welcher da= rin besteht, daß sie im Gehen die Füße hoch in die Höhe heben, und die Zehen einwärts kehren. Auch wird

a) The inhabitans of the western frontiers of the uni-
ted states are, in general, in a state of society
nearly as rude, as that of the Indians. Indolence and
an unbounded love of liberty are the most striking
features to their caracter. They are almost enti-
re strangers to agriculture, and subsist chiefly by
hunting. This mode of subsistence has imprinted
on them not only the manners, but even the com-
plexion and the features of their savage neighbours.
Smith on the variety in the human species. S. 39.

wird ihre Farbe, da sie nakteub aufwachsen, ziem=
lich dunkel, doch niemals zimmetfarb, wie der Ein=
gebohrnen ihre a).

Auf die Gesichtszüge der Kreolischen Neger in
Nordamerika hat ebenfalls die Lebensart, verbun=
den mit dem Klima, einen merklichen Einfluß. Ih=
re Physiognomie bekommt Ausdruk. Die Gemüths=
bewegungen drükken sich auf derselben aus. Doch
geschieht dieß nur bey denjenigen Negern, welche eine
häusliche Lebensart führen: die Sklaven, welche im
Felde arbeiten, behalten, bis in die dritte Genera=
tion, die Afrikanische Gesichtsbildung. Zwar er=
hebt sich die Nase ein wenig, und die Lippen wer=
den etwas dünner, als bei den Afrikanischen Ne=
gern: allein die Veränderung ist lang nicht so groß,
als bei denjenigen Negern, die im häuslichen Stan=
de, als Bediente, leben. Diese bekommen eine erha=
bene Nase, einen kleineren Mund mit dünneren Lip=
pen, lebhafte feurige Augen, und eine angenehme
Gesichtsbildung. Ihr Haar wird länger, vorzüg=
lich bei denen, die es mit Pomade einschmieren b).

Die Kultur, oder die verfeinerte Lebensart, besteht
vorzüglich darin, daß man sich vor dem Einflusse
des

a) Ebendas. S. 93.
b) Ebendas. S. 92.

des Klimas verwahrt, und sich ein künstliches Klima
verschafft: daher dann auch die Wirkungen des natürlichen Klimas nicht so sichtbar sind. Den Einfluß
des Klimas muß man daher an wilden Völkern beobachten, welche sich vor seinen Wirkungen nicht zu
verwahren wissen. Der nakte Wilde ist unaufhörlich dem Einflusse des Klimas, das heißt, der Luft
und der Sonne, ausgesezt, während der kultivirte
Mensch sich diesem Einflusse destomehr entzieht, je
verfeinerter der Rang der Gesellschaft ist, in welchem
er lebt.

Das verfeinerte gesellschaftliche Leben, oder die
Kultur, hat überdieß den größten Einfluß auf die
Gesichtszüge. Das Gesicht des wilden unkulvirten
Menschen ist ohne allen Ausdruk. Sein starrer Blik
sagt nichts; da sich hingegen in den Gesichtszügen
des kultivirten Menschen alles ausbrükt, was in dem
Innersten seiner Seele vorgeht. Die ausbruksvolle
Physiognomie erbt von den Eltern den Kindern an,
und mobifizirt und verschönert die menschliche Form.
Das sizende Leben, bei überflüßiger Nahrung, verbunden mit Gram, Kummer und Sorgen, und mit
dem Mißbrauche warmer und geistiger Getränke
(lauter Dinge, wovon der Wilde nichts weiß) beneh-
men dem Körper die Stärke, und erhöhen die Kräfte

te der Seele, auf Kosten des Körpers. Verzärtelte
und schwache Eltern zeugen wieder schwache und verzärtelte Kinder; und auf diese Weise entsteht, vermöge der Kultur, eine eigene Spielart von Menschen, welche die Wirkungen des Klimas, worin
sie lebt, nicht mehr zu ertragen vermag, aber sich
auch vor denselben zu schüzen weiß; da hingegen der
Wilde die Wirkungen des Klimas ohne üble Folgen
verträgt, aber sich auch nicht gegen dieselben zu schüzen versteht. Sogar unter den kultivirten Menschen
macht die Lebensart einen merklichen Unterschied zwischen dem äusseren Ansehen der Reicheren und Vornehmeren, welche alle Ueppigkeiten des Lebens genies-
sen, und dem armen Tagelöhner, welcher im Schwei-
se seines Angesichtes, in freier Luft und unter dem
Einflusse der Sonne, sein Brot sich kümmerlich er-
werben muß. Welch ein Unterschied in der Gestalt
und dem Aussehen zwischen dem Schottländischen
Adel und den, ihm untergebenen, Hochländischen
Bauern! Welch ein Unterschied zwischen den sanft-
müthigen Gesichtszügen der Ostindischen Braminen,
die, zufolge einer, von ihren Vorältern seit Jahrtausenden angeerbten, Gewohnheit von nichts, als
von Pflanzenspeisen leben, und zwischen den Gesichtszügen der Neuseeländischen Menschenfresser! Wie
sehr

sehr hat nicht die Kultur die Gesichtszüge der Ota-
heitier verfeinert, und wie auffallend ist der Ab-
stand zwischen den Otaheitiern und Neuseeländern!
Wie sehr die Lebensart die Gestalt des Menschen zu
verändern vermag, dieß sieht man am deutlichsten
in Hindostan; denn dort macht die Lebensart allein
den großen Unterschied unter den verschiedenen Kasten der Hindus. Einen eben so auffallenden Unterschied wird jeder aufmerksame Reisende zwischen
den Engländern und den Schottländern finden. In
Nordamerika bemerkt man bereits einen Unterschied zwischen den Bewohnern der verschiedenen Staaten a). Auf den Inseln der Südsee ist
der Unterschied in der Gestalt zwischen den Vornehmeren, oder Adelichen (Eriois) und dem gemei-
Volke, äusserst auffallend b).

Die Kultur hat bei allen organischen Körpern
einen merkwürdigen und auffallenden Einfluß auf die
Zeugungskraft. Dieser Einfluß ist doppelt: 1) die
Kultur vermehrt die Fruchtbarkeit, 2) die Kultur
erzeugt mehr Mißgeburten. Beide Erscheinungen
sind Beweise, daß der Bildungstrieb in dem kultivirten
Zustande weit thätiger ist, als in dem unkultivirten.

1. Die

a) *Smith* on the variety in the human species. S. 90.
b) *Cook's* third voyage. Book 3. cap. 6.

1. **Die Kultur vermehrt die Fruchtbarkeit.**
Alle Hausthiere und Hauspflanzen (den Menschen, als das vorzüglichste Hausthier, mit eingeschlossen) sind in dem kultivirten Zustande weit fruchtbarer, als in dem wilden. Der Wolf und der Hund gehören zu Einem gesellschaftlichen Stamme, aber jener ist nur Einmal im Jahre trächtig, dieser mehrmals. Das zahme Schwein gehört mit dem wilden zu Einem Stamme, allein jenes wirft zweimal jährlich, dieses nur Einmal. Eben so verhält es sich auch mit der wilden und der zahmen Kaze, und mit allen übrigen Hausthieren und Hauspflanzen.

2. **Die Kultur erzeugt mehr Mißgeburten.**
Der Bildungstrieb entwikkelt, in dem kultivirten Zustande, oft und häufig, Keime, welche in dem unkultivirten Zustande selten, oder gar nicht entwikkelt werden. Daher entstehen durch die Kultur die mannigfaltigsten Spielarten, Varietäten und Mißgeburten. Ein auffallendes Beispiel, wie sehr die Kultur die organisirten Körper zu verändern vermag, liefert die Tulpe. Bis gegen die Mitte des sechszehnten Jahrhunderts gab es in Europa nur Eine Tulpe, nämlich die gemeine gelbe. Sobald aber der Mensch auf den Einfall kam, diese Blume sorgfältig anzubauen, entstand eine so ausserordentliche

liche Menge von Spielarten und Varietäten, daß ein einziger Liebhaber drei tausend derselben zusammen bringen konnte a).

„Die verschiedenen Rassen der Hausthiere, „sagt Büffon b),„ folgen, in verschiedenen Ländern, ungefähr eben der Ordnung, die man bei dem Menschen beobachtet. Sie sind, wie die Menschen, in kalten Ländern stärker, größer und muthiger; in gemäßigten Gegenden gesitteter und sanftmüthiger; in allzuheissen Landstrichen zaghafter, schwächer und häßlicher. Es finden sich die größte Verschiedenheit, die größte Vermischung und die zahlreichste Mannigfaltigkeit jeder Gattung, in den gemäßigten Himmelsstrichen, und bei den am meisten kultivirten Völkern. Eben so merkwürdig ist es, daß man an den Thieren verschiedene deutliche Zeichen findet, wie alt der Stand ihrer Knechtschaft ist. Die hängenden Ohren, die mannigfaltigen Farben, die langen und feinen Haare, sind lauter Wirkungen, welche die Zeit, oder vielmehr die lange Dauer ihres Aufenthaltes bei den Menschen, hervorgebracht haben.„

Auch bei den Pflanzen erzeugt die Kultur Varietäten in großer Menge. Alle Gartenbücher beweisen

a) Bibliothéque raisonnée. Vol. 34. S. 284.
b) *Buffon* histoire naturelle. T. 4.

sen diesen Saz; denn unsere mannigfaltigen Arten von Kohl, Erbsen, Vitsbohnen, Melonen, Aepfeln, Birnen, Kirschen, u. s. w. sind bloß durch Kultur entstanden. Alle angebauten Pflanzen variren; sogar der Pisang, der Drachenbaum und die Brobfrucht variren auf den Inseln des Südmeeres, weil sie dort kunstmäßig angebaut werden a).

Haare und Augen stehen in einer genauen Verbindung mit der Haut. Bei den Kakerlaken ist die Haut milchweiß. Von eben dieser Farbe sind auch die Haare, und der Augenstern ist röthlich, bisweilen blau b). Wenn die Haut äusserst weiß und zart ist; so sind die Haare röthlich und die Augen blau. Bei allen Völkern, deren Haut mehr oder weniger gefärbt ist, sind Haare und Augen schwarz; bei den weissen Europäern sind sie gemeiniglich braun.

Völker, welche sich die Haare mit fetten Dingen schmieren, haben allemal längeres Haar, als diejenigen, welche dieses nicht thun.

Die Farbe der Haut, Haare und Augen, ist bei allen neugebohrnen Menschen weit heller, als sie in der Folge wird. Im Alter werden Haare und Augen (oft auch die Haut) wieder heller von Farbe, als sie in dem mittleren Alter waren. Bei

a) Forsters Bemerkungen auf seiner Reise um die Welt. S. 55.

b) Briefe der Herren v. Wurm u. Wollzogen. S. 244.

Bei der Varietät der geflekten Menschen, ist nicht nur die Haut geflekt, sondern auch die Haare, ja zuweilen sogar der Augenstern. Eben dieß ist auch an geflekten Thieren, z. B. an Hunden, bemerkt worden a). An Schaafen, Pferden und Kaninichen, hat Hr. Hofr. Blumenbach dieselbe Beobachtung gemacht b).

Die Farbe der Haut steht in dem genauesten Verhältnisse mit der Dikke derselben. Je dunkler gefärbt dieselbe ist, desto dikker ist sie, und je weisser sie ist, desto zarter und dünner ist sie, unter übrigens gleichen Umständen. Je dikker die Haut ist, desto krauser ist das Haar; je dünner die Haut, desto länger und feiner ist dasselbe.

Daß die Haut mit den Haaren in einer so genauen Verbindung steht, läßt sich leicht daraus erklären, daß die Haare ihre ganze Nahrung aus der Haut ziehen.

Rothes Haar und schwarzes Haar machen die beiden Extremen der Farbe der Haare aus. Braunes Haar ist die Mittelfarbe zwischen beiden. Schneeweisses Haar mit röthlichem Augensterne

a) *Molinelli* in Commentar. institut. Bononiens. T. 3. S. 281.

b) De gen. human. variet. nat. S. 171.

P

ne ist die Farbe des Kakerlakismus, woran das blonde Haar mit den hellblauen Augen sehr nahe gränzt.

Rothes Haar findet man einzeln (sporadisch) unter allen Rassen der Menschen, und unter allen Völkern der Erde: in Ostindien a), in Afrika b), auf den Inseln des stillen Ozeans c), u. s. w. Merkwürdig aber ist es, daß sich die beiden Extreme sehr oft beisammen finden. Die Einwohner der Schottischen Hochländer sind (wie Smith anführt d) und wie ich auch selbst gefunden habe), entweder schwarz von Haaren, oder roth. Nicht selten findet man unter ihnen Männer mit schwarzem Haare und rothem Barte. Auch werden oft von Eltern mit schwarzem Haare, Kinder mit rothem Haare, und umgekehrt, erzeugt. Völlig so, wie mit den Einwohnern der Schottischen Hochländer, verhält es sich, nach meiner Beobachtung, in Rüksicht auf die Haare, mit den Bewohnern der höchsten Schweizergebirge.

Auf die Farbe und Länge der Haare der Menschen und Thiere (ich möchte hinzusezzen: selbst der Pflan-

a) *Van Hogendorp* in den Verhandelingen van het Bataviaasch Genootschap. T. I. S. 319.

b) *Marcgraf* tractatus Brasiliae. S. 12.

c) *I. R. Forster's* observations made during a voyage. S. 230.

d) *Smith* on the variety in the human species. S. 48.

Pflanzen; denn viele Pflanzen haben Haare, oder
Stacheln) auf Farbe und Länge der Haare haben
Klima und Lebensart einen merklichen und auffallen-
den Einfluß.

Farbe, Länge, Dikke und Feinheit der' Haare,
gehören unter diejenigen karakteristischen Eigenschaften organischer Körper, welche unausbleiblich anerben. Wenn sich in einem Lande eine große Mannigfaltigkeit unter den Farben der Haare der Menschen findet, so ist dieß ein sicherer Beweis, daß ein
solches Land durch Vermischung mehrerer Spielarten
von Menschen ist bevölkert worden, und daß die
Einwohner desselben nicht unvermischt von Einer
Spielart abstammen. In keinem Lande ist die Mannigfaltigkeit in den Farben der Haare größer, als in
Großbrittannien: aber auch kein Land ist durch einen
Zusammenfluß so vieler, und so äusserst verschiedener, Nationen bevölkert worden, als Großbrittannien.

Hr. Forster a) macht einen Unterschied zwischen
dem wolligen Haare und dem krausen, welcher sehr
gegründet ist. Das wollige Haar der Neger, sagt
er, sei nicht nur kraus, sondern jedes einzelne Haar
sei

a) *Forster's* observations. S. 239. in der Anmerkung.

P 2

sei äusserst dünn, und komme aus einer weit kleineren Wurzel, als bei den übrigen Menschen. Wegen dieser ausserordentlichen Dünnheit der einzelnen Haare werde das ganze Haar wollig. Es gebe aber unter anderen Völkern schwarzes und krauses Haar, welches nicht wollig sei.

Der Graf von Büffon macht, über die Wirkungen der Kultur auf die Hausthiere, die folgenden Bemerkungen:

1. Daß die Hausthiere, in demselben Lande, die mannigfaltigsten Veränderungen der Farbe erleiden, während die wilden Thiere nur in einem anderen Klima ihre Farbe verändern.

2. Daß sich die zahlreichsten Varietäten bei jeder Gattung von Hausthieren in dem gemäßigten Himmelsstriche, und bei den allerkultivirtesten Völkern finden.

3. Daß es bei den Hausthieren gewisse Zeichen gebe, welche das Alter ihrer Knechtschaft und Unterwürfigkeit unter den Menschen anzeigen; nämlich die hängenden Ohren, die auf mannigfache Weise sich ändernde Farbe, und das lange, feine Haar.

4. Daß Thiere, welche gefangen und an einem nicht sehr geräumigen Orte eingesperrt gehalten werden, nicht zu ihrem völligen Wachsthume gelangen,

und

und kürzere Zeit leben, als Thiere, welche ihrer völligen Freiheit genießen.

5. Daß bei Thieren, welche gefangen, und an einem nicht sehr geräumigen Orte eingesperrt gehalten werden, diejenigen Theile, von denen sie keinen Gebrauch machen können, z. B. die Zeugungstheile, so klein bleiben, und so wenig entwikkelt werden, daß man Mühe hat, dieselben zu finden, ja daß sie zuweilen ganz unentwikkelt zu sein scheinen.

6. Daß die Hausthiere hizziger zum Zeugungsgeschäffte und fruchtbarer sind, als die wilden Thiere, und daß sie sich leichter mit fremden Rassen ihrer Gattung vermischen, als die wilden Thiere.

7. Daß die Hausthiere zu sehr abgeartet sind, als daß ihre ursprüngliche Urgestalt wieder hergestellt werden könnte.

8. Daß fahl und braun die natürlichen ursprünglichen Farbe beinahe aller vierfüßigen Thiere sind, und daß die reine ungeflekte weiße Farbe den höchsten Grad der Abartung anzeigt.

9. Daß sich bei den Rassen der kleinen Thiere weit mehr Varietäten finden, als bei den Rassen der großen.

Men-

Menschen=Varietäten.

Eine Varietät ist, wie wir oben bereits bemerkt haben, eine Abartung, die zwar oft, aber nicht beständig, nachartet; eine erbliche Eigenthümlichkeit, die sich nicht unausbleiblich fortpflanzt; eine Gestalt, die in der Fortpflanzung nur bisweilen, und zwar mehrentheils nur einseitig, den Karakter der nächsten Eltern reproduzirt.

1. Varietät.
Geflekte Menschen.

Es gibt zwei Arten geflekter Menschen: 1) solche, bei denen die Flekken eben und glatt sind, und bei denen die ganze Haut in einem gesunden Zustande zu sein scheint. 2) Solche, bei denen die Haut krank ist, und bei denen sich vorzüglich die, von der gewöhnlichen Farbe der Haut abweichenden, Flekken rauh und uneben anfühlen. Von den zweiten zuerst.

A. Geflekte Menschen mit kranker Haut.

Strahlenberg versichert: es sei vormals in Sibirien eine ganze Horde eines Nomadischen Volkes vorhanden gewesen, welches die Haupthaare sowohl, als die Haut am ganzen Körper, geflekt oder getigert gehabt habe, daher es auch den Namen der

bunt=

buntgeflekten Horde erhalten habe. Er sezt hinzu: diese Menschenart sei zwar meistens ausgestorben, doch würden noch einzelne dergleichen geflekte Menschen angetroffen; und er selbst habe zu Tobolsk einen Menschen von dieser Art gesehen, welcher über den Kopf, die Haare und den ganzen Körper, geflekt gewesen sei, nämlich Haut und Haare weiß, die Flekken aber schwarzbraun. Dabei bemerkt er ausdrüklich, die Haut sei an an den geflekten Stellen rauher und gröber gewesen, als an den übrigen, welches eine Krankheit und eine Zerstörung der Oberhaut anzeige a). Ein anderer Reisender, Bell, welcher ebenfalls dergleichen geflekte Menschen in Sibirien gesehen hat, schreibt ihre Flekken einer Krankheit zu, welche er Skorbut nennt. Dieß ist aber gewiß irrig, und, nach der Beschreibung zu urtheilen, möchte die Krankheit wohl eher eine Art von Aussaz gewesen sein, als der Skorbut. Bell gibt folgende Beschreibung von dieser Menschen-Varietät: „In der Nachbarschaft dieses Ortes (Meletzky-Ostrog) fanden wir mehrere Hütten der Tzulim-Tataren, welche eine eigene, von allen übrigen

Ta-

---

a) Strahlenberg Nord-Oestliches Europa und Asia. Kap. I. §. 11. in der Note. S. 166.

P 4

Tataren, deren ich bis jezt erwähnt habe, verschiedene, Rasse zu sein scheinen. Die Farbe ihrer Haut ist zwar bräunlich, wie die Farbe der meisten übrigen Nachkömmlinge der alten Einwohner von Sibirien. Allein ich habe unter ihnen mehrere gefunden, welche von dem Kopfe bis zu den Füßen weiße Flekken, von verschiedener Gestalt und Größe, auf ihrer Haut hatten. Man glaubt, die Flekken seien diesem Volke natürlich: allein ich bin eher geneigt anzunehmen, es entstünden dieselben von ihrem beständigen Genusse der Fische und Fleischspeisen ohne Brot. Hieraus entsteht eine skorbutische Beschaffenheit des Körpers, welche oft bei den Kindern ausbricht. Die Schuppen fallen ab, und lassen den, mit ihnen bedekt gewesenen, Theil der Haut wie verbrannt zurük, so, daß derselbe niemals seine natürliche Farbe wieder erhält. Doch habe ich mehrere Kinder mit diesen Flekken gesehen, die gesund zu sein schienen.„ a). Auch Gmelin hält diese Flekken für eine Krankheit b). „Soviel ich davon gehört,„ sagt er, „soll dieses bunte Wesen in der Haut und Haaren

a) *Bell's* travels from St. Petersburg in Russia. T. I. S. 217.

b) J. G. Gmelins Reise durch Sibirien. Bb. 2. in der Vorrede.

ren eine Krankheit sein, welche einige Leute, Tataren und Jakuten, die sich der Unreinigkeit befleißigen, zu Zeiten, doch mehrentheils ohne Schaden ihrer Gesundheit, überfällt, und die auch öfters von selbsten wieder vergeht. „

B. **Geflekte Menschen mit gesunder Haut.**

Man findet sie vorzüglich unter den Negern. Sie werden von den Franzosen **Elstern-Neger** (Nègres-pies) genannt. Zuweilen erscheinen die weissen Flekken erst spät, mit dem dritten oder vierten Jahre; und werden mit dem Alter größer a); zuweilen bringt das Negerkind die Flekken mit auf die Welt, vorzüglich dann, wann Eines seiner Eltern, oder beide, ebenfalls solche Flekken gehabt haben. Ein geflekter Neger zeigt sich den Fremden zu London, in den Hause Exeter-change, wo auch allerhand wilde Thiere zu sehen sind. Er ist ganz schwarz, und hat nur an dem Bauche und den Schenkeln schneeweisse Flekken. Ein Theil seines Haupthaares ist weiß, das übrige schwarz: alles aber, nach Art der Neger, kraus und wollig. Die Eltern dieses Negers waren beyde ganz schwarz, nicht geflekt b).

Auch

a) *W. Byrd* in Philos. Transact. Vol. 19. S. 181.
b) Man sehe die Briefe der Hrn. v. **Wurmb** und **Wollzogen.** S. 247.

P 5

Auch die Mulatten sind zuweilen weiß-braun und gelb-gefleft a).

2. Varietät.
Mit Warzen bedekte Menschen.

Bis jezt sind nur zwei zuverläßige Beispiele dieser Art bekannt. Erstens der sogenannte Stachel-schwein-Mann in England. Er wurde zu Brandon in Suffolk um das Jahr 1710 von weissen Eltern gebohren. Die Haut seines ganzen Körpers war mit unzählbaren, dünnen und warzenartigen, Stacheln bedekt. Die Stacheln waren von der Dikke eines Bindfadens, und an der Spize theils hohl, theils kegelförmig, theils platt, theils uneben. Aus der Beschreibung erhellt deutlich, daß es Warzen waren. Kein Theil des Körpers (ausgenommen das Gesicht, der Kopf, die Fläche der Hand, die innere Oberfläche der Finger nebst den Spizen derselben, und die Fußsohlen) war frei von diesen Auswüchsen. Die Farbe derselben war dunkelroth, oder schwarz. Wann man mit der Hand über die Haut hinstrich, so entstand, wegen der Steifheit und Elastizität dieser Auswüchse, ein deutliches Geräusch. An einigen Stellen waren die Warzen über einen hal-

a) Barbot in der allg. Hist. der Reisen. Theil 4. S. 121.

halben Zoll lang, jedoch ohne daß die Haut ungleich schien: denn die Warzen nahmen, gegen die kahlen Stellen hin allmählig und stufenweise ab. Der Mann brachte diese Warzen nicht mit zur Welt. Er zeichnete sich bei seiner Geburt von andern Kindern nicht aus. Erst nach acht oder neun Wochen wurde seine Haut gelb, dann schwärzlich, und endlich erschienen die Auswüchse. Alle Winter fielen sie ab, sie kamen aber wieder, anfänglich mit heller Farbe, in der Folge aber wurden sie immer dunkler. Der Mann gebrauchte zweimal eine Speichelkur, um sich von diesen Warzen zu befreien. Beidemal fielen die Warzen ab, und seine Haut wurde weiß und glatt, wie bei anderen Menschen: allein sie kamen bald wieder, wie vorher. Er zeugte sechs Kinder, und alle bekamen eben solche Warzen über den ganzen Körper a).

Das zweite Beispiel dieser Art ist Johann Gottfried Reichardt, der sogenannte Warzenmann. Sein ganzer Körper war, an verschiedenen Stellen, mit größeren und kleineren Warzen von mancherlei Gestalt besezt b). „Man

a) *Edward's* gleanings of nat. hist. Vol. I. tab. 212. Philof. Transact. No. 424. und Bb. 49. S. 21.

b) Historia pathologica singularis turpitudinis cutis Io. Gottofr. Rheinhardi, viri 50 annorum. Lipfiae 1793. fol.

"Man seze einmal," sagt Herr Zimmermann a) "daß die borstige Familie des Stachelschwein= Mannes (er, nebst seinen sechs borstigen Kindern) von anderen Menschen verabscheuet und genöthigt wor= den wäre, sich in einem unbewohnten Landstriche, oder auf einer Insel, niederzulassen. Da sie stets in ihrer Familie zu heirathen sich gezwungen sähen, so würde unfehlbar eine wunderbare Menschenrasse her= vorgebracht sein, welche in dem Aeusseren augen= scheinlich viel weiter von uns abstünde, als der Ne= ger. Nun lasse man dieses Land, oder Insel, nach vielen Jahren von Reisenden entdekt werden: wie würden dann die Philosophen sich freuen, so ausser= ordentliche, neue, uns so sehr unähnliche, Menschen gefunden zu haben! Einige würden allen Wiz an= wenden, um im Lande selbst die Ursachen dieser Aus= artung zu finden; andere hingegen hielten sich nun völlig überzeugt, daß mehrere Stammväter noth= wendig wären: denn wer wollte mit solchen borstigen Geschöpfen von Einem und demselben Stamme sein? Hätten sie indeß nicht alle geirrt? Ich bin gar nicht gewiß, daß auf diese Art wirklich einige wichtige Abartungen in unserem Geschlechte entstanden sind: aber die Entstehung sich so möglich zu denken, wird

mir

a) Zimmermann geogr. Gesch. Bd. 1. S. 105.

mir Niemand gänzlich leugnen können. Denn obgleich die erblichen Krankheiten oftmals nach einigen
Zeugungen wieder verlöschen; so ist es doch noch
nicht bestimmt, wie lange sie sich fortpflanzen könnten, wenn Kranke nur mit Kranken Kinder zeugten,
besonders im Falle der Erbstrich diese Krankheit be-
günstigte.,,

3. Varietät.
Mit Haare bedekte Menschen.

Diese Varietät kommt nicht selten vor. Wenn
den Berichten der Reisenden zu trauen ist, so gibt es
sogar Völker, welche über den ganzen Körper haarig sind. Z. B. unter den Einwohnern der Maldivischen Inseln vorzüglich die Mannspersonen a).

Marsden, ein glaubwürdiger Schriftsteller,
erzählt: es sei auf der Insel Sumatra eine Sage, daß sich in den dikksten Wäldern im Inneren der
Insel eine behaarte Nation aufhalte, die sogenannten
Orang-Gugu, welche ganz mit langen Haaren bedekt sei, und sich beinahe nur durch den Gebrauch
der Sprache von dem Orang-Utang unterscheide.
Diese haarigen Menschen sollen zuweilen mit den
Weibern der Eingebohrnen Kinder zeugen, und zwar
halbschlächtig. Erst in der dritten Generation sol-

len

a) Allg. Hist. der Reisen Thl. 8. S. 199.

len sich die Haare verlieren. Marsden hält dafür: die Sage möge wohl einigen Grund haben, aber in Nebenumständen übertrieben sein a).

Die Einwohner der großen Insel Jesso, Nördlich von Japan, sollen ebenfalls einen haarigen Körper haben.

Auf den Inseln Tanna, Neu-Caledonia und Mallikollo, in der Südsee, bemerkte Forster einzelne Menschen, deren ganzer Körper mit Haaren bedekt war b).

Spangberg c) fand einen ganzen Schlag Menschen dieser Art auf einer der Kurilischen Inseln.

Der Kapitain King hörte ebenfalls, daß auf der Kurilischen Insel Nadisga sich ein behaartes Volk befände d).

Einzeln kommen dergleichen Menschen, obgleich selten, auch in Europa vor. Ein merkwürdiges Beispiel dieser Art war Anna Maria Hering aus Dachstuhl, welche von Büffon ausführlich ist be-
schrie-

a) *Marsden's* history of Sumatra. S. 35.

b) *I. R. Forster's* observations. S. 243.

c) Müllers Sammlung Rußischer Geschichte. Thl. 3. S. 174.

d) *Cook's* voyage to the Northern Hemisphere. Thl. 3. S. 377.

schrieben worden a). Ihr ganzer Körper war mit Flekken besezt, und der Rücken mit Falten. Die Flekken waren mit Haaren bewachsen, welche große Aehnlichkeit mit Kälberhaaren hatten, oder mit Reh-Haaren. Die Flekken waren etwas über die Haut erhaben. Die Augenbrauen bestanden aus Menschenhaaren, mit Reh-Haaren untermischt. Sie war gesund und befand sich wohl; nur wurde ihr die Sommerhize lästig, weil die Haare auf den Flekken ihr die Haut erhizten. Die Gegend des Magens und der Bauch waren mit ziemlich langen bräunlichen Haaren besezt. Die faltige Haut des Rükkens war los und nicht fest gewachsen. An den Theilen des Körpers, welche nicht geflekt und nicht behaart waren, fand sich eine äußerst feine und zarte weisse Haut.

4. Varietät.

Kakerlaken.

Kakerlaken nennt man Menschen, oder Thiere, deren Haut und Haare schneeweiß sind, wobei gemeiniglich der Augenstern blaßrosenfarb, und die Pupille röthlich ist. Es fehlt dem Auge an dem schwarz-

a) Supplément à l'histoire naturelle. T. 4. wo sie auch abgebildet ist.

schwarzbraunen Schleime, womit ein großer Theil des inneren Augapfels überzogen sein muß, um die überflüßigen Lichtstrahlen einzusaugen. Eben wegen des Mangels dieses Schleimes sehen die Kakerlaken bei Tage sehr undeutlich, besser und deutlicher in der Dämmerung a).

Bei den menschlichen Kakerlaken sind die Haupt- haare nicht schneeweiß, sondern gelblichtweiß.

Kakerlaken findet man unter allen fünf Men- schenrassen.

Der Kakerlakismus erbt, wie alle Varietäten, meistens, jedoch nicht immer, den Kindern an, und pflanzt sich fort. Da die Kakerlaken übrigens ge- sund sind b), so kann der Kakerlakismus nicht wohl für eine Krankheit angesehen werden.

Der Kakerlakismus wird allezeit angebohren, und entsteht niemals erst nachher, oder in späterem Alter. Auch dieß scheint ein Beweis für die Mei- nung, daß derselbe keine Krankheit sei.

Die Kakerlaken unter den Negern heissen Don- dos, Blafards, Albinos, Nachtmenschen.

In

a) Blumenbachs Beiträge zur Naturgeschichte. S. 123.

b) Briefe des Herrn von Wurmb und Wollzogen. S. 221.

In Ostindien sind sie auf der Malabarischen Küste a), auf Amboina b) und Ternate c), auf Sumatra d) und Manila e).

Unter den weissen Menschen findet man Kakerlaken in allen Ländern Europens f). Zwei derselben habe ich in Savoyen gesehen.

Unter den braunen Menschen, oder Malayen, gibt es ihrer viele; z. B. auf den freundschaftlichen g) und Sozietäts-Inseln h).

Unter den zimmetfarbnen Menschen in Amerika sind die Kakerlaken ebenfalls nicht selten.

Z.

a) Tranquebarische Missionsberichte. 46 Fortsezung. S. 1239.

b) *Valentyn* beschryving van Amboina. Thl. 2. S. 146.

c) *Köping* beskriving om en resa genom Asia, Africa. 1734. S. 159.

d) *Van Iperen* in den Verhandelingen van het Bataviaasch Genootschap. T. I. S. 314.

e) *Camelli* in philos. Transact. Thl. 25. S. 268.

f) *Blumenbach* de gen. h. variet. nat. S. 278.

g) *Cook's* voyage to the Northern hemisphere. T. I. S. 381.

h) *Hawkesworth's* collection. T. 2. S. 99. und 188.

Q

Z. B. auf der Landenge von Darien a) und in Bra= silien b).

Unter den warmblütigen Thieren sind die Kaker= laken häufig. Weisse Mäuse, Kaninichen, Pferde und Wiesel, pflanzen sich fort, und sind zur Rasse geworden. Man würde schwerlich einen Grund ha= ben, diese Rasse durchaus für krank zu halten. In Hungarn werden die Ochsen nach der Kastration zu= weilen zu Kakerlaken. Die Angorischen Kazen und Hunde gehören ebenfalls hierher. Unter den Affen gibt es viele Kakerlaken mit rothen Augen. Com= pagnon fand dergleichen in dem Königreiche Bambuk, am Senegal. Weisse Ratten, Hamster, Eichhör= ner, Marder, Maulwürfe und Rehe, sind auch schon vorgekommen.

Unter den Vögeln gibt es viele Kakerlaken: weisse Kanarienvögel, weisse Amseln, weisse Pfauen, Hühner und Rebhüner, und, wie Hr. Hofr. Blu= menbach anführt, weisse Raben.

Unter den Amphibien, Insekten und Fischen, sind noch keine Kakerlaken bemerkt worden.

Die

a) *Wafer's* description of the Isthmus of America. S. 107.

b) *Robertson's* history of America T. 2. S. 405.

Die Urfache des Rakerlakismus ist, meiner Meinung nach, eine Anhäufung des Sauerstoffes in dem Körper, eine Uebersäurung (suroxygénation) dessselben. Daher auch Foucher Dobsonville bemerkt hat, daß Neger, welche eine Quekfilberkur gebrauchen, zuweilen während derselben, oder bald nachher, Rakerlaken zeugen. Büffon behäuptet: daß die weissen Negerinnen mit einem schwarzen Neger geflekte Neger (nègres pies) zeugen a). Dieß ist nicht unwahrscheinlich, da bei den Thieren etwas ähnliches statt findet. Wenn es wahr ist, daß der Rakerlakismus auf diese Weise halbschlächtig anerbt, so kan er schwerlich eine Krankheit sein.

5. Varietät.
Organifche Fehler.

Sogar Fehler und Krankheiten einzelner Theile können zur Varietät und endlich zu einem erblichen Schlage werden, indem sie anerben, und auf die Nachkommen sich fortpflanzen. Alle erblichen Krankheiten gehören mehr oder weniger hierher. Allein ich will, zur Erläuterung, statt vieler mir bekannt gewordenen Beispielen, nur Eines anführen, welches uns

a) Supplément. T. 4. S. 565.

Q 2

unter allen denen, die ich gelesen habe, bey weitem das merkwürdigste ist, und welches zugleich die Richtigkeit der Definition einer Varietät beweist. Diese unterscheidet sich nämlich von der Raffe dadurch, daß das Karakteristische der Raffe beständig und unausbleiblich, das Karakteristische der Varietät hingegen nicht beständig und nicht unausbleiblich anerbt. Ich lasse den Beobachter, Hrn. Professor Hacquet a), selbst reden.

„Adam Haas, ehemaliger Bürger zu Eger in Böhmen, hatte den sonderbaren Zufall an seinen beiden Augen, daß sie sich stets unwillkührlich durch die innern und äussern geraden Augenmuskeln hin und her bewegten. Ob es ein angebohrener, oder durch Zukkungen in seiner Kindheit verursachter, Zufall war, habe ich so wenig, als selbst seine noch lebenden Töchter, erfahren können. Er zeugte mit einer Frau neun Kinder, wovon drei Mädchen beim Leben blieben, und wieder Kinder zeugten. Seine erste Tochter, Ottilia, welche den organischen Fehler ihres Vaters nicht hatte, zeugte dreizehn Kinder, wovon die Knaben alle mit dem Augenfehler des Großvaters behaftet waren, die Mädchen aber nicht. Von diesen dreizehn Kindern leben noch ein
Knas

a) Voigts Magazin Bd. 6. S. 34.

Knabe und drei Mädchen. Die zweite Tochter des erwähnten Haas heißt Anna, und hat ebenfalls den Fehler des Vaters nicht. Sie gebahr sieben Kinder; vier Mädchen und drei Knaben. Von leztern war nur Einer damit behaftet, in eben dem Grade, wie der Großvater. Die dritte Tochter heißt Magdalena, und hat den Zustand der Augen so wie ihr verstorbener Vater. Sie hat bis jezt sieben Kinder, zwei Mädchen und fünf Knaben, gebohren, wovon die lezteren zwei den Augenfehler der Mutter hatten. Einer, der noch beim Leben ist, Namens Ferdinand, hat die Augen, wie die Mutter, so schwach, daß er vom Studieren abstehen muß, so fähig auch sein Kopf dazu ist. Beym Lichte, wo er, wegen Schwäche der Augen, zum Lesen sie mehr anstrengen muß, bekommt er den Fehler des Doppelsehens. Auch wenn er beim hellen Lichte vor dem Spiegel steht, sieht er die Bewegung seiner Augen nicht, die sich doch stets wie ein Pendel bewegen; obgleich ein Anderer, wenn er neben ihm steht, diese Bewegung eben so deutlich in, als außer dem Spiegel, sieht. Warum Mutter und Sohn solches nicht sehen, weiß ich nicht zu erklären. Vater und Mutter von den leztern Knaben sind gesund und in ihren besten Jahren, wohlgebaut und

Q 3   groß

groß; aber der Vater dieser Kinder hatte in seinem
ein und zwanzigsten Jahre, das Unglük, mit einem Pferde zu stürzen, und das Pflugschaarbein (os
vomer) zu brechen. Da man bei der Kur nicht gehörig zu Werke ging, so blieb die Nase etwas nie-
dergebrükt, und verursachte ihm eine Schnupfen-
stimme und Mangel des Geruchs. Auch dieser organische Fehler hat sich nun auf alle seine Kinder
fortgepflanzt: so, daß der Eine Knabe einen dop-
pelten Fehler von seinen Eltern geerbt, nämlich den
Fehler der Augen von der Mutter, und jenen der
Nase vom Vater.„

Es sey mir erlaubt, diese Erzählung eines scharf-
sinnigen Beobachters mit einer Anmerkung zu be-
gleiten. Da es kein einziges unwiderleglich bewiese-
nes Beispiel gibt, daß eine zufällige, oder absichtli-
che, Verstümmelung des Körpers der Eltern Einfluß auf die Kinder gehabt habe: so läßt sich auch
hier nicht zugeben, daß die Verletzung der Nase des
Vaters den Kindern angeerbt sei. Die Schnupfen-
stimme der Kinder, aus welcher man auf eine solche
Anerbung schloß, muß wahrscheinlich aus dem Nach-
ahmungstriebe der Kinder erkläret werden; denn es ist
eine bekannte Erfahrung, daß die Kinder den Ton der
Stim-

Stimme und die Aussprache ihrer Eltern anzunehmen pflegen.

6. Varietät.
Riesen.

Von dem Einflusse, welchen Klima und Nahrung
auf die Größe des Menschen überhaupt haben, ist
oben bereits gehandelt worden.   Hier kann nur von
einzelnen Personen und Familien die Rede sein : denn
die riesenmäßige Größe ist sehr oft in gewissen Familien erblich, und eben aus diesem Grunde, eben
weil sie zuweilen, obgleich nicht immer, anerbt, ist
sie als Varietät zu betrachten.

Die merkwürdigsten Beispiele von Riesen sind:

1. Johann Hartmann Reichardt, aus Fried-
berg bei Frankfurt. Er maß acht Schuhe und drei
Zolle. Sein Vater war ein Riese, und seine Schwester eine Riesinn.

2. Der Riese Cajanus aus Finnland. Er maaß
sieben Fuß acht Zolle Rheinl. Maaßes.

3. Der Engländer Macgrath, eben so lang.

4. Ein Trabant des Herzogs von Braunschweig,
acht Fuß sechs Zolle Amsterdamer Maaß.

5. Ein Schwede unter der Preußischen Garde,
acht Fuß sechs Zolle.

Q 4

6.

6. Gilli von Tribent, acht Fuß nach Schwedischen Maaße.

7. Demoiselle la Pierre von Stargard, sieben Fuß nach Dänischem Maaße.

Man hat kein Beispiel von einem Riesen, welcher völlig neun Pariser Fuß gemessen hätte.

Einen merkwürdigen Beweis, daß diese Varietät leicht in einen erblichen Schlag, oder in eine Rasse übergeht, gibt folgende Beobachtung des Herrn Förster: a) „Die Garden des Hochsel. Königs, „sagt er,„ und des jeztregierenden Königs von Preußen, Leute von ungewöhnlicher Größe, haben seit fünfzig Jahren in Potsdam gestanden. Man hat daher bemerkt, daß eine beträchtliche Anzahl der jezigen Einwohner dieser Stadt, hauptsächlich aber Personen weiblichen Geschlechts, von ansehnlicher Länge sind. Unfehlbar ist dieses merkwürdige Phänomen eine Folge der Vermischung, oder Verheirathung, jener großen Soldaten mit dem Potsdamer-Frauenzimmer.„

7. Varietät.
Zwerge.

Einige Schriftsteller behaupten, daß Zwerge zur Zeugung nicht geschikt seien: allein dieß scheint

ei

a) Forsters Bemerkungen. S. 223.

eine bloße Vermuthung, und keine, durch Erfahrung ausgemachte, Thatsache zu sein. Die berühmtesten Zwerge sind:

1. Bebe, der Zwerg des Königs Stanislaus von Pohlen, 33 Pariser-Zoll hoch. Er wurde drei und zwanzig Jahre alt.

2. Ein Pohlnischer Edelmann, Borulawsky, welcher im Jahre 1760 zu Paris gezeigt wurde, war im zwei und zwanzigsten Jahre nur 28 Pariser Zoll hoch. Er hatte einen älteren Bruder und eine jüngere Schwester, welche beide ebenfalls Zwerge waren; ein Beweis, daß das Zwergartige eine wirkliche Varietät in dem menschlichen Geschlechte ausmacht. Diesen Zwerg habe ich im Jahre 1787 zu London gesehen.

3. Ein Zwerg, welcher im 37sten Jahre nur 21 Zoll lang gewesen ist a).

4. Katharina Helena Stöberinn, aus Nürnberg. Im zwanzigsten Jahre nicht ganz drey Fuß hoch. Ihre Eltern und Geschwister waren Zwerge. Also kann man den Zwergen die Zeugungsfähigkeit nicht absprechen.

Hr.

a) *Birch* hist. of the Roy. Soc. T. 4. S. 500.

Q 5

Hr. von Büffon bemerkt, daß die Riesen gemeiniglich, im Verhältnisse ihrer Größe, zu mager, und die Zwerge zu fett sind. Die Zwerge haben, im Verhältnisse zu den übrigen Gliedern, einen
zu großen Kopf, und zu kurze Schenkel und Beine:
die Riesen hingegen einen zu kleinen Kopf, und zu
lange Schenkel und Beine. Bei der Zergliederung
eines Riesens hat sich gefunden, daß er einen Rük-
kenwirbel mehr hatte, als andere Menschen.

Was von einer Zwergnation auf der Insel Madagaskar, den sogenannten Kimos, erzählt wird a)
scheint noch nicht hinlänglich untersucht zu sein. Es soll
sich nämlich dieses Volk in dem Inneren von Madagaskar, in den Gebirgen, aufhalten. Die Kimos
werden beschrieben, als Zwerge mit sehr langen Armen, ziemlich weisser Haut, und kurzem wolligem
Haare. Der berühmte Naturforscher Commerson
welcher eine Frau dieser Nation gemessen hat, fand
dieselbe nur drei Fuß und acht Zolle hoch. Uebrigens
sind die Kimos, der Erzählung nach, sehr streitbar,
führen öftere Kriege mit ihren Nachbarn, und tragen meistens den Sieg davon b).

Ein-

a) *Commerson* im Journal encyclopédique. 1772. *Buffon* supplement. T. 4. S. 505.

b) Quoiqu'il en soit, cette tradition conſtante dans
ces

Ein anderes ähnliches Zwergvolk soll sich, den Versicherungen der Reisenden zufolge, in der Amerikanischen Landschaft Tucuman finden. Dieses Volk soll nur ein und dreißig Zolle hoch sein, und die Spanier sollen, im Jahre 1755, vier solcher Zwerge aus Tucuman nach Spanien gebracht haben a). Diese Erzählung scheint fabelhaft zu sein.

8. Varietät.

Große Fettigkeit und Schwere des Körpers.

Auf diese Eigenschaft erbt zuweilen, doch nicht unausbleiblich, an.

Merkwürdige Beispiele außerordentlich fetter und schwerer Personen sind bis jetzt nur in England vorgekommen.

1. **Eduard Bright.** Er wog 606 Pfunde und war ungeheuer dik.

2. **Sponer,** welcher in dem Jahre 1775 in der Grafschaft Warwik starb, wog 649 Pfunde. Er konnte nicht gehen. Einst erhielt er einen Stich mit

ei-

ces cantons, ainsi qu'une notion généralement repandue par tout Madagascar, de l'existence encore actuelle des Quimos, ne permettent pas de douter, qu'une partie de ce qu'on en raconte ne soit véritable. *Commerson* bei Büffon a. a. D. S. 508.

a) **Büffon** Ebendas. S. 511.

einem Federmesser in den Unterleib, welcher aber durch das Fett nicht durchdrang.

3. Von zweien Engländern, welche Brüder waren, wog der Eine 490 Pfund, der andere 466 Pfunde a).

Mehrere ähnliche Beispiele dikker und schwerer Engländer übergehe ich.

9. Varietät.
Ausserordentliche Leichtheit des Körpers.

Diese merkwürdige, schwer zu erklärende, Varietät findet sich unter ganzen Völkerschaften. Die Nomadischen Mongolen in Sibirien, welche bloß thierische Theile, ohne alle Vegetabilien, zur Nahrung genießen, sind nicht nur sehr schwach, (so, daß fünf bis sechs Buräten mit allen Kräften nicht so viel ausrichten, als ein einziger Russe zu leisten vermögend ist): sondern alle diese Völker haben auch, in Vergleichung mit ihrer Größe, ungemein leichte Körper. Knaben von einem Alter, dergleichen man unter Rußischen Bauerkindern kaum mit beiden Händen aufrichtet, kann man, bei diesen Völkern, ohne Mühe mit Einer Hand bei dem Halskragen in die Höhe heben, und schwebend halten. Auch erwachsene Buräten sind, gegen Russen gerechnet, von einer besonders

a) Philof. Transact. No. 479.

sonderen Leichtheit: und dieses so merklich, daß ihre Pferde, welche überhaupt nur geringe Kräfte haben, wenn sie unter einem Rußischen Reiter völlig ermüdet sind, sich wieder erholen, wann ein Burät auf sie gesezt wird a).

Diese besondere Leichtheit des Körpers scheint beinahe den Mongolischen Völkern eigen zu sein: denn auch an den Lappländern hat man dieselbe Eigenschaft beobachtet. Eine ähnliche Leichtheit bemerkt man an den Amerikanischen Völkerschaften. Sobald ein Europäer in einen Kahn der Völker am Oronoko eintritt; so wird die auffallende Schwere des neuen Ankömmlings sogleich bemerkbar, und der Kahn verliert das Gleichgewicht. Die Indianer sind nicht im Stande, ihre Kähne gehörig zu regieren, wann sich Europäer in denselben befinden b). Eben diese besondere Leichtheit der Amerikaner macht sie zu so äusserst geschikten Schwimmern.

10. Va=

a) **Pallas** über die Mongolischen Völkerschaften. S. 171. Er sagt: „ich habe die unleugbarsten Erfahrungen hierüber an den Buräten zum öfteren wiederholen können.„

b) **Gily** Bd. 2. S. 40.

10. Varietät.
Hohes Alter.

Auch dieses rechne ich unter die Varietäten, weil durch zuverläßige Beobachtungen ausgemacht ist, daß das hohe Alter oft, obgleich nicht immer, anerbt. Derjenige, deſſen Eltern ein hohes Alter erreicht haben, hat eine große Wahrſcheinlichkeit für ſich, daß er ebenfalls ein hohes Alter erreichen werde. Durch beſondere, hierüber angeſtellte, Unterſuchungen fand Ruſh, daß alle mehr als achtzig Jahr alte Perſonen, bei denen er ſich erkundigte, von Eltern oder Großeltern abſtammten, welche ebenfalls über achtzig Jahr alt geworden waren. a).

11. Varietät.
Geschwänzte Menschen?

Ich führe dieſe Varietät mit einem Fragezeichen an, weil ich von ihrer Exiſtenz noch nicht hinlänglich überzeugt bin. Indeſſen ſind doch ſo viele Zeugniſſe glaubwürdiger Reiſenden vorhanden, daß es vielleicht übereilt ſein würde, zu leugnen, es gebe dergleichen Menſchen. Einige dieſer Zeugniſſe, die ich geſammelt habe, will ich hier anführen, und das Daſein der geſchwänzten Menſchen unentſchieden laſſen.

Ge-

a) *Ruſh's* medical inquiries and obſervations. Vol. 2.

Gemelli Carreri erzählt: glaubwürdige Jesuiten hätten ihm versichert, daß man auf der Insel Mindora, unweit Manila, ein Volk fände, welches sich Manghier nenne, und welches Schwänze von vier bis fünf Zoll lang habe a).

Barchewitz (ein abergläubiger, aber kein lügenhafter Schriftsteller, welchem die neuesten Reisenden b) das Zeugniß geben, daß seine Beschreibung richtig sei) sagt: "Als ich noch auf Banda war, habe ich nachfolgende Curiositäten gesehen. Es war eine Sklavinn, von Ceram gebürtig, aus dem Geschlechte der Papua und Menschenfresser, auf unserem Eilande, die einen Schwanz wie ein Hirsch hatte; und wenn man sie böse machte, dergleichen öfters von losen Vögeln geschah, wurde der Schwanz ganz steif, also, daß man ihn durchs Kleidchen, welches diese Leute um ihre Lenden zu tragen pflegen, ganz eigentlich sehen konnte,, c).

Jo-

a) Voyages de *Gemelli Careri* T. 5. S. 92.

b) Briefe der Herren von Wurmb und von Wollzogen. S. 173.

c) Barchewitz neuvermehrte Ostindische Reisebeschreibung. 1751. S. 163.

Johann Otto Helwig erzählt a) „Auf der Insel Formosa gibt es, in der gebirgigen Provinz Kelang, oder Quelang, Menschen, von denen viele, nach ihrer eigenen Erzählung, geschwänzt sind. Ich habe zwei von ihnen gesehen, deren Schwänze kahl, und den Schwänzen der Schweine ähnlich waren. Auch auf anderen Ostindischen Inseln gibt es Menschen mit Schwänzen.‚‚

Wolf sagt: b) „der, auf Zeilan regierende, schwarze Kaiser heißt, in seiner Titulatur, der größeste, unüberwindlichste und geschwänzte. Dieser Zeilanische Kaiser soll nämlich seinen Ursprung aus Siam haben, und der allererste Kaiser soll unten am Wirbelbeine, nicht weit vom Hinteren, ein Gewächs von Fleisch, einen guten Fuß lang und zwei Zoll dik, gehabt haben. Daher ist das Wort geschwänzt bis heute in der ursprünglichen Titulatur beibehalten worden.‚‚

David Tappe sagt c) „wir sezten ihnen (den Wilden in der Nähe der Insel Sumatra) nach, und bekamen viele Gefangene, unter welchen waren ein

Mann

a) Ephemerid. Nat. Curiof. Decad. I. ann. 9. S. 456.
b) Wolfs Reise nach Zeilan. S. 146.
c) David Tappens fünfzehnjährige Ostindische Reise. S. 49.

Mann und ein Weib, welche recht über der hinter=
sten Kerbe von Fleisch gewachsene Schwänzlein hat=
ten. „

„Unter anderen unsern Sklaven bei dem Berg=
werk, „sagt Elias Hesse a),„ hatten wir auch eine
Sklavinn, welche, gleich einer schändlichen Bestien,
mit einem kurzen Stiele, oder Ziegenschwanze,
über dem Hintern ausgeschändet war. Diese Art
wilde Menschen werden von der Insel Formosa ge=
bracht. „

„Dieweil ich auf Formosa war, „ sagt Strauß b)
„hatte ich hören öfters von Menschen mit Schwän=
zen sagen. Ich schlug es aber in den Wind. Doch,
ich muß dem Leser, mit der größten Versicherung, die
ich jemals zu thun wünsche, erzählen, welches ich
mit meinen Augen gesehen habe, zu wissen. Ein
Formosaner von der Südseite mit einem Schwanz
einen guten Fuß lang, und rauh mit Haar bewach=
sen. Ich sah solches klar und wohl, auch öfters.
Viele Menschen haben dieses mit mir gesehen, und
etliche bei ihm gewesen, und mit ihm gesprochen: da
sie

a) Elias Hessens Ostindische Reisebeschreibung.
S. 216.
b) Straussens Reisen. fol. S. 32.

R

sie dann, über seine Gestalt verwundert, aus ihm daneben verstunden, daß in seiner Landschaft das meiste Volk also beschwänzt wäre. Daß dieser Mann einen Schwanz hatte, habe ich so deutlich gesehen, als daß er ein Haupt hatte. „

Die Einwohner der Insel Mindora sollen zwar keine Schwänze, wie Gemelli Carreri wollte, aber doch ein etwas langes Steißbein haben a).

„Ich darf hier,„ sagt le Gentil b), „eine Thatsache nicht übergehen, die mir indessen sehr apokryphisch vorkommt, weil, ungeachtet aller Nachforschungen, die ich angestellt habe, um die Wahrheit derselben auszufinden, es mir niemals möglich gewesen ist, meinen Zwek zu erreichen. Im Gegentheile halten, selbst zu Manila, die am beßten unterrichteten Personen, diese Nachricht für ein Mährchen. Der Franziskaner, dessen Geschichte ich hier erzähle, behauptet ganz bestimmt: man versichere, daß es auf der Insel Mindora eine Kaste von Menschen gebe, welche einen kleinen Schwanz hätten, wie die Affen. Mehrere Geistliche, sagt er, sind

Zeu=

a) Sonnerats Reise nach Ostindien und China. Bd. 2. S. 86.

b) *Le Gentil* voyages dans les mers de l'Inde. T. 2. S. 52.

Zeugen davon, und habe mir es versichert, und noch vor nicht gar langer Zeit fand man auf unserer Küste, zu Valer, eine Frau, welche einen Schwanz hatte, wie mir der Missionair, welcher Augenzeuge war, versichert hat.„

„Ein gewisser Wundarzt,„ sagt Harvey a) „ein rechtschaffener Mann und mein guter Freund, erzählte mir, nach seiner Rükkunft aus Ostindien, ganz vertraulich: es gebe in den, von dem Meere entfernten, gebirgigen Gegenden der Insel Borneo Leute mit Schwänzen. Im Pausanias lesen wir, daß es vormals an andern Orten dergleichen Leute gegeben habe. Diese Leute sagt er, bewohnten die Wälder, und er selbst habe ein Mädchen, welches mit Mühe gefangen worden, gesehen, deren fleischiger dikker Schwanz sich einwärts zwischen den Beinen durchgebogen, und den After sowohl, als die Zeugungstheile, bedekt habe.„

Daß die Einwohner der Nikobarischen Inseln geschwänzt seien, versichert Köping b): allein ein besserer Beobachter, nämlich Fontana, c) sagt,

daß

a) *Harvey* de generatione animalium. S. 10.

b) *Köping* beskrifing om en resa genom Asia, Africa u. s. w. S. 131.

c) *Nic. Fontana* on the Nicobar isles in den Asiatic researches. Bd. 3. S. 151.

R 2

daß diese angeblichen Schwänze bloß ein Zipfel ihres Gewandes seien: „ein langes schmales Stück Tuch,„ dieß sind seine eigenen Ausdrücke, „welches aus der Rinde eines Baumes verfertigt wird, um ihren Unterleib und zwischen ihren Schenkeln durchgeht, und dessen Eines Ende hinten herabhängt, macht ihre Kleidung aus.„

Dessen ungeachtet hält sich Lord Monboddo a) bei der, von Köping erzählten, Fabel sehr lang auf, und baut sogar auf diese fabelhafte Erzählung seine Meinung, die er für ganz unwiderlegbar hält, daß es Menschen mit Schwänzen gebe b). Ich will die eigenen Worte des paradoxen Lords (den ich übrigens, durch persönlichen Umgang, als einen Mann von großem Genie kennen gelernt habe) hersezzen: "Ehe ich diesen Artikel über die Reisebeschreiber beschließe, „sagt er, „will ich noch Einen Reisebeschreiber anführen, der wenig bekannt ist, ob er gleich eine sehr außerordentliche Thatsache, unser Geschlecht betreffend, anführt, welche wohl die Aufmerksamkeit der Naturforscher auf

a) On the origin and progreſs of language. T. I. S. 234. ff.

b) That there are men with tails, ſuch as the antients gave to their ſatyrs, is a faСt ſo well atteſted, that I think it cannot be doubted. Ebendaſ. S. 238.

auf sich zu ziehen verdient.   Er heißt Köping, war ein gebohrner Schwede, reiste im Jahre 1647 nach Ostindien, und diente daselbst, als Lieutenant, auf einem, der Holländischen Ostindischen Gesellschaft zugehörigen, Kriegsschiffe. Als er durch jene Meere segelte, hatte er Gelegenheit, an die Küste einer Insel in dem Meerbusen von Bengalen zu kommen, welche Nikobar heißt. Daselbst sah er Männer, welche Schwänze hatten, wie die Kazen, und dieselben eben so hin und her bewegten. Sie kamen in Kähnen zu dem Schiffe, in der Absicht Handel zu treiben, und Papagayen gegen Eisen zu vertauschen, dessen sie sehr bedurften.   Einige von ihnen traten in das Schiff, und noch mehrere wollten hereintreten: allein den Holländern wurde bang, durch die große Anzahl derselben überwältigt zu werden; sie feuerten daher ihre Kanonen ab, und schrekten sie hinweg. Am folgenden Tage sandte man ein Boot mit fünf Männern an das Land.   Da aber dasselbe in der Nacht nicht wieder kam, so sandte der Kapitain am nächstfolgenden Tage ein größeres Boot, mit mehr Leuten, und mit zwei Kanonen.   Als sie landeten, drängten sich die geschwänzten Menschen um sie her: allein die Kanonen wurden abgefeuert und diese Menschen wurden weggetrieben. Sie fanden bloß die Kno-

chen

chen ihrer, von den Wilden verzehrten, Mitgesellen.
Das Boot, in welchem diese gelandet hatten, war
in Stükken zerschlagen, und das Eisen geraubt. Diese Geschichte, fährt Lord Monboddo fort, findet sich
in dem sechsten Bande von Linnes amoenitates
academicae a). Weil mir damals nicht bekannt war,
daß irgend ein anderer Schriftsteller der Menschen
mit Schwänzen erwähnt hätte, so schien mir die
Thatsache ausserordentlich, und ich war nicht geneigt, dieselbe zu glauben, ohne zu wissen, wer dieser Köping sei, und in wie fern man sich auf ihn
verlassen könne. Ich schrieb also an Linne, und
bat ihn, mir zu melden, wer der Mann wäre, und
wo sein Buch zu finden sei. Linne antwortete sehr
höflich, und meldete mir: in Köpings Buche fänden sich viele Nachrichten über Thiere und Pflanzen;
alles übrige, was er von denselben erzählt habe,
sei mit größter Einfachheit und Treu geschrieben;
auch sei alles übrige durch die neuesten Untersuchungen bestätigt worden. Linne schrieb mir ferner:
1) Bontius habe, lange nach Köping, die geschwänzten Nachtmenschen selbst gesehen; 2) im Geßner und Aldrovand finde sich eine Zeichnung der
ge-

a) Linne Amoenitates Academicae. Bd. 6. Abhandl.
55. Antropomorpha.

geschwänzten Menschen a); 3) das Chinesische Werk
mit Zeichnungen, welches er besize, und welches
dreißig Bände in Oktav ausmache, und viele Thiere
und Pflanzen treu abbilde, enthalte ebenfalls eine
Zeichnung dieser Menschen; 4) Rumpf habe mehrere
Jahre lang einen lebendigen Nachtmenschen unterhal-
ten, und dieser glaubwürdige Schriftsteller nenne
denselben Cacutlack; 5) Brad, ein noch lebender
Kaufmann, welcher sieben Jahre auf Malakka zugebracht, ein rechtschaffener, glaubwürdiger und
aufrichtiger Mann, habe einen Nachtmenschen gesehen, und denselben ihm (Linne,) in einer Unterredung
beschrieben. Er habe hinzugesezt: der Nachtmensch
sowohl, als der geschwänzte, gingen aufrecht ein-
her; aber der geschwänzte Mensch rede nicht;
6) Dalin, der Lehrer des Schwedischen Kronprinzen,
ein sehr gelehrter und kluger Mann, habe, vor der
königlichen Gesellschaft der Wissenschaften in Stok-
holm, eine Rede gehalten, in welcher er von den
geschwänzten Menschen gehandelt habe; 7) Mau-
pertuis habe, in einem Französischen Briefe, welchen
er zu Berlin an den König von Preußen geschrieben,

aus-

a). Ueber diese Zeichnungen sehe man *Blumenbach* de
gen. h. v. n. S. 171.

R 4

ausführlich von den geschwänzten Menschen gehan=
delt.„ — Man sieht, daß der etwas leicht=
gläubige Linne die geschwänzten Menschen mit den
Kakerlaken verwechselt, und daß das Nichtvorhan=
densein der geschwänzten Menschen so gut wie aus=
gemacht wäre, wenn man keine besseren Gründe hät=
te, das Dasein derselben zu glauben, als Mon=
boddo und Linne angeführt haben. Es gibt aber
bessere Gründe! zuletzt setzt noch Linne ganz recht
hinzu: „die Versicherung Eines Augenzeugen welcher
selbst gesehen hat, gilt bei mir mehr, als das Zeug=
niß von hunderten, welche darum leugnen, weil sie
nicht gesehen haben. a),,

Von den geschwänzten Menschen in Turkestan
haben wir Nachrichten, welche zuverläßig zu sein
scheinen. Rytschkov sagt b): „Da ich die ver=
schiedenen Nationen in dem Mittäglichen Asien be=
schreibe, so fällt mir ein, von dem Translateur Ara=
pow, der öfters in Turkestan gewesen, gehört zu
haben, daß sich um diese Stadt ein gemeiner und
ver=

a) Unius oculati testimonium, quod vidit, pluris mihi est, quam centum negantium ideo, quod non vi-
derunt.

b) Rytschkov Orenburgische Topographie, übersetzt
von Rodde. Bd. 2. S. 34.

verachteter, hundert Familien starker, Ueberreſt
von Menſchen aufhalten ſolle, die von den andern
Spottweiſe Ruju rukli Tatar, das iſt, ſtinkendes
Ungeziefer mit Schwänzen, genannt werden.
Sie fabeln von ihnen: ihre Vorfahren hätten den
Sohn eines gewiſſen Chobſchi, der in Turkeſtan
gelebt und geſtorben, und der, wegen ſeiner Wun-
derwerke, bis jezt allda für einen großen Heiligen
gehalten werde, umgebracht, ihm den Kopf abge-
ſchnitten, denſelben ſpottweiſe vor ſich hergetragen
und um Vergebung gebeten. Der Vater hätte ſich
ſo gelaſſen und großmüthig bezeigt, daß, ob er gleich
mächtig und bei dem Volke angeſehen geweſen, er
ihnen doch ſonſt nichts gethan, als daß er ſie mit
dem Fluche beleget, daß ſie künftig zum Reiten un-
geſchikt geworden, indem ihnen, von der Zeit an,
der Anhang des Rükkenbeins verlängert worden,
welches ſie am Reiten hindert. Und eben deswegen
ſteht dieſes ganze Geſchlecht in großer Verachtung,
und wird für gottlos gehalten. Erwähnter Translateur verſichert: er habe von ſelbigen Leuten
ein Kind nakend geſehen, welches ein dergleichen Zeichen gehabt. Ob dieß wahr iſt, oder
nicht, will ich nicht unterſuchen; ein jeder kann davon ſo viel glauben, als er will.„

R 5   Noch

Noch genauere Nachricht von diesen geschwänz=
ten Menschen gibt der, im höchsten Grade glaubwür=
dige, Hr. Falk a). „Bei Truchmenen,„ sagt er,
„und anderen, die mir von dortigen Gegenden Nach=
richt geben konnten, habe ich mich nach den geschwänz=
ten Menschen (Rußisch: Kuirukli) deren Rytsch=
kov in seiner Orenburgischen Topographie erwähnt,
mit Fleiß erkundigt, und, dem Sinne nach, folgen=
des von mehreren vernommen. Von Mangislak
vierzehn kleine Tagereisen, jede zu etwa fünf und
zwanzig bis dreißig Wersten, sei ein Volk, welches
Kuirukli (Schwanzmenschen) genennet werde. Es
wohne in besonderen Dörfern, habe seine eigene Ver=
fassung und Aelteste, zähle etwan sechs tausend Fa=
milien, u. s. f. und lebe, ohne herumzuziehen, von
der Viehzucht. Wenn sie gekleidet gingen, sähe
man ihnen nichts an; zu Pferde aber säßen sie noch
vorne geneigt, oder schief, weil der Rükgrat, oder
das Schwanzbein, bei ihnen merklich länger, als bei
andern Menschen, wäre. Man fände sie weder
klüger, noch dümmer; auch schämten sie sich dieser
Abweichung von der gewöhnlichen Bildung nicht,
sondern ließen sich betrachten. Weil man sie aber,
wie

a) Falks Beiträge zur Kenntniß des Rußischen Rei=
ches. Bd. 3. S. 512.

wie alle Mißgestalten, dafür man sie hielte, mit
den Teufeln in zauberischer Gemeinschaft zu stehen,
und sich verwandeln zu können, beschuldige, fürchte
und vermeide man sie. Kuirukli nenne man sie
nur im Zanke. Die Verlängerung des Rükgrats
vergleichen alle meine Beobachter mit dem Fett-
schwanze der breitschwänzigen Schaafe: er stehe nämlich, reichlich mit Fett bekleidet, eine gute Queer-
hand vor. „

Es gibt auch Reisebeschreiber, welche versicheren,
daß sich in Südamerika, auf dem Feuerlande, geschwänzte Menschen finden a): allein diese Nachricht
scheint nicht den mindesten Grad der Glaubwürdigkeit zu haben.

Ich habe es für nüzlich gehalten, alle, in den
Schriftstellern vorhandenen, Stellen über die geschwänzten Menschen, so viel ich deren habe auffin-
den können, hier zu sammeln, und auf solche Weise die Akten über diesen Streitpunkt den Naturforschern vollständig vorzulegen. Wenn man die Berichte glaubwürdiger Augenzeugen von den fabelhaf-
ten Zusäzzen leichtgläubiger, oder vorsäzlich täuschen-
der,

a) Man sehe die Karte, welche sich bei des *Alonso*
   d'Ovaglie relacione del regno di Cile. Rom. 1646.
   fol. befindet.

der, Reisebeschreiber trennet: so ist, meiner Meinung nach, die größte Wahrscheinlichkeit vorhanden,
daß es wirklich eine Varietät von geschwänzten Menschen gebe; und zwar scheinen sich dergleichen Menschen an zween Orten in Asien, nämlich auf den
Inseln Borneo und Formosa, und in der Gegend
von Turkestan, nahe an der Rußischen Gränze,
aufzuhalten. Nur das Ungewöhnliche einer solchen
Varietät von Menschen könnte verleiten, an der Wahrscheinlichkeit des Daseins derselben zu zweifeln. Allein
der Naturforscher weiß, daß in der Natur das Ungewöhnliche und Unwahrscheinliche oft genug vorhanden ist, und daß man auf die Naturgeschichte anwen-
den kann, was Voltaire von der Geschichte überhaupt
sagt: quelque fois le vrai peut n'etre pas vraisem-
blable. Je mehr ich die Natur studiere, desto
mehr bin ich geneigt, ihr Alles zuzutrauen, und ich
bekenne, mit einem berühmten Philosophen des Al-
terthums: mihi, contuenti se, persuasit rerum natura, nihil incredibile existimare de ea.

12. Varietät.

Kretinen.

Diese verstandlosen, zwergartigen Menschen, finden sich auf den Alpen der Schweiz, Savoyens und
des

des Tyrols: sie kommen aber auch zuweilen in anderen Ländern und Gegenden vor. Die meisten haben große Kröpfe; doch gibt es auch einige, denen dieser unnatürliche Auswuchs fehlt. Die Ursachen, welche diese Varietät hervorbringen, sind noch nicht hinlänglich untersucht, und es läßt sich darüber noch nichts bestimmtes sagen.

Ein merkwürdiges Beispiel, von gesunden Eltern, welche lauter Kretinen zeugten, hat Hr. Dr. Kühn erzählt a), und es verdient dieses Beispiel den philosophischen Naturforschern zur genaueren Untersuchung vorgelegt zu werden.

Ein Maurer zu Berlin, ein starker, muskuloser Mann, beinahe sechs Fuß hoch, welcher viel Einsicht und Verstand hatte, einen ordentlichen Lebenswandel führte, und dem Trunke nicht ergeben war, zeugte mit seiner, fünf Fuß hohen, starken, gesunden, gut gebildeten und verständigen Frau, sieben Kinder, alle drei Jahre Eines. Von diesen Kindern starben zwei sehr jung, und die übrigen fünfe waren folgendermaßen beschaffen.

Das

a) Kühn kurze Geschichte einer Zwerg = Familie, in den Schriften der Berlinischen Gesellschaft Naturforschender Freunde. Bd. 1. S. 367.

Das älteste war ein Sohn von vier und zwanzig Jahren, der ziemlich verständig und beredt war, und weder einen dikken Leib, noch einen dikken Kopf hatte. Er maaß drei Fuß zwei Zolle. Seine Glieder waren alle gerad, und sehr proportionirt. Seine Haut war ohne Ausschlag und seine Zähne vollkommen und weiß. Sein Kopfhaar war dunkelbraun und lang. Er hatte aber, weder an dem Kinne, noch an anderen geheimen Theilen, welche zu groß für seine Zwerg-Gestalt waren, die mindesten Spuren der Mannbarkeit, und hatte noch nie Kennzeichen von sich gegeben, daß er fleischlicher Begierden fähig sei, so sehr ihm auch dazu war Gelegenheit gegeben worden.

Das zweite Kind war ein Ein und zwanzigjähriger Sohn, so groß und stark, als sein Vater, aber mit einer einfältigen Gesichtsbildung verband er ein trotziges, halsstarriges, boshaftes Gemüth und einen großen Mangel an Verstandeskräften. Seine Geschlechtstheile waren wie die Geschlechtstheile eines zweijährigen Knaben, und um dieselben war er so glatt, als um sein Kinn. Die Testikel in dem kleinen Hodensakk hatten die Größe wie bei jungen Hühnern.

Das

Das dritte Kind war ein Mädchen von sechszehen Jahren, drei Fuß und zwei Zolle hoch, sehr blödsinnig, mit einer fast thierischen Gesichtsform, und nicht größer, als ihr ältester Bruder. Sie hatte weder ihre Reinigung, noch andere Zeichen der Mannbarkeit, noch das Vermögen deutlich zu reden.

Die beiden kleinsten Kinder, ein Mädchen von zehen, und ein Junge von sieben Jahren, waren bemitleidenswürdige Geschöpfe. Jedes derselben war zwei Schuhe hoch, und beide waren einfältige Stammler. So oft man sie ansah, oder sie etwas fragte, lachten sie, nach Art der Kretinen, mit Ungestüm, und zogen dabei den Mund fast von dem Einem Ohre zum anderen. Sie waren nicht im Stande zu sprechen. Die Zunge war unförmlich dik und groß. Sie konnten dieselbe nicht zum Munde herausstrekken, oder dünn und spizzig machen.

Welche Ursache wirkte in diesem Falle auf die Zeugungskraft zweier gesunder Menschen so feindselig, daß sie lauter blödsinnige, zwergartige und von Natur unfruchtbare Kinder, zeugten? Könnte man diese Ursache ausfinden: so würde wahrscheinlich über die ganze Lehre von der Zeugung, und folglich

lich auch über die Theorie der Menschen-Rassen und Varietäten, ein großes Licht verbreitet werden.

Es sind nunmehr noch drei wichtige Fragen zu untersuchen übrig:

1. Wodurch unterscheidet sich der Mensch von allen übrigen Thieren in Naturhisto- rischer Rüksicht?

2. Ist der Orang-Utang ein Mensch, und das Geschlecht der Orang-Utangs eine Menschen-Rasse?

3. Wie mag wohl der ursprüngliche Ur- Stamm des Menschengeschlechtes beschaf- fen gewesen sein? und auf welchem Flek- ke der Erdkugel ist derselbe wahrschein- lich entstanden?

Erste Frage.

Wodurch unterscheidet sich der Mensch von allen Thieren in Naturhistorischer Rük- sicht?

Diese, schwer zu beantwortende, Frage hat, mei- ner Meinung nach, Niemand bündiger und treflli- cher beantwortet, als Hr. Hofr. Blumenbach. Vor ihm findet man wenig befriedigendes in den Schriftstellern über Naturgeschichte, in Rüksicht auf

dies

diesen Gegenstand. Der unsterbliche Linne gestand offenherzig: es sei äusserst schwer, den spezifischen Unterschied der Menschengattung anzugeben; er habe kein Kennzeichen finden können, wodurch ein zuverläßiger Unterschied zwischen dem Menschen und dem Affen festgesezt würde; ja, es sei ein wahres Wunder, daß der dummeste Affe und der klügste Mensch sich so ähnlich wären, daß Niemand im Stande sei, anzugeben, worin dann eigentlich die Verschiedenheit zwischen ihnen bestehe a).

Hr. Hofr. Blumenbach behauptet b): der Mensch unterscheide sich von allen übrigen Thieren, 1) durch den aufrechten Gang, 2) durch den besonderen Bau des Bekkens, 3) durch die beiden Hände, 4) durch die, in gleicher Reihe neben einander stehenden, Zähne.

Es

a) Rem perquam arduae indaginis esse, propriam tradere hominis differentiam specificam; nullum se hactenus characterem eruere potuisse, unde homo a simia internoscatür; mirum, adeo parum differre stultissimam simiam a sapientissimo homine, ut iste gedosëtes naturae etiam num quaerendus, qui hos limitet. *Linne* Syst. naturae et Fauna Suecica.

b) *Blumenbach* de gen. h. var. nat. S. 5.

S

Es gibt zwar eine Affenart, welche, nach dem Zeugnisse aller Naturforscher und Reisebeschreiber, ebenfalls zuweilen aufrecht geht, nämlich der Orang-Utang. Allein Blumenbach bemerkt, und mit Recht, daß diesem Affen die aufrechte Stellung nicht natürlich zu sein scheine: denn er habe offenbar, wie die übrigen Affen, vier Hände; nicht zwei Hände und zwei Füße, wie der Mensch. Seine hinteren Füße, oder Hände, sind, eben so gut als die vorderen, zum Greifen und Fassen, nicht zum Gehen gemacht, und der Orang-Utang scheint, eben so wohl als die übrigen Affen, bestimmt, auf den Bäumen herum zu klettern, und auf denselben sein Leben zuzubringen. Mit dem Einen Paar Hände hält er sich wahrscheinlich an den Aesten des Baumes fest, mit dem andern Paare bricht er die Früchte ab, und bringt sie zum Maule.

Das Bekken des Menschen ist von dem Bekken aller Thiere verschieden. Am nächsten kommt noch das Bekken des Orang-Utangs und des Elephanten dem menschlichen.

Der Mensch allein hat zwei Hände und zwei Füße: die Affen haben vier Hände; daß heißt: sie haben an den Hinterfüßen keine Zehen, sondern Daumen.

Die

Die Zähne des Menschen, vorzüglich die Schnei-
bezähne in der untern Kinnlade, sind von den Zähnen aller übrigen Thiere, durch ihre Stellung, verschieden.

Der menschliche Kinnbakken ist viel kürzer, als
bei den übrigen Thieren; das Gelenk, durch welches derselbe mit dem Schlafbeine verbunden ist, findet sich bei keinem andern Thiere so gestaltet: auch steht
bei keinem andern Thiere das Kinn so weit vor.

Hinterbakken hat nur der Mensch. Haller sagt
daher mit Recht: es gebe kein sichereres Zeichen, um
die Affen von dem Menschen zu unterscheiden, als
das Dasein, oder Nicht-Dasein der Hinterbakken.

Der weibliche Mensch hat allein den periodi-
schen Blutfluß und das Hymen: den Thieren fehlt
beides.

Die Kinnbakken stehen bey allen Thieren mehr
vor, als bei dem Menschen.

Zweite Frage.
Ist der Orang-Utang ein Mensch, und das Geschlecht der Orang-Utangs eine Men-schen-Rasse?

Der Orang-Utang oder Schimpanse, ist unter allen Thieren dasjenige, welches dem Menschen

am

am nächsten kommt. Er hat mehr Aehnlichkeit mit
dem Menschen, als mit den Affen. Er geht aufrecht,
und zwar behauptet Tyson, welcher einen Orang-
Utang zergliederte, aus vielen anatomischen Gründen, daß er zum Aufrechtgehen bestimmt sey a), welches aber Camper wiederlegt hat b). Er unterscheidet sich ferner von allen anderen ungeschwänzten
Affen durch den Mangel der Backentaschen und den
etwas fleischigen Hinteren, ohne Gesäßschwielen. Auch
ist er unter allen Affen der verständigste, und läßt
sich abrichten, menschliche Handlungen von mancherlei Art mit einer Art von Vernunft vorzunehmen,
und nachzuahmen. Die menschlichen Sprachwerkzeu-
ge fehlen ihm jedoch ganz.

Wegen seiner großen Aehnlichkeit mit dem Menschen haben berühmte Philosophen, ein Rous-
seau c) und Monboddo d), den Orang Utang einen Menschen genannt. Andere, eben so große und
berühmte, Philosophen und Naturforscher, halten
den Orang-Utang für einen Affen. In der That
ist dieses die allgemein angenommene Meinung, und
die Behauptung des Lords Monboddo wird für ein

Pa-

a) Anatomy of a Pigmy. S. 82.
b) Naturgeschichte des Orang-Utangs.
c) Sur l'inégalité parmi les hommes. Anm. 8.
d) On the origin of language. T. I. S. 175.

Paradoxon erklärt. A priori läßt sich hierüber nichts
ausmachen, und das einzige Mittel, in dieser dunkeln Sache zur Gewißheit zu kommen, würde die
Anwendung des oben aufgestellten Prinzips sein.
Wenn der Orang-Utang mit dem Menschen fruchtbare Kinder zeugen könnte: so wäre er ein Mensch,
und gehörte mit dem Menschen zu Einer Natur-
Gattung, seine Gestalt sei übrigens von der menschlichen so verschieden, als sie nur will. Ein Versuch würde also die Frage entscheiden. Allein hier kommt der
menschliche Forschungsgeist in Kollision mit der Moral,
und die leztere verbietet mit Recht den Versuch, als un-
statthaft, schändlich und abscheulich. Unter den wilden
Völkern finden jedoch dergleichen abscheuliche und
unerlaubte Vermischungen mit Orang-Utangs zuweilen statt. Ich will einige Erzählungen anführen,
dabei aber im voraus bemerken, daß nicht ein einziges glaubwürdiges Zeugniß von der Fruchtbarkeit einer solchen unnatürlichen Vermischung vorhanden ist, und daß die Verschiedenheit des Orang-Utangs
von dem Menschen ausgemacht zu sein scheint.

Schwarz a) versichert, daß die schwarzen Weiber von Affen beschlafen würden.

Elias

a) Reise nach Ostindien. 1751. S. 51.

S 3

Elias Hesse a) sagt: „Um das Bergwerk auf Sumatra haben sich ihrer (der Orang-Utangs) viele aufgehalten. Sie sind über die Maßen geil, und auf das Frauenvolk verliebt, daher denn dieselbe mit großer Gefahr durch die Wälder gehen, weil sie gar leicht von denselben pflegen geschwängert zu werden.„

Philipps versichert: daß in dem Inneren von Afrika die Weibspersonen öfters von den Orang-Utangs weggenommen, und mit Gewalt beschlafen würden. Er erwähnt aber nicht, ob dieser Beischlaf fruchtbar sei b).

Köping c) behauptet: er habe zu Pellicatte einen, von einem Orang-Utang und einer Frauensperson erzeugten, Bastard gesehen, welcher haarig gewesen sei, und bald nach der Geburt habe klettern können. Dieß wäre nun freilich ein positifes Zeugniß, und zwar ein glaubwürdiges, wenn man Linnes Versicherung trauen dürfte, welcher von Köping, als von einem im höchsten Grade Wahrheitliebenden Schriftsteller spricht.

a) Elias Hessens Ostindische Reisebeschreibung. S. 186.

b) *Churchill's* collection of voyages. T. 6. S. 211.

c) Beskrifing om en refa genom Afia, Africa, u. f. w. S. 141.

spricht a). Man darf aber nur Köpings Buch lesen, um sich zu überzeugen, daß dieses Urtheil viel zu günstig ist b).

Walther Schouten versichert: der Orang-Utang sei sehr begierig auf die Weiber; diese würden öfters, wenn sie es wagten, durch die Wälder zu gehen, von dergleichen Affen angefallen, und genothzüchtigt c).

Hr. de la Brosse sagt: daß in Afrika die Orang-Outangs sehr oft Negerinnen entführten, und dieselben bei sich behielten, auch sie sehr gut ernährten. „Ich habe,„ fährt dieser Schriftsteller fort, „ zu Loango eine Negerinn gekannt, welche drei Jahre mit diesen Thieren zugebracht hatte d).

Dieses Zeugniß bestätigt ein sehr glaubwürdiger Schriftsteller, nämlich der Missionar Zucchelli. „Als

---

a) In seinem Briefe an Lord Monboddo. Man sehe des lezteren origin of language. T. I.

b) Ineptarum fabularum plenissima sagt Hr. Hofrath Blumenbach mit Recht von dieser Reisebeschreibung. De gen. h. var. nat. S. 269.

c) Voyage de *Gaut. Schoutten*. Amsterd. 1707. Vol. 2.

d) *Buffon* histoire naturelle. T. 14. S. 80.

„Alle Affen in Afrika‚‚‚ sagt er a), „sind sehr verschieden von den Affen in Brasilien. Es gibt große, mittelmäßige und kleine. Und da sie alle äußerst geil sind, so hat es sich oft zugetragen, daß Negerinnen, welche mit den großen Affen Umgang hatten, von denselben geschwängert wurden, und Ungeheuere zur Welt brachten (hanno partorito mostri). Vor wenigen Jahren wurden, in dieser Stadt Loanda, zwei Negerinnen auf die oben erwähnte Weise geschwängert, und brachten, zur gehörigen Zeit, zwei Affen zur Welt. Einer derselben wurde dem Herren Gouvernör geschenkt, welcher ihn nachher, bei seiner Rükkehr nach Portugall, mit nach Liffabon nahm. Der andere wurde unseren Patern zu Loanda geschenkt, lebte einige Jahre in dem Kloster, und starb endlich. Diejenigen, welche ihn gesehen haben, und mit ihm umgegangen sind, erzählten mir, er habe wirklich mehr von dem Menschen, als von dem Affen, an sich gehabt.„ — Dieß ist das merkwürdigste Zeugniß über die Fruchtbarkeit der Vermischung des Orang-Utangs mit dem Menschen, unter allen, die mir vorgekommen sind: allein der Erzähler spricht nicht als Augenzeuge, sondern

a) *P. Antonio Zucchelli* relazione del viaggio e missione di Congo. Venezia. 1712. 4. S. 107.

dern berichtet nach Hörensagen, wodurch diese Geschichte ihre Glaubwürdigkeit verliert.

Meister erzählt, aber nach Hörensagen, daß sich die großen Affen am Vorgebirge der guten Hoffnung mit Weibern begatten a).

Einer meiner gelehrten Freunde versicherte mir, daß sich ein äusserst sonderbares und merkwürdiges Beispiel von einer fruchtbaren Begattung dieser Art fände, in *Ferdinandi Lopez de Castuneda* annales Lusitanniae. Da sich aber von diesem Schriftsteller nichts auf der hiesigen Universitäts-Bibliothek befindet, so habe ich die Stelle nicht nachschlagen können. Hr. Meusel, welchen ich unter Lopez nachgesehen habe, sagt b): die Werke dieses Schriftstellers seien größtentheils nur noch in Manuskripte vorhanden, und es sei bloß die Geschichte der Regierung des Königs Johanns des Ersten im Drukke erschienen. In diesem Buche müßte sich also die Erzählung finden, wenn dieselbe vorhanden ist, welches ich nicht zuverläßig angeben kann.

Drit-

a) Meisters Orientalisch-Indianischer Kunst- und Lustgärtner. S. 254. b.

b) *Meusel* Bibliotheca historica. Vol. 5. P. 2. S. 128.

Dritte Frage.

Wie mag wohl der ursprüngliche Ur-Stamm
des Menschen-Geschlechtes beschaffen gewesen sein? und auf welchem Flekke der
Erdkugel ist derselbe wahrscheinlich zuerst
entstanden?

Für die Naturgeschichte ist die Entscheidung dieser Frage zwar höchst interessant; allein sie läßt sich
kaum anders, als durch Muthmaßungen und Wahr-
scheinlichkeiten beantworten.

Höchst wahrscheinlich ist das Menschengeschlecht
in den höchsten Gegenden Asiens, an dem Fuße der
Kaschemirischen Gebirge, entstanden und von da über
die ganze Erde verbreitet worden. Hr. Zimmermann hat dieses vortrefflich dargethan a), und mit
ihm stimmen die größten Naturforscher und Philosophen, Pallas, Bailly, Kant, u. s. w. überein. Auch sezt die älteste Urkunde, welche wir über
den Ursprung des Menschengeschlechtes haben, den
Siz der ersten Menschen auf den hohen Bukkel Asiens.
Von diesem Bukkel Asiens gehen die größten Flüsse
jenes Welttheiles aus; ferner ist das Oestliche Asien,
von dem 32 bis 50sten Grade der Breite und dem 95
bis

a) Zimmermanns geogr. Gesch. Thl. I. S. 114.

bis 125ſten Grabe der Länge, die größte bewohn=
bare Erhabenheit unſerer Erde; auch finden ſich auf
jener Aſiatiſchen Erhabenheit alle Hausthiere, welche
der Menſch von dort aus über die ganze Erde mit=
genommen hat, wild. Reis und Getreide, die vor=
züglichſten vegetabiliſchen Nahrungsmittel des Men=
ſchen, ſind ebendaſelbſt in dem wilden oder urſprüng=
lichen Zuſtande anzutreffen.   So wie die Bevölke=
rung in Aſien zunahm, und ſich das Menſchenge=
ſchlecht weiter verbreitete, führte daſſelbe die, ihm
zur Kleidung und Nahrung unentbehrlichen, Thiere
und Pflanzen mit ſich, und auch dieſe arteten, zu=
zugleich mit dem Menſchen, jedem Himmelsſtriche
an.   Alle nüzlichen Thiere, das Pferd, der Eſel,
der Ochſe, der Hund, die Kaze, das Schaaf, die
Ziege, das Schwein, das Kameel, das Rennthier
und die Haushühner, ſtammen urſprünglich von je=
nem Buckel Aſiens her, warum denn nicht auch
das vorzüglichſte unter den Hausthieren, der Menſch?
Viehzucht war gewiß die älteſte Beſchäftigung des
Menſchen und ein nomadiſches Herumziehen ſein älte=
ſter geſellſchaftlicher Zuſtand.   Zum Jäger iſt der wilde
Menſch nur in den ungeheuren Wäldern Amerikas,
bei gänzlichem Mangel an allen Hausthieren, ausge=
artet. Allein unter dem milden Himmelsſtriche Aſiens
zähm=

zähmte der Mensch und erzog die ihm so nüzlichen
Hausthiere. Er hütete diese Thiere in den ungeheuren Asiatischen Ebenen des Nachts, und unterhielt
sich mit Betrachtung des reinen, unumwölkten, ge-
stirnten Himmels. Viehzucht und Sternkunde sind
daher beide Asiatischen Ursprunges: beide scheinen
eben so alt zu sein, als das Menschengeschlecht selbst.

„Es werden zwar viele Hausthiere, „sagt ein
berühmter Schriftsteller a), auch an andern Orten
der Erde wild angetroffen; allein nirgends findet
man sie so zusammen, als gegen und auf dem Bu-
kel der großen Tatarey. Der Mensch fand sie hier
zusammen: sie waren ihm, so zu sagen, Landsleute, deren Natur er weit leichter kennen konnte, da
sie um seine Wohnung herum zu Hause gehörten.
Unleugbar wäre es ihm schwerer gewesen, alle diese
nüzlichen Thiere durch die Länge der Zeit aufzusuchen,
und zu seiner Bequemlichkeit zu unterjochen.„

Man kann, mit Hrn. Büffon, sicher schliessen:
derjenige Theil der Welt sei der am längsten von
Menschen bewohnte, in welchem die größte Menge von
Thieren gezähmt ist; derjenige Theil der Erde sei
der am kürzesten von Menschen bewohnte, in welchem am wenigsten zahme Thiere anzutreffen sind.
Nun findet man aber in Asien nicht nur alle oben ge-
nann-

a) Ebendas. S. 201.

nannten Thiere gezähmt, sondern auch den Elephan=
ten. Nie hat der Afrikaner daran gedacht, den Ele=
phanten zahm zu machen, welchen er doch eben so gut
besizt, als der Asiate, und welcher ihm eben so nüzliche
Dienste leisten könnte. Amerika besaß gar keine Haus=
thiere. Nur in Mexiko und Peru hatte man zwei
Thiere (den Guanico und den Alka) zu zähmen ver=
sucht. Asien ist demzufolge am frühesten, Amerika
am spätesten, mit Menschen bevölkert worden. Von
Afrika kennen wir nicht viel mehr, als die Küsten,
und wissen also nicht, ob es vielleicht in dem Inne=
ren des Landes einige Hausthiere geben mag.

Der eigentliche Ur=Stamm des menschlichen Ge=
schlechtes ist wahrscheinlich nirgends mehr vorhanden;
es läßt sich daher nicht angeben, wie derselbe mag aus=
gesehen haben: doch ist die Meinung, daß der weisse
brünette Mensch der Urbildung des Menschen=Ge=
schlechtes am nächsten komme, die wahrscheinlichste
unter allen.

In dem ersten Ur=Stamme waren die Keime
und Anlagen zu allen nur möglichen Rassen und Va=
rietäten des Menschen=Geschlechtes vorhanden, damit
der Mensch, durch allmählige Entwiklung derselben,
zur Bevölkerung und Bewohnung der verschiedenen
Theile der Erde tauglich sein möchte.

Zwei

Zweite Abtheilung.
Von den Raſſen der Säugethiere.

Le travail d'un Nomenclateur ne conſiſte qu'a faire
des recherches, pour allonger ſa liſte; le travail du
philoſophe conſiſte à faire des comparaiſons raiſonnées, pour la raccourcir. Rien n'eſt plus aiſé, que de
prendre dans tous les auteurs, qui ont écrit des animaux, les noms et les phraſes, pour en faire une
table, qui deviendra d'autant plus longue, qu'on
examinera moins.

BUFFON.

Das Pferde-Geſchlecht.

Ich nehme ſechs Raſſen von Pferden an.
1. Das Pferd. Equus Caballus.
2. Das wilde Pferd. a) Tarpan.

3. Den

a) Man muß zwiſchen wilden und verwilderten
Thieren einen großen Unterſchied machen, wie bereits Hr. Hofr. Blumenbach (Beitr. zur Naturgeſchichte S. 38.) bemerkt hat. Wilde Thiere ſind
diejenigen, die ſich noch in dem Naturzuſtande befinden,

3. Den Tschiggetai. Equus Hemionus.

4. Den Esel. Equus Asinus.

5. Den wilden Esel. Onager. Kulan.
Equus Onager.

6. Den Zebra. Equus Zebra.

Diese Rassen gehören zu Einem ursprünglichen Stamme, weil sie mit einander sich begatten, und fruchtbare Junge zeugen.

Das wilde Pferd. Man findet dasselbe in der Tartarey. Hr. Pallas hat es am genauesten

ben, und von dem Menschen noch nicht sind gezähmt worden; verwilderte Thiere nenne ich solche, die einst gezähmt waren, aber durch Vernachläßigung des Menschen in den wilden Zustand wieder zurükgekehrt sind. Verwilderte Schweine, Pferde, Kazen, Hunde und Ziegen, gibt es in Amerika sehr viele, und verwilderte Affen auf den Felsen von Gibraltar. Eben der Unterschied gilt auch bei dem Menschen. Amerika hat viele wilde das heißt noch nicht kultivirte, Einwohner: allein es hat auch verwilderte Einwohner, nämlich solche, die einst kultivirt waren, aber durch Entfernung von der Gesellschaft kultivirter Menschen, in eine Art von wilden Zustand wieder zurükgekehrt sind. Dergleichen Menschen sind die Anbauer der Westlichsten Gegenden der Nordamerikanischen Staaten.

sten beschrieben. Sein Kopf ist dik; seine Ohren sind spizig und zuweilen lang herabhängend. Seine Mähne ist kurz und kraus. Sein Schwanz ist etwas kürzer, als der Schwanz der zahmen Pferde. Seine Haare sind sehr lang und dicht, daher sich seine Haut wie ein Pelz anfühlt. Im laufen ist es äusserst schnell. Es läßt sich nicht zähmen, und ist zum Reiten nicht zu gebrauchen. Hr. Pallas sagt ausdrüklich: „Bespringt ein wilder Hengst eine zahme Stute; so kommt eine Zwischenart heraus, die etwas von beiden an sich hat a).„ Da also das wilde Pferd mit dem zahmen halbschlächtig zeugt: so folgt, daß dasselbe eine von dem zahmen Pferde verschiedene Rasse, und keine bloße Varietät sei.

Der Dschiggetai, den Hr. Pallas vortrefflich beschrieben hat b), hält sich, in großen Heerden, in Daurien und in den Mongolischen Steppen auf. An Gestalt hält er einigermaßen das Mittel zwischen dem wilden Pferde und dem wilden Esel. Er hat die langen Ohren und den Schwanz des Esels,

aber

a) Pallas Reisen. Bd. 3. S. 511.
b) Pallas Reisen. Bd. 3. S. 512. Neue Nordische Beiträge und Nov. comm. Acad. Petropolit. Vol. 19. S. 394.

aber die Schönheiten des Körperbaues des Pferdes.
Sein Körper ist überaus leicht, schlank und schön
von Haaren. Sein Blik ist wild, scheu und flüchtig. Im Laufe kann kein anderes Thier ihn einho-
len. Er ist etwas größer als ein Maulthier. Die
Mähne ist wie bei dem Esel. Seine Farbe ist licht-
gelbbraun, Mähne und Schweif sind schwärzlich.
Längst dem Rükgrate läuft ein zierlicher schwarzbrau-
ner Riemen, welcher am Kreuze etwas breiter, gegen
den Schwanz zu aber wieder schmaler wird. Hie-
durch nähert sich der Dschiggetai dem Esel, welcher
über dem Rükken ein Kreuz hat. Wenn das Thier
steht, so trägt es den Kopf sehr hoch, und im Laufe die Nase in die Luft. Es ist nicht zu zähmen. Ein
junges Füllen, welches einst von einem Kosaken gefangen wurde, tödtete sich selbst durch heftige Sprünge.

Wegen der Wildheit und Flüchtigkeit des Dschiggetai, welche verhindert ihn zu zähmen, hat man
den Versuch, ob er mit dem Pferde halbschlächtig und
fruchtbar zeuge, noch nicht anstellen können.

Der wilde Esel a). Er findet sich vorzüglich
in der Tartarey, und zieht jährlich, im Herbste, in
ungeheuren Schaaren, Südlich gegen Persien und
In-

a) *Pallas* in Act. Acad. Petropolit. 1777. P. 2. S. 258.

T

Indien, um daselbst zu überwintern. Im Sommer hält er sich vorzüglich in der Gegend des Sees Aral auf. Im Frühjahre kommt er aus Persien und Indien zurük, und zieht Nördlich bis zu den kühlen Gebirgen Tumunda hinauf, welche Nordwärts vom Aral liegen. Dieser Esel ist blaulich, oder Eselgrau, oder gelbbraun, und hat ein Eselskreuz über den Schultern. Seine Ohren sind etwas kürzer, als Eselsohren, und sein Schweif ist ein Kuhschwanz. Er ist ausserordentlich wild, flüchtig und schnell.

Der Zebra unterscheidet sich durch die breiten dunkelbraunen Queerstreifen, welche über seinen gelblichweissen Körper laufen. Er hat viel ähnliches mit dem Maulesel. Die Mähne ist kurz, und der Schwanz ist mehr dem des Esels, als dem des Pferdes ähnlich. Er ist lebhaft, flüchtig, schnell, und schwer zu zähmen.

Der Zebra zeugt mit dem zahmen Esel halbschlächtige Junge. „Vor mehreren Jahren hat sich ein weibliches Zebra, in Lord Clives Menagerie in London, nach vielen vergeblichen Versuchen, von einem männlichen Esel, den man, wie einen Zebra, mit Streifen bemahlt hatte, bespringen lassen, und es

eine Art Maulthier zur Welt gebracht, welches in der
Bildung völlig das Mittel zwischen seinen beiden
Eltern hielt, und von grauer Grundfarbe, wie der
Vater, aber schwarz gestreift wie die Mutter
war. a),,

Der Zebra findet sich in Afrika: auf dem Kap,
in Congo, Loango, Habessinien, Majambo und
in Sofala.

Der zahme Esel zeugt mit der zahmen Stute
den gemeinen großen Maulesel; der zahme Hengst
zeugt mit der zahmen Eselinn den kleinen Maulesel. Jener hat mehr vom Pferde, dieser mehr von dem Esel.

Man hat lang geglaubt, daß die Maulesel unfruchtbar wären; allein ihre Fruchtbarkeit ist nunmehr hinlänglich bewiesen b). Es leidet daher weiter keinen Zweifel, daß das Pferd und der Esel ver-
verschiedene Rassen Eines Stammes sind, da sie
mit

a) **Blumenbachs** Naturgeschichte. S. 103. Man sehe
auch: Nouvelle déscription du cap de bonne espe-
rance. Amsterdam. 1778. S. 52.

b) Man sehe *Buffon* histoire naturelle. Supplement.
T. 3. S. 16. Viele Beispiele von fruchtbaren Maul-
Eseln hat Hr. Hofr. **Beckmann** gesammelt in seiner
Ausgabe des Aristoteles de mirabilibus. S. 142.
und 427.

mit einander halbschlächtige und fruchtbare Junge
zeugen.

Die mannigfaltigen Varietäten des zahmen Pferdes können hier nicht angegeben werden. Man findet dieselben in vielen Büchern verzeichnet. Nur so
viel ist zu bemerken, daß es Varietäten des Pferde-
Geschlechtes, nicht Rassen sind, wie man im gemeinen Leben sie zu nennen pflegt. Die sechs einzigen, bisher bekannten, Rassen des Pferde-Geschlechtes
sind oben angegeben worden.

Unter dem Pferde-Geschlechte ist der Esel das,
was der Neger unter dem Menschengeschlechte ist,
nämlich, die im heissen Erdgürtel entstandene Abartung des Urstammes. Der Esel kann die Kälte, und
den kalten Himmelsstrich überhaupt, nicht gut vertragen. Im Norden fehlt er ganz, und ist, nach
Linnes Bemerkung a), sogar in Schweden selten.
Dagegen gedeiht er in den warmen Himmelsstriche sehr
gut. Vormals waren die beßten Esel in Aegypten b); in
Europa finden sich jezt die vorzüglichsten in Spanien.

Das Pferd hat sich dem gemäßigten Himmelsstriche angeartet, und lebt nicht über den 66sten
Grad der Breite. Ueber diesen Grad hinaus, müs-

sen

a) Fauna Suecica. S. 12.
b) *Casiri* Bibl. Escurial. T. I. S. 208.

sen Hunde und Rennthiere seine Dienste verrichten. In Sibirien leben die Pferde schon bei dem 63sten Grade nicht mehr: im Europäischen Lapplande aber gibt es welche, obgleich kleine, bis nahe an den Polar-Zirkel; eben so auch in Island. In dem heissen Himmelsstriche gedeihet das Pferd ebenfalls nicht: es dient z. B. auf der Goldküste der Esel besser zum Reiten, als das Pferd a). In dem Nördlichen Afrika ist zwar eine vortreffliche Pferde-Varietät, nämlich die Pferde von Arabischer Zucht; in Ostindien taugen aber die Pferde eben so wenig, als in den heissen Theilen von Afrika.

a) Allg. Hist. der Reisen. Bd. 4. S. 250.

Das Schweine-Geschlecht.

Die Gattung des Schweines besteht aus sieben Rassen. Diese sind:

1. Das wilde Schwein.

2. Das zahme Europäische Schwein.   Sus Scrofa.

3. Das Chinesische Schwein.   Cochon de Siam.

4. Das Guineische Schwein.

T 3   5. Das

5. Das Emgalo. Sus aethiopicus.

6. Das Nabelſchwein. Pecari. Sus Tajaſſu.

7. Das Hirſchſchwein. Sus Barbiruſſa.

Alle dieſe ſind offenbar Raſſen Eines Stammes.

Das Schwein iſt eines von denjenigen Thieren, welche dem Menſchen in alle Himmelsſtriche, nur allein die Eiszone ausgenommen, gefolgt ſind. Man findet es bis zum 64ſten Grade Nördlicher Breite, aber nicht höher hinauf. Deſto beſſer gedeiht es in den warmen Himmelsſtrichen. Das Schwein war eines der früheſten Hausthiere: ſchon Homers Helden ſpeiſen Schweinefleiſch.

Das wilde Schwein findet ſich in den meiſten Ländern des Nördlichen Europens, Großbrittannien ausgenommen. Ferner findet es ſich in der Tartarey, in Sibirien, und bis an den See Baikál. Es hat, wie Blumenbach bemerkt, eine längere Schnauze und eine andere Form des Schädels, als das zahme Schwein, kürzere und aufrechte Ohren, größere Fangzähne, keinen Spek, niemals Finnenwürmer, und iſt immer von ſchwarzgrauer Farbe.

Das Chineſiſche Schwein findet man als Hausthier beinahe durch das ganze Oeſtliche Aſien und auf ſehr vielen Inſeln der Südſee. Es unter=

ſcheiſ

scheidet sich durch seinen ausgeschweiften Rükken ohne Mähne, und durch die kurzen Beine.

Das Guineische Schwein unterscheidet sich von dem zahmen Europäischen, durch seine röthliche Farbe, seinen kleineren Kopf, und seinen kahlen, bis auf die Erde hängenden, Schwanz. Es ist von Guinea nach Südamerika gebracht worden, und kommt daselbst recht gut fort.

Das Emgalo findet sich im Inneren des Südlichen Afrika und auf der Insel Madagaskar. Es hat ein sonderbares Aussehen. Sein Kopf ist groß, sein Rüssel ist sehr breit, und es hat mehrere dikke warzige Fleischlappen unter den Augen. Es ist wild, nicht gezähmt. Seine vier Hauzähne sind ausserordentlich lang.

Das Nabelschwein hat keinen Schwanz. Auf seinem Rükken sizt ein, mit einer Art von sehr stark riechendem Biesam angefüllter, Beutel. Es ist klein. Bisher hat man es noch nicht zur Begattung mit unserem zahmen Schweine bringen können, mit welchem es doch sichtbar zu Einem Stamme gehört. Es findet sich nur in dem Südlichen Amerika.

Das Hirschschwein. Es ist bis jezt bloß auf den Molukkischen Inseln gefunden worden, vorzüglich auf der Insel Borro, unweit Amboina. Merkwürdig ist bei diesem Thiere, daß seine beiden zir-

T 4 kel-

kelförmigen oberen Hauzähne seine obere Kinnlade durchbohren und durch dieselbe durchbringen.

Wenige Thier = Geschlechter werden durch die Kultur so sehr verändert, und bilden so sonderbare und mannigfaltige Varietäten, als das Schwein. Die Varietäten des zahmen Europäischen Schweines sind beinahe unzählich. Die merkwürdigsten werden folgende sein:

1. Die Schweine mit ungespaltenen Hufen. Diese waren schon den Alten bekannt. Aristoteles erwähnt ihrer, und sagt, daß sie sich in Mazedonien Illyrien und Pöonien, fänden a). In neueren Zeiten hat man dergleichen Schweine in Schweden, Flandern, England, Sardinien, in der Tartarey, in der Moldau und in Deutschland gefunden. Kantemir sagt: ,,Die Schweine in dem Orhelischen Gebiet, bei dem Dorfe Tohatin (in der Moldau) zwischen den Flüssen Jkiel und Reut, werden nicht mit einem zweispaltigen, sondern ganzen, und fast Pferdeartigen, Hufe gebohren, welches auch an den Ferkeln, die, nach dem dritten Jahre, von Säuen, welche man aus andern Gegenden hieher bringt, geworfen werden, zu geschehen pflegt. Und dieß wiederfährt nicht nur den zahmen, sondern auch denen,

die

a) Hist. anim. lib. 2. cap. I. de mirabilibus cap. 69.

die im Walde leben, davon in den Rohrbüſchen um
den Niſter eine große Menge gezogen wird a). „

2. Die Schweine mit langen Klauen. Die Spanier brachten, im Jahre 1509, Schweine aus Europa
auf die Weſtindiſche Inſel Cubagua. Aus dieſen ent-
ſtand die beſondere Varietät mit langen Klauen b).

3. Die außerordentlich großen Schweine. Die
Schweine, welche die Spanier nach der Inſel Cuba
brachten, arteten in eine Varietät aus, die mehr
als noch einmal ſo groß wurde, als ihre Europäiſchen Stammeltern c).

4. Varietäten in Rükſicht der Farbe. Hr. Blumenbach bemerkt d): daß die Schweine im Pie-
monteſiſchen alle ſchwarz, in Bayern rothbraun und
in der Normandie weiß ſind. In Pohlen, Gallizien
und der Ukraine, haben alle Schweine einen breiten far-
bigen Streifen über den Leib, der Länge nach e).

5. Die Bosniſchen Schweine, welche groſe Ohren, auſſerordentlich dikke Bakken, und krauſe Vorſten haben f).

a) Beſchreibung der Moldau, in Büſchings Magazin für die Hiſtorie. Bd. 3. S. 572.
b) *Herrera* hechos de los Caſtillanos. Bd. 1. S. 239.
c) *Clavigero* ſtoria antica del Mexico. T. 4. S. 145.
d) Voigts Magazin Bd. 6. S. 10.
e) Hacquet Ebendaſ. S. 29.
f) Hacquet Ebendaſ. S. 31.

Das

Das Ochsen-Geschlecht.

Hier fehlt es noch sehr an Versuchen über die halbschlächtige Zeugung, um die zu dieser Gattung gehörigen Rassen genau zu bestimmen. Ich nehme sieben Rassen an.

1. Der zahme Ochse. Bos Taurus.
2. Der Bukkel-Ochse.
3. Der Auer-Ochse. Bos Bonasus.
4. Der Büffel. Bos Buffelus.
5. Der Ziegen-Ochse. Bos grunniens. Sarluk.
6. Der Bison. Bos Bison.
7. Der Afrikanische Büffel. Bos Caffer. Bubalus der Alten.

Der Bukkelochse der heissen Länder macht, meiner Meinung nach, eine verschiedene Rasse von dem Bukkelochsen der kalten Länder, oder dem Bison. Jener, welcher sich auf Madagaskar, auf dem ganzen festen Lande von Ostindien, und in einem sehr großen Theile von Afrika findet, ist von dem zahmen Ochsen nur eine Varietät. Er zeugt mit demselben fruchtbare Junge a), und der fleischige Bukkel verschwindet nach seiner Versezzung in ein anderes Klima. Der Bison hat einen ähnlichen Bukkel. Sein Hals und Rükken sind mit einer dikken Wol-

a) *Buffon* histoire naturelle. T. II. S. 305.

Wolle bekleidet. Er fand sich vormals im Norden von Europa und Asien, jetzt nur noch im Norden von Amerika. Der Bison ist ein Thier der alten Welt und ganz gewiß aus derselben nach Amerika gekommen. Hr. Pennant vermuthet, daß dieses Thier vormals, als Asien noch mit Nord-Amerika zusammen hing, nach Amerika übergegangen sei a); auch hält er, und zwar mit Recht, die großen Hörner und Schedel, welche Hr. Pallas in Sibirien, am Ufer der Jlga, ausgegraben hat b) sowohl, als die am Anabyr und bei Dirschau in Pohlnisch-Preußen gefundenen, nicht, wie Hr. Pallas, für Büffel-Schedel, sondern für Schedel der, vormals dort gewesenen, Bisons. Ich vermuthe, daß die Normänner vor achthundert Jahren, als sie eine Kolonie in Kanada anlegten, die Bisons dahin gebracht haben c). Der Bison zeugt mit unserem zahmen Ochsen fruchtbare Junge d) und ist also mit demselben von Einer Gattung.

Der Ochse ist ein Thier, welches aus einer warmen Gegend herstammt. Ueber den 64sten Grad der Breite kann er nicht leben.

Der

a) Zimmermanns geogr. Gesch. Bd. 2. S. 85.
b) Nov. Comment. Petrop. Bd. 17. S. 460.
c) Man sehe oben S. 251.
d) Kalms Reise. Bd. 2. S. 350.

Der Auerochse fand sich vormals in den dikken Wäldern des Nördlichen Europens. Jezt ist er, außer in Pohlen und in Sibirien, überall ausgerottet. Er war außerordentlich wild, groß und stark. Die alten Deutschen bedienten sich seiner Hörner zu Trinkgefäßen. Aristoteles kannte den Auerochsen a). Er zeugt mit der zahmen Kuh fruchtbare Junge b).

Der Zebu (Bos Indicus) findet sich in Ostindien, hat einen Bukkel auf dem Rükken, und ist von der Größe eines halbjährigen Kalbes. Ich halte ihn für keine eigene Raße, sondern für eine bloße Varietät des Bukkelochsens.

Der Ziegen-Ochse, oder grunzende Ochse, findet sich in der Kalmukey und in Thibet. In Indien ist er gezähmt. Er ist größer als der zahme Ochse; hat eine grunzende Stimme und ein zottiges Haar, wie die Ziegen. Sein Schwanz gleicht einem Pferdeschweife, nur ist das Haar daran weit feiner und glänzender. Der Ziegen-Ochse begattet sich mit unserem zahmen Ochsen und zeugt mit demselben halbschlächtig. Er ist also eine verschiedene

Raß

a) Man sehe die vortreffliche Ausgabe des Hrn. Hofr. Beckmann von Aristoteles de mirabil. S. 9.

b) *Buffon* histoire naturelle, T. II. S. 307.

Raſſe deſſelben, und beide gehören zu Einer Gattung a).

Der Bieſam-Ochſe (Bos moſchatus) lebt in den kalten Gegenden von Nordamerika, zwiſchen dem 61ſten und 72ſten Grade der Breite. Ich halte ihn für keine eigene Raſſe, ſondern bloß für eine Varietät des Biſons, und zwar aus zweien Gründen: erſtlich hat der Bieſam-Ochſe einen Bukkel, und zweitens riecht auch das Fleiſch des Biſons zuweilen beinahe eben ſo ſtark nach Bieſam b).

Ungeachtet man noch kein zuverläßiges Beiſpiel von einer fruchtbaren Begattung des Büffels mit unſerem Haus-Ochſen hat; ſo kommen dennoch beide Thiere ſo ſehr mit einander überein, daß man ſich nicht enthalten kann, beide für Raſſen Eines Stammes zu halten. Der Büffel ſcheint ſich zu dem Haus-Ochſen zu verhalten, wie der Eſel zum Pferde, und wie der Neger zum weiſſen Menſchen. Der Büffel iſt eine, in die heiſſe Zone eingeartete, Ochſen-Raſſe. Er gedeiht nur in warmen Ländern. Nach Europa ſoll er zwiſchen den Jahren 591 und 616,

uns

a) Marco Polo Reiſe in *Purchas's* Pilgrim. T. 3. S. 79.

b) Man ſehe Bernoulli Reiſen durch Brandenburg, Preußen, Pohlen und Rußland. Bd. 6. S. 40.

unter der Regierung des Königs Agilulfs, aus
Ostindien nach der Lombardey gebracht worden sein a).
Jezt findet man ihn nur in Italien, in Griechenland
und der Europäischen Türkey. In Ostindien und in
Afrika sind die Büffel überall, als Hausthiere,
gezähmt.

Varietäten der Büffel-Rasse gibt es viele.
Die merkwürdigsten sind: 1) der unbehaarte Büffel des Pennant b), und 2) der Zwergbüffel,
oder Dante c), welchen man in der Barbarei und
am Senegal findet. Von dem Afrikanischen Büffel wird unten, bei dem Ziegengeschlechte, gehandelt
werden.

Auch von dem Haus-Ochsen gibt es viele Varietäten. Die auffallendsten sind: 1) die unge-
hörnten Ochsen, welche von den gehörnten entspringen, und in Schottland, auch in Island, zuweilen
vorkommen d). 2) Die verschiedenen Größen
der

a) Zimmermanns geogr. Geschichte Bd. 2. S. 41.
und *Warnefrid.* de gestis Longobard. l. 4. c. 2.
b) Synopsis of Quadrupeds. S. 8.
c) *Brisson* regn. animal. S. 79. Pennant Synopf.
S. 9. *Belon.* observat. S. 119.
d) Horrebow Beschreibung von Island. In der
allgemein. Hist. der Reisen. Bd. 19. S. 20. Das
Vieh

der Ochfen. In magern und kalten Ländern, z. B. in Sibirien, sind sie klein a); in fetten und wärmern Ländern sind sie sehr groß, z. B. in den Maschländern, in der Schweiz, in der Kalmukey und in der Ukraine. Am größten sind die Ochsen in Habessinien b). 3) Die verschiedenen Farben der Ochsen. In Italien und Pohlen sind sie größtentheils grau; in Indien und auf einigen Küsten von Afrika, weiß und schwarzgeflekt; in Deutschland rothbraun c).

Man will bemerkt haben, daß der Ochse in der heissen Zone, in Ostindien und Afrika, weit mehr Gelehrigkeit und Verstand habe, als in Europa und in andern kälteren Ländern.

Vieh der alten Deutschen war ungehörnt. Tacitus sagt von demselben: Pecora fecunda, sed plerumque improcera. Ne armentis quidem suus honor, aut gloria frontis. *De mor. Germ.* c. 5.

a) *Pallas* Spicileg. fascic. **II.** S. 70.

b) Bruce Bd. 4.

c) Zimmermanns geogr. Gesch. Bd. I. S. 155.

Das

Das Hirsch=Geschlecht.

Dieses Geschlecht besteht aus vierzehen verschie=
denen Rassen; es gehören nämlich dazu:

1. Der Hirsch.   Cervus Elaphus.

2. Das Elennthier.   Cervus Alces.

3. Der Dammhirsch.   Cervus Dama.

4. Das Rennthier.   Cervus Tarandus.

5. Das Reh.   Cervus Capreolus.

6. Das Guineische Reh.   Moschus Pygmaeus.

7. Das Biesam=Thier.   Moschus moschiferus.

8. Der Brandhirsch.   Cervus germanicus des
Brisson.

9. Der Ziegen=Hirsch.   Tragelaphus der Al=
ten.

10. Der Amerikanische Hirsch.   Dama Virgi-
niana.   Virginian Deer.

11. Der Ganges=Hirsch, oder Axis.   Cervus
Axis.

12. Der Schweine=Hirsch.   Cervus Porcinus.

13. Der Muntjak.   Cervus Muntjak.

14. Der Apara.   Cervus bezoardicus.

Beinahe alle, weit über die Erde verbreiteten,
Thier=Geschlechter trennen sich in zwei Hauptrassen,
wovon die Eine dem kalten, die andere dem heissen
Erd=

Erbstriche angeartet zu sein scheint. Der Mensch trennt sich in den weissen Menschen und den Neger; das Pferd, in das Pferd und den Esel; der Ochse, in den Ochsen und den Büffel; der Hirsch, in den Hirsch und das Reh. Das Reh ist die Rasse der warmen Zone; der Hirsch die Rasse der kalten Zone.

Wir wollen nunmehr die verschiedenen Rassen des Hirschgeschlechtes einzeln durchgehen.

Den Hirsch findet man in Europa, bis gegen den 62sten Grad, und auch in Nord-Amerika, sogar auf Labrador und an der Hudsonsbay. In Asien ist er, sowohl in Norden, als in Süden, vorhanden: ob er sich aber auch in dem Inneren von Afrika finde, scheint noch nicht ausgemacht zu sein. Die vorzüglichsten Varietäten desselben sind: 1) der kleine Hirsch. Er ist um die Hälfte kleiner, als der unsrige, und bewohnt Korsika, die Barbarey und die Insel Isle de France, welche zu Afrika gehört. Nach der zuletzt genannten Insel wurde er aus Europa gebracht; ist aber in dem heissen Himmelsstriche kleiner geworden. 2) Der weisse Hirsch mit rothen Augen ist der Kakerlake unter den Hirschen. Er findet sich beinahe überall, wo der Hirsch anzutreffen ist, doch immer nur selten. Ob der Brandhirsch nur eine Varietät des gemeinen Hirschen, oder

U   ei-

eine eigene Raffe fei, ift noch nicht ausgemacht. Ich vermuthe das leztere.

Der Ziegenhirsch foll sich, nach **Plinius**, an dem Fluße Phasis finden; nach **Geßner**, in den Böhmischen Wäldern a). Er ift größer, als der gemeine Hirsch, dunkler von Farbe, und zeichnet sich durch feine Mähne aus.

Das Elennthier findet sich nicht weiter Nörblich, als bis zum 62sten Grade; dieffeits des genannten Grades aber in Europa, Asien und Amerika.

Das Rennthier lebt nur im höchsten Norden, jenfeits des fechzigsten Grades, in Europa und Amerika. Kältere Länder verträgt es nicht gut; doch findet man es zuweilen, obgleich nicht häufig, bis zum 55sten Grade. Ohne das Rennthier könnten über den 64sten Grad gar keine Menschen leben; denn dieses Thier verschafft den Polar-Menschen alle ihre Bedürfniffe. Es ift das einzige Hausthier jener Menschen, wenn man den Hund ausnimmt.

Der Dammhirsch findet sich nur in der alten Welt, und ift in Amerika nicht vorhanden. Es gibt unter den Dammhirschen auch Kakerlaken. Der Dammhirsch ift übrigens eine Hirsch-Raffe, welche nur in gemäßigten Himmelsgegenden leben kann.

Der

a) Hist. Quadruped. p. 1101.

Der Amerikanische Hirsch findet sich im mittleren und Südlichen Amerika.

Der Ganges-Hirsch bewohnt die Südlichsten Theile von Asien; Ostindien, Zeilan u. s. w. Dieser Hirsch zeugt mit unserem Dammhirsche fruchtbare Junge a).

Der Schweine-Hirsch zeichnet sich durch seinen dikken Leib und seinen kleinen Körper aus. Man findet ihn in Ostindien.

Der Mundjak ist vielleicht nur eine Varietät des Schweine-Hirsches. Man findet ihn auf der Insel Java.

Das Reh rechne ich zu dem Hirsch-Geschlechte, wegen seiner großen Aehnlichkeit mit dem Hirsche. Der Graf Büffon hält aber das Reh-Geschlecht für ganz verschieden von dem Hirschgeschlechte. Er glaubt nicht, daß beide mit einander zeugen können, und meint, das Reh sei näher mit der Ziege, als mit dem Hirsche verwandt. „Die Reh-Kuh, „sagt er,„ trägt sechsthalb Monate. Sie wirft gegen das Ende des Aprils, oder zu Anfang des

a) Monsieur Collinson m'a écrit, qu'on lui avoit assuré, qu'ils engendroient avec les autres Daims. *Buffon* hist. nat. Suppl. T. 3. S. 124.

U 2

des Mais. Die Hirschkuh trägt länger als acht Monate. Dieser Unterschied allein wäre hinreichend, um zu beweisen, daß diese Thiere so verschieden sind, daß sie sich niemals einander nähern, oder sich mit einander vermischen und einen Mittelschlag hervorbringen können. Das Reh nähert sich, durch die Zeit seiner Trächtigkeit sowohl, als durch seine Gestalt, weit mehr der Ziege, als dem Hirsche: denn die Ziege ist ungefähr eben so lang trächtig; und man kann das Reh für eine Ziege halten, welche ein Geweih, statt Hörnern, trägt a). „Diese Bemerkung des Hrn. von Büffon scheint wirklich nicht ganz ungegründet zu sein. Da es indessen noch nicht durch Versuche ausgemacht ist, ob nicht verschiedene Thiere Eines Stammes in der Länge der Zeit ihrer Trächtigkeit verschieden sein können: so lasse ich vorläufig das Reh-Geschlecht mit dem Hirsch-Geschlechte verbunden, so lang bis durch zuverläßige und genaue Versuche etwas über diesen Gegenstand ausgemacht sein wird.

Das Reh ist ein der warmen Zone angeartetes Thier, welches in kalten Gegenden nicht gut fortkommt. Doch findet es sich im Südlichen Sibirien

in

a) Hist. nat. Bd. 6. S. 201.

in Schweden, in Schottland, in Norwegen, aber selten. In warmen Gegenden kommt es häufig vor.

Von unserem Rehe gibt es mehrere Varietäten, unter denen auch Eine weiß mit rothen Augen, folglich Kakerlakisch ist. Eine andere Varietät desselben, welche im Kasanischen vorkommt, ist der, von Hrn. Pallas beschriebene, Saiga (Cervus Pygargus). Der Saiga hat keinen Schwanz, sondern statt dessen nur einen warzenförmigen Auswuchs.

Der Apara findet sich in Südamerika, und ist etwas größer als unser Reh.

Das Guineische Reh ist kaum einen Fuß lang. Man findet es in der heißen Zone, in Ostindien und Guinea. Es sieht unserem Rehe so ähnlich, daß es bloß eine Varietät desselben, keine eigene Raffe, zu sein scheint.

Das Biesam=Thier, welches die gebirgigen Gegenden Thibets bewohnt, ist, seiner ganzen Gestalt nach, offenbar ein Reh.

Das

Das Schaaf- und Ziegen-Geschlecht.

Beide Geschlechter müssen mit einander verbunden werden: denn sie machen nur Einen gemeinschaftlichen Stamm aus. Sie sind bloß verschiedene Rassen Eines Stammes, und zeugen mit einander halbschlächtige Junge.

Ich nehme sechs Rassen von Schaafen an:

1. Das gemeine Schaaf.   Ovis Aries.
2. Der Argali, oder Mouflon. Ovis Ammon.
3. Die Ziege.   Capra Hircus.
4. Die Bezoar-Ziege.   Capra Aegagrus.
5. Der Steinbok.   Capra Ibex.
6. Die Gemse.   Antilope Rupicapra.

Das ganze Antelopen-Geschlecht gehört wahrscheinlich auch hieher: denn die Antelopen unterscheiden sich von den Ziegen bloß durch die Gestalt der Hörner. Die Hörner variren aber, durch den Einfluß von Klima und Nahrung, bei allen Hörnertragenden Thieren auf eine so unendlich mannigfaltige Weise, und ihre Gestalt ist so unbestimmt, so unbeständig, daß unmöglich in einer philosophischen Naturgeschichte der Unterschied der Hörner den Unterschied der Gattungen machen kann.

Ueberhaupt halte ich es gar nicht für unwahrscheinlich, daß die meisten gehörnten Thiere zu Ei-

nem

nem gemeinschaftlichen Stamme, höchstens zu zweien
Stämmen, gehören. Schaaf und Ziege gehören ge=
wiß zu Einem Stamme, weil sie mit einander frucht=
bare Junge zeugen. Ziegen und Antelopen sehen sich so
ähnlich, daß ihre gemeinschaftliche Zeugungskraft
vorausgesezt werden darf, bis genaue Versuche das
Gegentheil lehren. Antelopen und Rehe, Ziegen
und Rehe, sind auch wenig unterschieden. Rehe
und Hirsche, Ziegen und Hirsche, sind nahe ver=
wandt. Hirsche und Ochsen gränzen nahe aneinander.
Nur die Giraffe scheint ein eigenes Geschlecht zu
sein. Die Naturbeschreiber, welche das Register
über die Natur verfertigen, suchen so viel als mög=
zu vereinzeln, um das Register besto größer zu ma=
chen, und die Kentniß der Natur dem Gedächtnisse
zu erleichtern: die Naturforscher hingegen bemühen
sich, so viel als möglich unter Einem gemeinschaft=
lichen Gesichtspunkte zu sammeln, um die Ueber=
sicht der Natur dem Verstande leichter zu machen,
und die allgemeinen Naturgesezze zu entbekken. Jene
suchen das Mannigfaltige in dem Einfachen: diese das
Einfache in dem Mannigfaltigen. Für das Gedächtniß
haben die Naturbeschreiber nunmehr genug gesorgt:
endlich ist es Zeit, daß die Naturforscher für den
Verstand sorgen, welches, außer Büffon, unsterb=

lis

lichen Andenkens, nur von Wenigen versucht wor=
den ist. Das Register haben wir nun ziemlich voll=
ständig, und es ist nöthig, endlich einmal das Buch
zu schreiben. So unvollkommen auch der Anfang
sein mag; so wichtig kann doch dereinst die Fortse=
zung unter den Händen eines denkenden Beobachters
werden.

Alle Thiere, welche Hörner tragen, haben die=
selbe Bildung des inneren Körpers: alle sind wie=
derkäuende, alle sind Grasfressende Thiere. Auch
findet man Beispiele aufgezeichnet, daß, durch Ver=
mischung des Hirsches mit der Kuh, halbschlächtige
Junge erzeugt worden sind. Wann dieses erst aus=
gemacht wäre, dann könnte man an der Einheit des
Stammes aller Hörnertragenden Thiere schwerlich
länger zweifeln.

Der Afrikanische Büffel (Bos Caffer) welchen
Hr. Sparmann beschrieben hat a), ist ein höchst
merkwürdiges Thier; ein offenbares Mittelding
zwischen den Thieren, die Hörner tragen, und den
Thieren, welche Geweihe tragen; ein Mittelding
zwischen dem Hirschgeschlechte und dem Ochsengeschlech=
te, und wahrscheinlich aus der Vermischung beider
ent=

a) Kongl. Svensk. VetenKaps. Acad. Handl. 1779.
Tafel 3.

entſtanden. Büffon beſchreibt ihn unter dem Na=
men Bubale a), und die Alten kannten ihn unter dem
Namen Bubalus b). Er findet ſich in Afrika, an dem
Vorgebirge der guten Hoffnung und in der Barba=
rei, daher er bei den Franzoſen Vache de Barbarie c) heißt. Cajus nannte dieſes Thier Buſela-
phus d). Der Afrikaniſche Büffel gleicht dem Hir=
ſche in Rükſicht der Geſtalt des Körpers und der
Beine; dem Ochſen durch die Geſtalt des Kopfes,
und dadurch, daß er ſeine Hörner nicht abſtößt, daß
ſie Hörner ſind, und kein Geweih; den Antelopen
gleicht er, durch die Geſtalt ſeiner Hörner und durch
ſeine Lebensart. Der Schwanz iſt nur ungefähr Ei=
nen Fuß lang, und hat am Ende einen Büſchel von
Haaren. Der Afrikaniſche Büffel hat eine Gallen=
blaſe, welche bekanntlich dem Hirſchgeſchlechte fehlt.
In jeder Rükſicht vereinigt alſo dieſes ſonderbare
Thier die Geſchlechter der Antelopen und Hirſche mit
dem Geſchlechte der Ochſen.

Die

a) Hiſt. nat. T. 12. S. 394.

b) Bubalum gignit Africa, Vituli Cervive quadam
ſimilitudine. *Plin.* hiſt. nat. lib. 8. c. 15.

c) Mémoires pour ſervir à l'hiſtoire des animaux.
Part. 2. S. 24. tab. 39.

d) *Cajus* de Buſelapho. Man ſehe *Gefner* Hiſt. Qua=
drup. S. 121.

U 5

Die Aehnlichkeit des Schaafes und der Ziege erhellt daraus, daß beide mit einander fruchtbare und halbschlächtige Junge zeugen. Das, von dem Ziegenbocke und der Schaafmutter gezeugte, Junge ist ein Schaaf mit Ziegenhaaren a). Ein solches Schaaf mit Ziegenhaaren findet sich aber auch wild: es ist der Argali, oder Mouflon. Aus Asien stammt das Schaafgeschlecht her, welches sich in zwei Hauptrassen theilet; in die Rasse der kälteren Gegenden, das Schaaf, und in die Rasse der wärmeren Gegenden, die Ziege. Das Schaaf verliert seine Wolle, und bekommt Haare, wann es nach der heissen Zone gebracht wird: und in einem gemäßigten Himmelsstriche, z. B. in Thibet und in Syrien, bekommen die Ziegen eine Art von Wolle, welche sogar weit feiner ist, als die Wolle unserer Schaafe. Ein eigentlicher Unterschied zwischen Schaaf und Ziege findet eigentlich gar nicht statt. Beide Thiere kommen in Allem mit einander überein, und unter-

scheis

a) Lorsqu'on fait accoupler le bouc avec la brebis domestique, le produit est un agneau couvert de poil. Ce n'est point un mulet infécond; c'est un métis, qui remonte à l'espèce originaire, et qui paroit indiquer, que nos chèvres et nos brebis domestiques ont quelque chose de commun dans leur origine. *Buffon* hist. nat. T. II. S. 365.

scheiden sich bloß durch Hörner und Haare. Hörner
aber variren auf mannigfaltige Weise, bei allen Hörnertragenden Thieren, durch den Einfluß des Klimas, der Nahrung und der Lebensart, und der Unterschied zwischen Wolle und Haaren ist, wie so eben
dargethan worden, ein wahrer Streit de lana caprina, in dem eigentlichsten Sinne des Wortes.

Weil der Mouflon ein Blendling von Ziege und
Schaaf, ein Mittelding zwischen beiden ist: so findet er sich auch da, wo diese beide Raßen ursprünglich entstanden sind, und sich getrennt haben, nämlich im mittleren Asien, im Südlichen Sibirien. Er
hat die Größe eines kleinen Hirsches, und Widderhörner, die außerordentlich groß sind. Sein Kopf
gleicht ganz dem Kopfe eines zahmen Widders. Er
hat braune Haare, wie der Hirsch; keine Wolle,
außer im Winter, da sich etwas Wolle zwischen den
längeren Haaren findet. Er wird leicht zahm, und
gewöhnt sich an den Menschen a). In Sibirien
heißt das Thier Argali, in Korsika und Sardinien, wo es sich ebenfalls findet, und vermuthlich
durch Vermischung der wilden Schaafe und Ziegen
entstauden ist, nennt man es Mouflon, Mouflone. Diese Bastarbart ist fruchtbar, und zeugt mit
unseren Schaafen, und vermuthlich auch mit unseren
Zie

a) *Pallas* specileg. fascic. II. S, 16.

Ziegen. Daß der Mouflon mit dem Schaafe zeuge, war schon den Alten bekannt, wie aus den Schriften des Plinius a) und Kolumella b) erhellt. Der Mouflon findet sich auch in dem Nordöstlichen Asien, auf Kamtschatka und den Kurilischen Inseln. Er ist Eines von den Thieren, welche in den ältesten Zeiten, als noch Asien mit Amerika zusammenhing, auch in diesen Welttheil übergewandert sind. Er findet sich daher in Kalifornien c), ob sich gleich, was gewiß merkwürdig ist, seine Stammeltern, das Schaaf und die Ziege, ursprünglich in Amerika nicht fanden, und erst aus Europa dahin sind gebracht worden.

Die Varietäten des gemeinen Schaafes sind äußerst mannigfaltig. Die merkwürdigsten derselben sind: 1) das Schaaf mit dem langen Schwanze. Ovis dolichura. Man findet dasselbe in Rußland, in Pohlen, am Kaukasus, in Syrien,

a) Est et in Hispania, sed maxime Corsica, non maxime absimile pecori, genus *Musmonum*, caprino villo quam pecoris velleri propius. Quorum e genere et ovibus natos, prisci *Umbros* vocarunt. *Plin.* hist. nat. lib. 8. c. 48.
b) De re rustica. lib. 7. c. 2.
c) Zimmermann geogr. Zoologie. Bd. I. S. 173.

rien, in der Barbarei und in Arabien. Hr. Pallas
zeigt, daß die Römer vormals dergleichen Schaafe
in Deutschland zogen a). 2) Das Schaaf mit dem
dikken Schwanze (Ovis laticaudata) welches
sich in den gemäßigten Gegenden Asiens und
in den wärmeren Gegenden Afrikas, in Syrien,
Persien und Aegypten findet. Es gibt Schaafe dieser Art, deren Schwanz über vierzig Pfund wiegt.
Von den Nomadischen Völkern Asiens wird diese
Varietät vorzüglich gezogen. Daß der dikke Schwanz
bloß von dem Klima und der Lebensart entsteht, daß
also das Schaaf mit dem dikken Schwanze bloß eine
Varietät ist, und keine eigene Raße ausmacht, dieß
wird durch eine merkwürdige Erfahrung bestätigt.
Im Jahre 1608 fand der Admiral Matelief auf
einer kleinen Insel, unweit der Tafelbay am Vorgebirge der guten Hoffnung, ein Schaaf, welches
von den Engländern daselbst zurükgelassen worden
war. Dieses Europäische Schaaf war durch das
Klima so sehr verändert worden, daß es nunmehr
einen fünf und zwanzig Zoll dikken und neunzehn
Pfund schweren Schwanz trug. Die Gedärme und
die Nieren waren mit Fett überzogen, welches vier
und dreißig Pfund wog, und zehn bis zwölf Pfunde

Fett

a) *Pallas* Spicileg. fascic. II. S. 61.

Fett mußten über dem Fleische weggenommen wer=
den, ehe man etwas davon essen konnte a) 3) Das
Schaaf mit mehr als zwey Hörnern. Derglei=
chen Schaafe mit drei, vier bis fünf Hörnern, fin=
det man in den Nördlichen Gegenden, in Island,
und auf der Insel Oesel, wo zuweilen Schaafe mit
acht Hörnern vorkommen b). Daß aber auch dieß
bloß Varietät, nicht Rasse ist, erhellt daraus, weil
die Verdoppelung der Hörner nicht unausbleiblich an=
erbt. Ein solches Schaaf mit acht Hörnern zeugt
zuweilen sogar Junge, die ungehörnt sind c). 4)
Das große Schaaf. In der Grafschaft Oxford
in England gibt es Schaafe von der Größe eines
Esels d). Auch der Adimain (Ovis Guineensis),
welcher sich in Ostindien und in Afrika findet, ist
sehr groß, und trägt Haare, keine Wolle. 5) Das
ungehörnte Schaaf (Ovis mutica). Es findet sich in
England, nämlich in Lincolnshire und in Wales. 6)
Das Schaaf mit aufwärts gehenden, gedrehten
Hörnern (Ovis Strepsiceros). Man findet es in
Hungarn, in der Wallachey und auf den Inseln des

Ar=

a) Allg. Hist. der Reisen. Bd. 8. S. 322.

b) Luce über die Ursachen der Degeneration. S. 105.

c) Ebendaselbst.

d) Ellis von der Schaafzucht, in Schrebers Samm=
lungen von Kameralschriften. Bd. II.

Archipelagus. 7) Die Farbe varirt bei den Schaafen sehr. Es gibt graue, weisse, braune und
schwarze Schaafe. In der Türkey und in Afrika
sind die Schaafe getiegert. 8) In Rüksicht auf die
Feinheit der Wolle findet eine große Verschiedenheit statt. Die feinste Wolle trägt das Schaaf in
Spanien und in Syrien; in der heissen Zone verwandelt sich die Wolle in Haar. Die Wolle der
Schaafe in einem kalten Klima ist jederzeit feiner,
als die Wolle der Schaafe in einem heissen Klima.
Die feinste Wolle findet sich in einem gemäßigten Himmelsstriche, wo die Temperatur im Winter von der im
Sommer nicht allzusehr verschieden ist a); denn die Wolle, welche in der stärksten Hizze wächst, wird grob, diejenige hingegen, welche zur Zeit der strengsten Kälte
wächst, wird fein. Werden nun beide, wie es un-
vermeidlich ist, unter einander gemengt, so erhält
man nur eine mittelmäßige Wolle. Die Spanischen
Schaafe, welche das ganze Jahr beständig auf den
Gebirgen von Leon und Asturien bleiben, haben fei-
nere und bessere Wolle, als diejenigen, welche im Winter von daher in die wärmeren Gegenden von Andalusien gebracht werden. Schaafe, welche beständig
in Andalusien, oder in einer ähnlichen warmen Ge-

gend

---

a) *Anderson*, in letters and papers on Agriculture by
the Society of Bath. Vol. 5. S. 152.

genb bleiben, haben gröbere Wolle, als diejenigen
von diesen Schaafen, welche in den heissen Sommer-
Monaten auf den Gebirgen geweidet werden. Auch
Ustariz meldet, daß die Schaafe, welche das ganze Jahr hindurch in Andalusien bleiben, haarige
Wolle haben. Die Reisen der Spanischen Schaafe
haben demnach eine größere Wirkung auf die Güte
der Wolle, als man gemeiniglich glaubt a).

Von der Ziege gibt es ebenfalls verschiedene Varietäten, worunter folgende die merkwürdigsten
sind: 1) Die verwilderte Ziege in Amerika,
vorzüglich auf der Insel Juan Fernandez. 2) Die
verwilderte Ziege auf den Gebirgen der
Schweiz. Diese kommt selten vor, gleicht aber
sehr dem Steinbokke. Ein verwilderter Ziegenbok
dieser Art wurde vor zwanzig Jahren in Deutschland,
unter dem Namen eines Steinbokes, gezeigt. 3) Die
Mambra-Ziege, mit langen und hängenden Ohren
(Capra Mambrica). Man findet sie in Syrien,
in Kleinasien und in Aegypten. Schon Aristoteles
gedenkt derselben b). Die Angorische Ziege, be-

ren

a) *Sir John. Sinclair's* aud *Anderson's* report, und Beckmanns Oekon. Bibl. Bd. 17. S. 307.

a) In Syria oves funt cauda lata, ad cubiti menfu-
ram; caprae auriculis menfura palmari et dodran-
tali

ren feines Haar unter dem Namen von Kameelhaa-
ren berühmt ist. Sie begattet sich mit unserer zahmen Ziege, zeugt aber nicht immer halbschlächtig,
weil sie bloß eine Varietät derselben, keine besondere
Raſſe ist. 4) Die kleine Afrikanische Ziege
(Capra depressa). 5) Die Ziege von Juida. Sie
ist klein und findet sich in Afrika, von wo sie auch
nach Amerika gebracht worden ist.

Die Bezoar-Ziege, oder der Aegagrus, findet sich in Asien, bei den Kirgiſen und den übrigen
Tataren, außerdem aber auch auf den Gebirgen des
Kaukaſus und Taurus. Sie wird von Kämpfer
unter dem Namen Paseng beſchrieben a). Sie hat
ein kurzes, graues oder röthliches Haar, und in der
äußeren Gestalt des Körpers viel ähnliches mit dem
Hirſche.

Der Steinbok findet sich auf den Aſiatiſchen
Gebirgen. Auf den Schweizeriſchen und Tyroliſchen
Gebirgen, wo er sich vormals fand, ist er jetzt
gänzlich ausgerottet, wie ich an einem anderen Orte
aus-

tali, ac nonnullae demiſſis, ut ſpectent ad terram.
Ariſtot. hiſt. animal. lib. 8. c. 28.

a) Amoen. exotic. S. 898.

X

ausführlich bargethan habe a). Der Steinbok zeugt
mit der zahmen Ziege halbschlächtige Junge b).

Die Gemse. Es ist zwar noch nicht burch zu=
verläßige Erfahrungen ausgemacht, baß bie Gemse
mit unfern Schaafen und Ziegen halbschlächtig zeuge;
allein bie Aehnlichkeit biefes Thieres mit bem übrigen
Ziegengeschlechte ist fo groß, baß man, fo lang bis
Versuche das Gegentheil lehren, bie Möglichkeit
einer folchen halbschlächtigen und fruchtbaren Zeugung
vorausfezzen, und bie Gemfe zu bem Ziegengeschlech=
te rechnen barf.

Der Graf von Büffon behauptet c): baß der
Ziegenbok mit ber Schaafmutter fruchtbare Junge
zeuge, baß aber ber Widder mit ber Ziege nicht
zeugen könne. Hieraus schließt er: baß es, in ber=
felben Gattung von Thieren, zweierlei Raffen, eine
männliche und eine weibliche, gebe; baß es Weib=
chen gebe, welche mit ben Männchen zweier ver=
schiebenen Raffen fruchtbare Junge zeugen, z. B.
bie Schaafmutter, welche mit bem Widder und mit
bem Bokke zeugt; baß bergleichen Zeugungen nicht
halb=

a) Journal de *Rozier*. Avril. 1786. **Voigts Ma=**
gazin Bb. 3.
b) *Pallas* Specileg. fascic. II. S. 93.
c) Hist. nat. Bb. 12. S. 142.

halbſchlächtig ſeien, ſondern immer der Mutter nach-
arteten; daß demzufolge das Weibchen allein die Gattung ausmache, und, unabhängig von dem Männchen
ihrer eigenen Gattung, auch mit Männchen anderer
Gattungen, ihre eigene Gattung fortpflanzen könne.
Allein dieſe Ideen des großen und ſcharfſinnigen
Mannes widerſtreiten den bekannten Naturgeſezzen
ſowohl, als aller Erfahrung.

Das Antelopen-Geſchlecht, welches, wie bereits oben bemerkt worden iſt, ebenfalls hieher gehört, beſteht aus mehreren Raſſen und Varietäten.
Es findet ſich in den mittleren und ſüdlicheren Gegenden Aſiens, und Afrikas, und die verſchiedenen
Thiere, welche unter dieſes Geſchlecht gehören, durchziehen in großen Heerden die unbewohnten Sand-
wüſten des leztern, und die ungeheuern Steppen
des erſteren Welttheiles. Durch die Hörner und die
äußere Geſtalt nähern ſich die Antelopen den Ziegen,
hingegen durch den Thränenſak ſchließen ſie ſich an
die Hirſche an. Am beßten theilt man die Antelopen, mit Hrn. Pallas a), in ſieben Hauptraſſen,
worunter ſich alle, bis jezt bekannte, Thiere dieſes
Geſchlechtes bequem bringen laſſen, nämlich:

1. Die

a) *Pallas* Specileg. faſcic. 12.

X 2

1. Die Antelopen mit horizontal vorwärts laufenden und hakenförmig rükwärts gekrümmten Hörnern.

2. Die Antelopen mit gerad aufwärts stehenden, und gegen die Spize hakenförmig umgebogenen Hörnern.

3. Antelopen mit bogenförmigen Hörnern.

4. Antelopen mit ganz geraden Hörnern.

5. Antelopen mit vorwärts gebogenen Hörnern.

6. Antelopen mit spiralförmig gewundenen Hörnern.

7. Antelopen mit Hörnern, welche in der Mitte gebogen sind, oder die Gestalt einer Leyer haben.

Das Kameel=Geschlecht.

Dieses Geschlecht theilt sich in zwei Rassen, welche mit einander fruchtbare und halbschlächtige Junge zeugen, nämlich in das Kameel mit Einem Bukkel, oder den Dromedar (Camelus Dromedarius) und in das Kameel mit zweien Bukkeln, oder das eigentliche Kameel (Camelus Bactrianus). Durch die Vermischung dieser beiden Rassen entsteht ent=

entsteht ein Mittelschlag, welcher von den Persern Ners genannt, und von ihnen sehr geschäzt wird a).

Das Kameel ist, wie alle übrigen Hausthiere, ein Thier des gemäßigten Himmelsstriches. Es verträgt weder zu große Kälte, noch einen allzugroßen Grad von Hizze. Ueber dem sechzigsten Grade der Breite gedeihet es nicht, und die Kameele, welche nach Jakuzk gebracht wurden, kamen bald um, weil sie die Kälte nicht vertragen konnten. Eben so wenig finden sich Kameele in dem heissen Himmelsstriche. Man findet ihrer zwar noch in Arabien und in der Barbarey, aber nicht Südlicher: nicht im Südlichen Theile von Indien, nicht in den Südlichen Gegenden von Afrika.

a) Olearius Reisebeschreibung. S. 300.

Das Hunde=Geschlecht.

Der Hund ist der treueste Begleiter des Menschen. Er ist das einzige Thier, welches unter allen Himmelsstrichen fortkommt, und sich überall findet, wo man Menschen antrifft.

Ich theile das Hundegeschlecht in folgende Rassen:

1. Der Haushund.

2. Der

2. Der Schakal.   Lupus aureus.

3. Der Wolf.

4. Der Fuchs.

5. Die Hyäne.   Canis Hyena.

Der Wolf zeugt mit dem Haushunde fruchtbare und halbschlächtige Junge: er gehört also mit
dem Hunde zu Einer Gattung, und macht bloß eine
von demselben verschiedene Raſſe aus.   Die Beiſpiele von der Vermiſchuug des Wolfes mit dem Hunde
hat Hr. Hofr. Zimmermann geſammelt a).   Auch
gibt es Beiſpiele genug, von gezähmten Wölfen,
welche in ihrem ganzen Betragen mit den Hunden
ſehr übereinſtimmten.

Der Wolf findet ſich, von dem Polarzirkel an,
über ganz Europa verbreitet, Großbrittannien ausgenommen, wo dieſe Raſſe von dem Menſchen ver-
tilgt worden iſt; ferner in Sibirien, in China, in
Perſien, in Aegypten, am Senegal, in Kongo, in
Habeſſinien, am Vorgebirge der guten Hoffnung,
und in Amerika b).

Der

a) Geogr. Geſch. Bd. I. S. 138. In Cyrenenſi agro
Lupi cum canibus coeunt, et Laconici canes ex vul-
pe et cane generantur. *Ariſtot.* hiſt. anim. lib. 8.
c. 28.

b) Ebendaſ. S. 148.

Der Fuchs ist ebenfalls nur eine verschiedene Rasse des Hunde-Geschlechtes, und gehört mit demselben zu Einem gemeinschaftlichen ursprünglichen Stamme. Der Fuchs begattet sich mit dem Hunde, und zeugt mit ihm fruchtbare und halbschlächtige Junge. Im Meklenburgischen wurde ein junger Fuchs mit einer jungen Hündinn, einer Spiz oder Pommer, erzogen; der Fuchs bellef sich mit der Hündinn, und sie warf drei Junge, wovon das Eine, welches groß gezogen wurde, dem Fuchse sehr ähnlich war. a). Der Fuchs findet sich von dem Polarzirkel, ja von Nova Zemblia und Grönland, bis nach Aegypten und Habessinien.

Die Hyäne ist ein wildes, reissendes Thier. Sie hat die Größe eines Wolfes; einen dikken, mit einer Mähne versehenen, Hals und aufrechtstehende Rükken-Haare. Der Schwanz endigt sich in einen Haarbusch. Zwischen dem Schwanze und dem After ist eine Queerspalte befindlich, welche die Oeffnung zu einem Sakke ist, worin sich eine übelriechende, schmierige Flüßigkeit befindet. Die Hyäne bewohnt die wärmeren Gegenden Asiens und Afrikas.

Der

a) Ebendas. S. 142.

X 4

Der Schakal ist eine Art von Mittelschlag z
schen dem Fuchse und dem Wolfe. Er vermischt /
mit dem Hunde a), und läßt sich ziemlich leicht zä
men. Man findet ihn in den gemäßigten und wä
meren Gegenden von Asien und Afrika.

Es gibt drei Varietäten dieser Rasse:

1) Der eigentliche Schakal (Canis aureus).
2) Der Adive b) 3) Der Tenlie (Canis Meso-
melas) welcher sich an dem Vorgebirge der guten
Hoffnung findet c).

Von der Hyäne finden sich vorzüglich zwei Varietäten:

1) Die gestreifte Hyäne (Hyena striata) und
2) Die gefleckte Hyäne (Hyena crocata), der Ty-
gerwolf des Kolbe d), welcher sich im Südlichen
Afrika, vorzüglich am Vorgebirge der guten Hoffnung, findet.

Von

a) *Pallas* spicileg. Zool. falcic. **II.** Gmelins Reise
   Thl. 3. S. 81.
b) *Shaw's* travels. Baldäus Zeilan und Malabar.
   S. 421.
c) Kolbens Beschreibung des Vorgebirgs der guten
   Hoffnung. S. 152. Schrebers Säugthiere Bb.
   3. S. 370.
d) Am angezeigten Orte. S. 171.

Von dem Fuchse kommen eine große Menge von Varietäten vor:

1) Der rothbraune (Canis Vulpes) oder Birkfuchs, der gemeinste. 2) Der Brandfuchs (Canis Alopex). Er ist etwas kleiner und dunkler von Farbe, und die Spize seines Schwanzes ist schwarz. 3) Der silbergraue Fuchs. 4) Der Kreuzfuchs, mit einem schwarzen Kreuze über die Schultern und den Rükken. 5) Der blaue Fuchs. In den Polarländern. 6) Der Isatis, oder weisse Fuchs (Canis Lagopus). Er findet sich um den Nordpol, und hat öfters rothe Augen, ist also eigentlich ein Kakerlake. 7) Der Virginische Fuchs, (Canis Virginianus). 8) Der Surinamische Fuchs (Canis Thous. 9) Der Grisfuchs, welcher sich in Nordamerika findet. 10) Der Korsak (Canis Corsac) dessen Pelz ein wichtiger Handelsartikel in Sibirien ist. 11) Der Karagan (Canis Caragan) in den Asiatischen Steppen. 12) Der schwarze Fuchs (Canis Lycaon) in den Nördlichen Theilen von Europa und Asien. Sein Pelz ist, wie der des vorigen, ein kostbarer Handelsartikel.

Die Varietäten der Wolfs=Rasse sind mannigfaltig. In Lappland gibt es graue Wölfe, welche im Winter weiß werden; am Vorgebirge der guten

X 5   Hoff=

Hoffnung findet man schwarze, und schwarzgefleckte Wölfe. In Norbamerika finden sich schwarze Wölfe.

Der große Naturforscher, Hr. Pallas, scheint ebenfalls nicht ungeneigt, den Schakal, den Wolf, den Fuchs und die Hyäne, für Thiere Einer Gattung zu halten. „Der Hauptstamm des Haushundes, „sagt er, a), kommt gewiß von dem Schakal her, welcher den Menschen eben nicht fürchtet, gelehrig ist, und sich mit dem Schäfer-Hunde gut verträgt, wie wir es bei demjenigen gefunden haben, der uns aus Persien zugeführt wurde. Ich glaube jedoch nicht, daß die Raffe unserer Hunde rein sei, sondern ich vermuthe, daß dieselbe, seit unbenklichen Zeiten, mit dem Wolfe, dem Fuchse, vielleicht auch der Hyäne, gemischt sei, daher dann die ungeheure Verschiedenheit in der Gestalt und der Größe der Hunde entstanden sein mag. Die größte Varietät, welche zu Alexan-

a) Observations sur la formation des montagnes. S. 15. in der Anmerkung. Aristoteles sagt (Hist. animal. lib. 2. c. 5.): Coeunt animalia generis ejusdem secundum naturam, sed ea etiam, quorum genus diversum quidem, sed natura non multum distat, si modo par magnitudo sit, et tempora aequent graviditatis. Raro id fit, sed tamen id fieri et in canibus et in vulpibus et in lupis certum est.

anders Zeiten aus Ostindien kam, war vermuthlich von der Hyäne entstanden.„

„Schwerlich lassen sich," sagt Hr. Zimmermann, a) „die Rassen (Varietäten) der Hunde (nämlich des Haushundes) genau nach dem Klima theilen. Indeß scheint es dennoch, daß man die kurzhaarigen, hochbeinigen, langschnauzigen Hunde, vorzüglich in warmen Ländern suchen müsse, da hingegen der starkhaarige, kurzbeinige, dem kalten Klima mehr zuzugehören scheint: wenigstens werden wohl die Hunde jenseits des Polarzirkels keine Windhunde sein. Die temperirten Länder schikken sich aber für alle Rassen. „Gleichwie, „sagt der Graf Büffon, „in den Nördlichen Ländern die Menschen ungestaltet, rauh und klein sind, da man hingegen in den nicht sogar kalten Ländern das schöne Dänische Volk findet: eben so bemerkt man auch bei der Gattung der Hunde eben dieselbe Ordnung. Die Lappländischen Hunde sind sehr häßlich, sehr klein; die Sibirischen haben, ungeachtet sie nicht völlig so ungestaltet sind, doch noch steife Ohren und keine beträchtliche Größe, da hingegen in den benachbarten Ländern, wo man die schönsten Menschen findet, auch die schönsten und größten Hunde sind. Die Alba-

nt-

a) Geogr. Geschichte. Bd. I. S. 147.

nischen, Griechischen, Dänischen und Isländischen, wie auch die von Neufounbland, übertreffen alle anderen an Größe, Kräften und Schönheit.,, Diese Stelle enthält eine merkwürdige Uebereinstimmung der Wirkung des Klimas auf den Hund und den Menschen.

Die vorzüglichsten Varietäten des Haushundes seze ich, nach Hrn. Zimmermanns Eintheilung a), hieher:

1. Der Schäferhund. Chien de Berger.

2. Der Spiz, der Pommer. Chien-Loup.

3. Der Sibirische Hund. Chien de Sibérie.

4. Der Grönländische Hund.

5. Der Isländische Hund. Chien d'Islande.

6. Der Pudel. Grand Barbet.

7. Der Zwergpudel. Petit Barbet.

8. Der kurzhaarige Bologneser. Le Gredin.

9. Der langhaarige Bologneser. L'épagneul.

10. Der Angorische Hund. Le Brichon.

11. Das Löwenhündchen. Le chien-lion.

12. Der kleine Dänische Hund. Le petit Danois.

13. Der Bastardmops. Le Roquet.

14. Der Mops. Le Doguin.

15. Der Bullenbeisser. Le Dogue.

16. Die

a) Ebendas. Bd. 2. S. 235.

16. Die Engländische Dogge. Le Dogue de forte race.

17. Der Jagdhund.

18. Der Parforcehund. Le chien courant.

19. Der Schweißhund.

20. Der Leithund.

21. Der Hühnerhund. Le Braque.

22. Der Wasserhund.

23. Der große Dänische Hund. Le grand Danois.

24. Der Kutshund.

25. Das große Irländische Windspiel.

26. Der große Hund von Neufoundland.

27. Das Türkische Windspiel.

28. Der gemeine Windhund. Le levrier.

29. Der zottige Windhund.

30. Das kleine Windspiel. Le levron.

31. Der Afrikanische nakte Hund. Le chien Turc.

32. Der stumme Hund.

33. Der Mezgerhund, oder Bauerhund. Le matin.

34. Der Saufinder.

35. Der Saurüden.

36. Der

36. **Der Dachshund mit geraden Beinen.**
Le basset à jambes droites.

37. **Der Dachshund mit krummen Beinen.**
Le basset à jambes torses.

38. **Der zottige Dachshund.**

39. **Der Süd-Indische Hund.** Er findet sich auf den Inseln der Südsee, und hat einen großen, dikken Kopf, sehr kleine Augen, aufrecht stehende Ohren, langes Haar, und einen kurzen dikbehaarten Schwanz. Er bellt niemals, sondern heult nur, und wird bloß zum Schlachten gehalten.

So mannigfaltig sind die Varietäten und Verschiedenheiten des treuesten unter allen Gefährten des Menschen; beinahe so mannigfaltig als die des Menschen selbst!

Das Haasen-Geschlecht.

Der Haase und das Kaninichen sind sich einander so nahe verwandt und in allen Theilen ihrer Bildung einander so ähnlich, daß man auf den ersten Anblik sowohl, als nach einer genaueren Untersuchung, nicht umhin kann, beide für verschiedene Rassen Eines Stammes zu halten. Dennoch hat es

dem

dem Hrn. von Büffon nicht glükken wollen, sie mit einander zu begatten. Es ist also, ungeachtet aller Wahrscheinlichkeit, doch noch nicht unwiderleglich entschieden, daß sie zusammen gehören.

Von dem Haasen gibt es mehrere Varietäten, unter denen folgende die merkwürdigsten sind:

1) Der weiße Haase (der Kakerlake) in Europa, in Grönland und in Nordamerika, 2) der schwarze Haase. a) 3) der gehörnte Haase. b) 4) Der Alpenhaase.

Das Kaninichen varirt nicht weniger, als der Haase. Man findet 1) weiße Kaninichen; Kakerlaken. 2) Schwarze, graue und geflekte. 3) Das weiche Kaninichen, mit einem sanften, grauen und dichten Haare, in Persien. 4) Das Angorische Kaninichen, oder der sogenannte Seidenhaase. 5) Fabelhaft scheint mir die Varietät, deren Pennant c) erwähnt, und welche er das Rußische Kaninichen nennt. Er sagt: es habe auf dem Rükken ein doppeltes Fell, und könne seinen Kopf in dasselbe zurükziehen, so wie seine Füße in einen Sak, welchen es unter dem Halse trage. In dem losen Felle

fol-

a) *Zimmermanns* geogr. Gesch. Bd. 1. S. 215.
b) *Klein* in Quadruped. disposit.
c) *Pennant* synopsis. S. 852.

sollen kleine Oeffnungen sein, um das Licht durch-
zulassen, damit das, in dem Sakke versteste, Thier
sehen könne. Wenn diese Varietät wirklich vorhanden
ist, so mag sie wohl eine eigene Rasse ausmachen.

Das Kazen-Geschlecht.

Dieses Geschlecht, ist noch wenig untersucht. Wir kennen weder die Rassen, noch die
Varietäten desselben aus zuverläßigen Beobachtungen. Versuche über die Begattungen sind noch gar
nicht angestellt, und haben auch, wegen der Seltenheit und Grimmigkeit der meisten zu diesem Geschlechte gehörigen Thiere, nicht geringe Schwierigkeit. Wir wissen also nicht, ob der Löwe, der Ty-
ger, der Panther, der Leopard, die Unze, der Luchs,
der Gepard, der Karakal, der Serval, der Ja-
guar, und mehrere andere, zu diesem Geschlechte
gehörige, Thiere zu Einem oder zu mehreren ursprünglichen Stämmen gehören. Hypothesen, oder Vermuthungen, können hier nichts entscheiden, und daher werde ich auch meine Meinung über diesen Gegenstand zurük halten.

Die zahme Kaze, oder die Hauskaze, nebst
ihren Varietäten, kennen wir etwas genauer. Sie
ist eigentlich ein Thier des heissen Himmelsstriches,

wel-

welches die Kälte nicht gut verträgt, und im hohen
Norden nicht gedeiht. Linne sagt: daß sie erst
seit kurzem in Schweden eingeführt sei a). Ob sie
vor der Entdekkung von Amerika daselbst vorhanden war, oder erst nachher, aus Europa, durch Schiffe dahin gekommen ist, scheint noch nicht ganz ausgemacht zu sein; doch ist das leztere weit wahrschein-
licher.

Die vorzüglichsten Varietäten der Kaze sind:

1) Die wilde Kaze. 2) Die Spanische Kaze, oder die Schildpattfärbige. Unter dieser
Varietät gibt es viele Weibchen mit dreien ganz verschiedenen Farben, z. B. schwarz, weiß und gelb;
man soll aber noch niemals einen dreifärbigen Kater
gefunden haben b). Bei der Spanischen Kaze ist
übrigens die gelbe, oder röthliche, die Hauptfarbe,
und nur die, auf dieser Farbe gezeichneten, Flekken
sind weiß, oder schwarz. 3) Die Angorische Kaze,
mit dem weichen, weißen Seiden-Haare. 4) Die
Kaze mit den schlappen und hängenden Ohren in
Asien. 5) Noch eine merkwürdige Varietät führt

Büf-

a) Faun. Suecic. S. 5.
b) Blumenbach Naturgeschichte S. 99.

Y

Büffon an, nämlich eine Hauskaze, welche Haar=
pinsel an den Ohren trug, wie der Luchs. Diese
Haarpinsel wurden mit der Zeit eben so groß, als
sie bei dem Luchse zu sein pflegen. Weder die Mut=
ter noch der Vater dieser Kaze hatten dergleichen
Pinsel an den Ohren, woraus erhellt, daß die
Haarpinsel des Luchses zu keinem Raffen=Unterschiede
dienen können, weil dergleichen Pinsel in dem Ka=
zen=Geschlechte als Varietät vorkommen.

Drit=

Dritte Abtheilung.
Von den Rassen der Vögel.

Hier fehlt es noch durchaus an genauen Versuchen, um die Stämme, Rassen, Spielarten und Varietä-ten, zu bestimmen. Bloß über den Stamm der Fin-ken sind einige Versuche gemacht worden, welche ich kurz anführen will, um darzuthuu, daß von den ben Vögeln das allgemeine Gesez der halbschlächtigen Zeugung nicht weniger gilt, als von den Säugethieren.

Hr. Sprenger ließ zwei Vögel aus dem Fin-kengeschlechte, nämlich ein Weibchen des Kanarien-vogels (Fringilla Canaria) und ein Männchen des Hänflings (Fringilla Cannabina) sich mit einander begatten. Das Weibchen legte drei Eyer. Nach dreizehen Tagen kamen aus diesen bebrüteten Eyern zwei Junge, ein Männchen und ein Weibchen. Beide waren ein Mittelschlag zwischen dem Kanarienvogel und dem Hänflinge. Sie hatten den Schnabel des Hänflings, und waren von dunkelgrauer Farbe. Das Männchen hatte auf der Brust einen schwachgel-

ben

ben Flekken; das Weibchen aber nicht. Nach fünf
und zwanzig Tagen nahm Hr. Sprenger die beiden
jungen Vögel aus dem Kasten heraus, und sonder-
te dieselben von allen andern Vögeln ab, um ihre
Fruchtbarkeit zu untersuchen. Durch Begattung des
Männchens mit einem Kanarien-Weibchen entstanden eilf Junge, welche alle noch den Schnabel des
Hänflings hatten. Eines dieser Jungen, ein Weibchen, bekam, nach dem ersten Mausern, ganz schwarze Federn. Das Mulattische Weibchen wurde mit
einem Kanarien-Männchen gepaart; und auch hier
entstand ein Mittelschlag, welcher aber weit mehr Aehnlichkeit mit dem Vater, als mit der Mutter hatte.
Bei den Vögeln scheint, wie aus diesen und anderen
Versuchen erhellet, die Gestalt und die Farbe des
Vaters einen größeren Einfluß auf die gezeugten
Jungen zu haben, als die Gestalt und die Farbe der
Mutter. Die Jungen haben beinahe immer mehr
von dem Vater, als von der Mutter. Alle diese
Blendlinge fuhren fort, unter sich sowohl, als mit
Kanarienvögeln, zu zeugen, und man bemerkte, daß
jederzeit, wenn der Vater ein Kanarienvogel war,
die Jungen ihm größtentheils, vorzüglich in Rük-
sicht auf den Schnabel, ähnlich wurden. War aber
das Männchen ein Blendling: so erhielten die Jun-

gen,

gen, selbst der folgenden Generation, den Schnabel des Hänflings a).

Auch mit dem Stieglize (Fringilla Carduelis) zeugt der Kanarienvogel fruchtbare und halbschläch=tige Junge.

Ferner zeugt der Kanarienvogel mit dem Meer=zeisige (Fringilla Linaria) fruchtbar und halbschläch=tig, so wie auch mit dem Zeisige (Fringilla Spi-nus).

Hieraus erhellt, daß in dem Finkengeschlechte der Hänfling, der Kanarienvogel, der Meerzeisig, der Zeisig und der Stieglitz, bloße Rassen Eines Stammes sind, die zu Einer natürlichen Gattung gehören.

Man hat über diese Blendlinge einige Bemer=kungen gemacht, welche angeführt zu werden verdie=nen. Die Blendlinge sind weit stärker, als die Eltern, von denen sie entspringen. Sie singen anhaltender, und haben eine hellere, wohlklingenbere, und durchbrin=genbere Stimme: allein sie sind nicht so gelehrig: Ihr Gesang ist immer nur unvollkommen, und man kann ihnen nicht, wie den Kanarienvögeln, Melo=dien beibringen b).

Fer=

a) *Sprenger* opuscula physico-mathematica. S. 38.
b) *Buffon* hist. nat. T. 19. S. 18.

Y 3

Ferner leben diese Blendlinge länger, als ihre Eltern. Ein Kanarienvogel, welchen man ganz einsam und ohne Weibchen auferzieht, so, daß er sich niemals begatten kann, erreicht ein Alter von dreizehen bis vierzehen Jahren; ein, von dem Kanarienvogel mit dem Stieglize erzeugter, Blendling welcher ebenfalls einsam gehalten wird, und sich nicht begatten kann, lebt achtzehen bis neunzehen Jahre; ein, eben so auferzogner, Blendling von dem Kanarienvogel und dem Zeisige, lebt fünfzehen bis sechszehen Jahre; ein männlicher Kanarienvogel, welcher Umgang mit Weibchen hat, und sich begatten kann, lebt nur zehen bis eilf Jahre; der Blendling von dem Zeisige, wenn er sich begatten kann, nur eilf bis zwölf Jahre; und der Blendling von dem Stieglize nur vierzehen bis fünfzehen Jahre. Die Begattung kürzt bei allen Vögeln das Leben ab, doch bei den Blendlingen weniger, als bei den eigentlichen Rassen.

Bei allen Blendlingen von Kanarienvögeln und Vögeln anderer Rassen bemerkt man, daß sie dem Kopfe, dem Schwanze und den Beinen nach, mehr dem Vater, den übrigen Theilen des Körpers nach hingegen mehr der Mutter ähnlich sehen. Der Graf von Büffon behauptet: es sei ein allgemeines Ge-

sez

sez der Natur, daß nach dem Vater mehr die äuf=
seren, nach der Mutter hingegen mehr die inneren
Theile des erzeugten Geschöpfes sich bilden. Bei
dem Maulesel, welcher durch Vermischung eines Esels
mit einer Stute entsteht, finde man, sagt er, den
Körper der Stute, aber Ohren, Schwanz und
Beine, des Vaters; bei allen Blendlingen unter den
Säugethieren seien Haut, Haare und Farbe, mehr
dem Vater ähnlich, als der Mutter; die Vermi=
schung eines Ziegenbokes mit einer Schaafmutter ge=
be einen Blendling, welcher Haare, wie der Vater,
nicht Wolle, wie die Mutter, habe; auch bei dem
Menschen gleiche der Sohn durch die Beine, die
Füße, die Hände, die Handschrift, die Menge und
Farbe der Haare, die Eigenschaften der Haut und
die Gestalt des Kopfes, mehr dem Vater, als der
Mutter; und Mulatten, welche durch Vermischung
eines weissen Mannes mit einer Negerinn entstün=
den, wären weniger schwarz, als diejenigen Mulatten,
welche durch Vermischung eines Negers mit einer
weissen Frau hervorgebracht würden: da nun die
Schönheit der Rassen unter den Hausthieren nicht
anders erhalten werden könne, als durch Vermi=
schung derselben; da ferner edle Gestalt, Stärke
und Kraft des Körpers, beinahe ganz von dem Eben=

D 4

maas=

maaße und richtigen Verhältnisse der Glieder unter
sich abhingen; so erhelle aus der obigen Bemerkung,
daß nur durch den männlichen Stamm, bei Menschen
sowohl, als bei Thieren, die Rassen veredelt, ver=
bessert und verschönert werden könnten; große und
schöne Stuten würden mit kleinen und häßlichen
Hengsten jederzeit nur häßliche Pferde geben, hin=
gegen würde ein schöner Hengst auch mit einer häß=
lichen Stute schöne Pferde, und zwar um so viel
schönere zeugen, je unähnlicher der Hengst und die
Stute sich wären; eben dieß sei auch der Fall bei
den Schaafen; nur durch ausländische Widder kön=
ne man die Rassen derselben verbessern; und eine
schöne Schaafmutter werde mit einem kleinen und ge=
meinen Widder jederzeit auch nur gemeine Schaafe
zeugen. Es liegt unstreitig viel Wahres in diesen
Ideen des Grafen von Büffon; allein es fehlt lei=
der! noch an genauen Versuchen, um über diesen
wichtigen Gegenstand mit Zuverläßigkeit etwas aus=
machen zu können.

Vier=

Vierte Abtheilung.
Von den Raſſen der Pflanzen.

Mit dem Pflanzenreiche verhält es ſich eben ſo, wie mit dem Thierreiche. Der Bildungstrieb folgt in dem Pflanzenreiche denſelben Geſezzen, denen er in dem Thierreiche folgt.

Vielleicht gibt es einige wenige Pflanzen, welche an mehreren, weit von einander entfernten, Orten von der Natur ſind hervorgebracht worden. Hierunter gehören wahrſcheinlich einige Alpenpflanzen, welche ſich über die ganze Erde in dem kalten Himmels-ſtriche finden, und von denen man nicht wohl begreiſen kann, wie ihre Saamen, wenn ſie bloß an Einem Orte urſprünglich vorhanden geweſen wären, über Meere und Länder, durch ungeheure Entfernungen, von Einem Orte zu dem andern hätten gebracht werden können. So finden ſich z. B. Pinguicula alpina, Viola paluſtris, Galium Aparine, nicht nur in der Schweiz und in den Nördlichen Polarländern, ſondern auch in den Südlichen Polar-

Y 5   län-

ländern auf den kalten Gebirgen des Feuerlandes a). Bei solchen Pflanzen sind wir beinahe genöthigt, eine doppelte oder dreifache Schöpfung, an zweien oder dreien sehr entfernten Orten, anzunehmen. Sonst aber scheint es mir ausgemacht zu sein, daß alle übrigen Pflanzen nur an Einem Orte der Erde zuerst entstanden sind, und sich von da über die andern Theile der Erde verbreitet haben. Ich will sagen, jede Pflanzengattung an Einem ihr angemessenen Orte; nicht alle auf Einem Flekke des Erdbodens, welches anzunehmen ungereimt wäre.

Die nützlichsten Pflanzen, das heißt, diejenigen, welche von dem Menschen angebaut werden, und welche ich Haus-Pflanzen nennen werde (so wie man Haus-Thiere sagt) stammen beinahe alle aus dem mittleren Asien her, eine interessante Bemerkung, welche einen neuen Beweis abgibt, daß der erste Ursprung des Menschengeschlechtes in jenem Welttheile zu suchen sei.

Einige wenige Pflanzen ertragen, eben so wie einige wenige Thiere, alle Klimate; andere, und zwar die meisten, verlangen ein ihnen angemessenes Klima, wann sie gedeihen sollen. Doch kann der Mensch,

a) Forsters Bemerkungen. S. 154.

Mensch, durch Sorgfalt und Zeit, auch die Pflanzen wärmerer und kälterer Himmelsstriche seinem
Klima allmählig anarten; obgleich dieses mit denjenigen Rassen, welche einmal einem gewissen Klima angeartet sind, niemals vollkommen geschieht. Es verhält sich hier mit den Pflanzen, wie mit den Thieren. So wenig als das, den Polarländern so nüzliche, Rennthier in dem Klima von Deutschland jemals gedeihen würde, oder so wenig Pferde und Kühe in den Polarländern gezogen werden könnten: eben
so wenig gedeihen der Pisang und die Brodfrucht in
Europa, oder der Apfelbaum in Lappland.

Unter die Pflanzen, welche in ganz verschiedenen Himmelsstrichen vorkommen, gehören vorzüglich die Hauspflanzen, welche der Mensch, wie bereits bemerkt worden ist, durch Zeit und Mühe, überall dem Boden anzuarten gewußt hat. Alle unsere
Getreidearten: Roggen, Weizen, Haber, Gerste,
Hirse, werden von dem Nördlichen Afrika bis zum
Südlichen Schweden gebaut, und gedeihen. Der
Reis, eine Pflanze des heissen Ostindiens, kommt
auch in Italien fort; die Gurke, eine Pflanze warmer Erdstriche, wird auch bei uns gebaut; die Kar-
toffeln, welche aus dem heissen Guiana herstammen,

kom-

kommen jezt in ganz Europa fort; die Oſtindiſchen Witsbohnen gedeihen bei uns ganz gut; der Türkiſche Weizen, welcher aus den warmen Gegenden Amerikas herſtammt, wird jezt auch in einem großen Theile von Europa gebauet; die, aus dem warmen Aſien herſtammenden, Pfirſchen, Pflaumen und Aprikoſen, gedeihen jezt ſchon in dem Südlichen Schweden, und der Tabak, welcher wahrſcheinlich ein Produkt des heiſſen Aſiens iſt, wächſt in Nordamerika ſowohl, als in dem kälteren Europa.

Ich erlaube mir, bei Gelegenheit des Tabaks, eine kleine Abſchweifung, welche der Leſer gefälligſt verzeihen wird. Wenn ich ſage, der Tabak ſei wahrſcheinlich ein Produkt des heiſſen Aſiens; ſo möchte dieſe Behauptung parabor ſcheinen, wofern ich nicht einige Erläuterungen zuſezte. Mir iſt höchſt wahrſcheinlich, obgleich ich es noch nicht unwiderleglich zu beweiſen vermag, daß das Tabakrauchen eine uralte, in dem Südöſtlichen und Nordöſtlichen Aſien ſeit Jahrtauſenden eingeführte, Sitte ſei. Vorzüglich ſcheinen die Nomadiſchen Völker im Nordöſtlichen Aſien ſeit den älteſten Zeiten Tabak geraucht zu haben. Lieſſe ſich dieß darthun, ſo würde es einen neuen Beweis für die Meinung abgeben, daß Amerika

rika von Asien aus bevölkert worden sei. Denn da bei allen Völkern, bei denen das Tabakrauchen Sitte ist, dasselbe zum unentbehrlichen Bedürfnisse wird; so liesse sich annehmen, daß jene Emigranten aus Asien die Saamen dieser, ihnen unentbehrlichen, Pflanze mit nach Amerika genommen, und die Pflanze selbst, um ferner Tabak rauchen zu können, daselbst angebaut hätten. Alles kommt, zur Entscheidung dieser Frage, darauf an, ob sich in den Reisen der Europäer nach Ostindien, vor der Entdeckung von Amerika, eine Spur findet, daß in China oder Japan damals schon von den Eingebohrnen Tabak geraucht worden ist.

Meine Meinung, daß das Tabakrauchen eine alte Asiatische Sitte sei, und daß diese Sitte mit den Asiatischen Emigranten und ersten Bevölkerern der neuen Welt nach Amerika gekommen sein könne, beruht auf folgenden Gründen, welche man hoffentlich nicht ganz unerheblich finden wird:

1. Der Tabak, die Nicotiana fruticosa, wird, wie Loureiro versichert, in China und Cochinchina überall gebauet, und hat alte inländische Namen; daher es nicht wahrscheinlich ist, daß diese Pflanze aus Amerika dahin gebracht worden sei.

2. Reis

2. Reisende versichern, daß die Chinesen, schon vor der Entdekkung von Amerika, Tabak geschnupft hätten a).

3. Auf der Insel Java sollen die Einwohner, schon vor der Ankunft der Portugiesen daselbst, Tabak zum medizinischen Gebrauche gebauet haben b). Des Rauchens geschieht freilich keine Erwähnung.

4. Schon die ältesten Schriftsteller bemerken, daß einige Völker sich des Rauches von Pflanzen bedienten, um sich zu betäuben. Herodot meldet dieses von den Babyloniern, Maximus Tyrius von den Scythen, Mela, Solinus und Plutarch, von den Thraziern c).

5) Mehrere berühmte Männer sind der Meinung, daß das Tabakrauchen in Asien ältere Sitte sei, als in Amerika. Ulloa sagt d): „Man kann nicht annehmen, daß die Europäer den Gebrauch des Rauchtabakes aus Amerika erhalten haben; denn da er in den Morgenländern sehr alt ist, mußte er ganz natürlich von da aus bekannt werden, seitdem mit diesen Gegenden von dem Mittelländischen Meere Handel getrieben wurde. Nirgend, auch nicht

in

a) Beckmanns Technologie. S. 261.

b) Ebendaf.

c) Ebendaf. S. 262.

d) Ulloa Nachrichten von Amerika. Bd. I. S. 139.

in denjenigen Gegenden von Amerika, wo der Tabak wild wächst, ist der Gebrauch desselben, und zwar nur zum Rauchen, weder allgemein, noch sehr häufig.„ Hr. Pallas schrieb an Hrn. Hofr. Beckmann a): „daß der Gebrauch des Rauchtabakes in Asien, hauptsächlich wohl in China, älter als die Entdeckung der neuen Welt sei, daran habe auch ich fast keinen Zweifel. Unter den Chinesern und Mongolischen Nationen, welche mit erstern den meisten Verkehr gehabt haben, ist dieser Gebrauch so allgemein, so häufig und unentbehrlich, der Tabaksbeutel am Gürtel ein so nothwendiges Stük des Anzuges, die Gestalt der Pfeiffen, nach welchen die Holländer ihr Modell genommen zu haben scheinen, so original, und endlich auch die Zubereitung der gelben Blätter, welche bloß zerrieben in die Pfeiffen gefüllt werden, und die Gattung des Krautes so eigenthümlich, daß man unmöglich dieß alles über Europa aus Amerika herleiten kann; zumal da zwischen Persien und China das, von häufigem Tabaksrauchen nichts wissende, Indien b) in der Mitte liegt.„ Auch Hr. Hofr.

Beck-

a) Technologie. S. 260.

b) Der Major Rennel sagt, in seinem memoir on a map of Hindostan, S. 233 der neuesten Auflage:

Beckmann, welcher über diesen Gegenstand inte=
ressante Untersuchungen angestellt hat, ist selbst der
Meinung, daß das Tabakrauchen in Asien älter sei,
als die Entdekkung von Amerika.

Ich komme nun von dieser Abschweifung wieder
zu dem Gegenstande zurük, von welchem ich ausging.

Es gibt einige Pflanzen, die von selbst, ohne alle
Kultur, sich über den größten Theil der Erde ver=
breitet haben.   Z. B. der gemeine Nachtschatten
(Solanum nigrum) welcher in allen fünf Weltthei=
len, und beinahe unter allen Himmelsstrichen, wild
anzutreffen ist.   Ferner die Virga aurea Canadensis,
welche sich, vermöge ihres flokkigen Saamens, bei=
nahe über ganz Europa verbreitet hat a).   Da aber
in der Natur nichts von ungefähr, und nichts um=
sonst geschieht: so vermuthe ich, daß dergleichen all=
gemein verbreitete Pflanzen irgend einen besonderen

Nuz=

ge: It is now ascertained very satisfactorily, that
it (Tobacco) was carried thither (to Hindostan) by
the Portuguese, for their are in existence copies of
certain prohibitory edicts concerning it, issued by
the Mogol Emperors, and in those Tobacco is men-
tioned, as a pernicious plant, introduced by Euro-
peans.

a) Zinn vom Erzeugen der Pflanzen, im 16 Bande
des Hamburger = Magazins.

Nuzzen haben müssen, obgleich derselbe bis jezt noch unbekannt ist. Hr Forster melbet zwar, daß auf der Oster-Insel das Solanum nigrum wirklich angebauet und benuzt werde, ich finde aber nicht wozu a).

Einen auffallenden Beweis, daß die Pflanzen nicht an den Orten, wo sie jezt gefunden werden, freiwillig aus der Erde hervorsprossen, sondern durch gelegentliche Ursachen von mancherlei Art dahin ver= sezt und verpflanzt werden müssen, einen auffallen= den Beweis dieser Art geben die Inseln der Süd= see. Diese Inseln, welche mitten in einem unüber= sehbaren Meere liegen, welche nicht, wie so viele anderen Inseln, vormals mit dem festen Lande zu= sammen hingen, und nachher durch eine Natur=Re= volution von demselben getrennt wurden; diese In= seln, welche wahrscheinlich größtentheils durch unter= irdisches Feuer empor gehoben, und aus dem Bo= den des Meeres auf die Oberfläche desselben gebracht worden sind : diese Inseln haben nur äußerst wenige Pflanzen, und von den meisten derselben läßt sich an= geben, wie sie dahin gekommen sind. Auf der Oster-Insel, einer ziemlich großen Insel der Süd= see, welche fünf deutsche Meilen im Umfange hat, fand,

a) Forsters Bemerkungen S. 151.

Z

fand Forster kaum zwanzig verschiedene Gattungen von Pflanzen, und auch diese noch äußerst sparsam a). Unter den zwanzig Pflanzengattungen sind noch übers dieß die meisten angebauet, oder Haus-Pflanzen, welche offenbar von den ersten Ostindischen Entdeckern und Bewohnern dieser Insel, aus Ostindien dahin sind gebracht worden.

Ueberhaupt liefern die Inseln der Südsee einige höchst interessante Data zu der Geschichte der Wanderungen der Pflanzen; und diese Thatsachen dürfen von dem Geschichtschreiber der Natur nicht übersehen werden.

1. Merkwürdig ist es, daß beinahe alle Pflanzen, welche die Einwohner dieser Inseln anbauen, solche Pflanzen sind, die seit undenklichen Zeiten in Ostindien angebauet werden, nämlich: die Kokosnuß (Cocos nucifera) der Pisang (Musa paradisiaca und Sapientum) der Brodfruchtbaum (Artocarpus communis) der Tahelische Apfelbaum (Spondias dulcis) der Papier-Maulbeerbaum (Morus papyrifera) der Jambusenbaum (Eugenia Malaccensis) zwei Arten von Arons-Wurzel (Arum esculentum und macrorhizon) die Jams-Wurzel (Dioscorea alata) die süßen Bataten (Convolvulus Batatas) das Zuckerrohr

a) Ebendas. S. 132. 150.

rohr (Saccharum officinarum) die Klebwurzel (Tacca pinnatifida) die Zehrwurzel (Dracontium polyphyllum) der Taumelpfeffer (Piper methysticum) der Chinesische Eibisch (Hibiscus Rosa Sinensis) die wohlriechende Gardenie (Gardenia florida) der schöne Guettardenbaum (Guettarda speciosa) die Curcuma zum Färben (Curcuma longa) und der Flaschenkürbis (Cucurbita lagenaria a). Alle diese Pflanzen werden von den Einwohnern der Südsee-Inseln sorgfältig angebauet, und auch Hr. Forster scheint davon überzeugt zu sein, daß die ersten Einwohner dieser Insel, deren Farbe und Sprache die Malaysche Abkunft deutlich verräth, die Haus-Pflanzen von daher mit sich gebracht haben müßten. Er sagt dieß ausdrüklich an mehreren Stellen b).

2. Mit den Saamen der Hauspflanzen, welche die ersten Bewohner der Südsee-Inseln aus Ostindien überbrachten, kam aber auch zugleich eine nicht unbeträchtliche Anzahl von Saamen wilder Ostindischer Pflanzen mit, welche man zwar nicht vorsäzlich lich mitnahm, welche sich aber unter den Saamen der

Haus-

a) Forsters Bemerkungen. S. 140 und 151.
b) Man sehe S. 148. 153.

Z 2

Hauspflanzen gemischt fanden, und zugleich mit den= selben ausgesäet wurden. Auch diese haben sich bis jezt auf den Inseln der Südsee erhalten und fortgepflanzt a). Dergleichen Wanderungen von wilden Pflanzen, welche mit den nüzlichen zugleich unabsichtlich aus ei=er Ge= gend in die andere, ja aus einem Welttheile in den anderen gebracht wurden, gibt es wahrscheinlich sehr viele, und hat von jeher viele gegeben. Manche Pflanze ist auf diese Weise über die Oberfläche des Erdbodens verbreitet worden.

3. Es gibt noch jezt Gegenden auf dem Erdbo= den, auf denen keine Spur von Vegetation anzutref= fen ist, zum Beweise meiner Behauptung, daß die Pflanzen nicht von selbst aus der Erde hervorspros= sen, sondern daß die Saamen derselben erst an ei= nen Ort hinkommen müssen, wann Pflanzen darauf wachsen sollen. Ich spreche hier nicht von Gegen= ben, welche mit ewigem Schnee und Eise bedekt sind; denn da versteht es sich von selbst, daß keine Vege= tation statt findet: sondern ich spreche von Gegenden welche mit schwarzer Erde bedekt sind. Hr. Forster sagt b): in einem großen Hafen desselben (des Feu= erlandes) Nordwestwärts vom Kap Horn, wo wir einige Tage zubrachten, fand man nirgends eine
Spur

a) Ebendas. S. 148. 153.
b) Ebendas. S. 145.

Spur des Pflanzenreiches, ausgenommen auf etlichen flachen, felsigen Holmen, die mit einem sumpfigen, Moosartigen Wasen bedekt waren, und in den niedrigsten Thälern, oder Bergklüften, ein kleines Gesträuch, darunter nur selten ein Baum war, aufzuweisen hatten. Alle höheren Gegenden sind durchgehends schwarze, von Pflanzen gänzlich entblößte, Felsen.,,

4. Es gibt Gattungen von Pflanzen, und ganze Klassen derselben, welche man überall wild wachsend findet. Unter diese gehören die kreuzförmigen Pflanzen, die so gesunde, wohlschmekende und heilsame Speisen liefern. Sogar an jener kahlen Stelle am Feuerlande, wo keine Vegetation statt findet, wächst dennoch eine Art von Sellery (Apium decumbens) gleichsam als wäre es dahin gesezt, um die, am Skorbute leidenden, Seefahrer zu erquikken und zu heilen. Auch an dem Rande der undurchdringlichen Neuseeländischen Walbungen, wachsen längs des Strandes des Meeres Sellery (Apium sapidum) Kresse (Lepidium oleraceum) und die eßbare Distel (Sonchus oleraceus); eine herrliche Erquikkung für den Reisenden, der seinen Fuß an das Land sezt. Sellery und Kresse finden sich auf dem Südmeere überall a).

5. Im

a) Ebendas. S. 145.

Z 3

5. Im Allgemeinen findet man auf den Inseln der Südsee die Pflanzen desjenigen festen Landes, welchem sie am nächsten liegen: Amerikanische Pflanzen auf den Inseln, die sich in der Nähe von Amerika befinden; Asiatische Pflanzen auf denjenigen Inseln, welche nicht weit von Asien entfernt sind a). Einige Ausnahmen von dieser Regel finden zwar statt, z. B. daß die Gardenie (Gardenia florida) der Papiermaulbeerbaum und die Klebwurzel, alle drei Ostindische Pflanzen, nur auf den, näher an Amerika gelegenen, freundschaftlichen und Sozietäts-Inseln anzutreffen sind: allein dieß läßt sich, wie Hr. Forster bemerkt, daraus erklären, daß die Einwohner diese Pflanzen anbauen, und also vermuthlich dieselben aus ihren vorigen Wohnsizzen mit sich genommen haben. Die Insel Norfolk, welche in der Nähe von Neu-Seeland liegt, hat fast lauter Neuseeländische Pflanzen. Dagegen hat eben diese Insel eine Art von Fichten, oder Zypressen, mit Neu-Caledonien gemein, von welcher Insel sie ungefähr eben so weit, als von Neu-Seeland entfernt ist.

6. Die Kultur vermehrt bei den Pflanzen, so wie bei den Thieren, die Menge der Spielarten und Varietäten. Auch diese Bemerkung bestätigt sich auf

a) Ebendas. S. 152.

auf den Inseln des Südmeeres. Die Brodfrucht hat daselbst vier bis fünf Abarten, der Indianische Drachenbaum zwei, und der Pisang varirt, so wie unser Apfel, fast ins unendliche a).

7. Alle kultivirten Pflanzen verlieren endlich die Fähigkeit, sich durch Saamen fortzupflanzen. Die Kultur hat demzufolge bei den Pflanzen einen weit größeren Einfluß, als bei den Thieren: denn sie wirkt bei jenen sogar nachtheilig auf die Zeugungskraft. Auch diese Bemerkung hat Hr. Forster in Südindien bestätigt gefunden. Die Saamen der Brodfrucht sind vertroknet und in der mehligen Frucht gleichsam verschwunden. Auch in der Pisang-Frucht kann man nur selten die Spur eines Saamens entdekken. Die Tahitische Myrobalane (Spondias dulcis) hat zwar noch Saamenkapseln, allein sie sind leer. Der Chinesische Eibisch trägt jederzeit gefüllte, folglich unfruchtbare, Blumen; die Gardenia erzeugt ebenfalls keinen reifen Saamen; und der Papier-Maulbeerbaum blüht niemals auf den Inseln der Südsee b). So schwer es auch scheint, diesen Einfluß der Kultur auf die Zeugungskraft der Pflanzen zu erklären: so ist es mir doch nicht unwahrscheinlich, daß hauptsächlich

a) Ebendas. S. 155.
b) Ebendas. S. 157.

Z 4

lich die überflüßige Nahrung, der allzufette Boden, diese Wirkung hervorbringe. Wenigstens findet man bei den Thieren etwas analoges, indem sehr fette Thiere ebenfalls zur Zeugung nicht so tüchtig sind, als magere. Sonst pflegt aber die Kultur bei den Thieren die Fruchtbarkeit gemeiniglich zu vermehren.

8. Noch eine Bemerkung macht der genaue Beob-achter, Hr. Forster a), welcher mir sehr wichtig zu sein scheint. Man findet nämlich auf denjenigen Inseln der Südsee, welche unter dem heissen Himmelsstri-che liegen, eine beträchtliche Anzahl von Pflanzen-gattungen mit getrennten Geschlechtern (Monecia, Dioecia und Polygamia des Linne). Sogar Pflan-zen, welche in Amerika Zwitterblumen tragen, finden sich auf jenen Inseln mit getrennten Geschlechtern, mit männlichen und weiblichen Blüthen auf zwei verschiedenen Sträuchern, z. B. die Ptelea (jezt Do-donea) viscofa. Hieraus erhellt: daß der Unter-schied zwischen den Pflanzen mit Zwitter-Blumen und den Pflanzen mit getrennten Geschlechtern nicht we-sentlich ist; daß aus Zwitter-Pflanzen Pflanzen mit getrennten Geschlechtern, und umgekehrt, entstehen kön-

a) Ebendaf. S. 157.

können; daß also, bei einer künftigen Eintheilung des Pflanzenreiches in Stämme und Raffen nach den Gesezzen der Zengungskraft, auf diesen Umstand besondere Rüksicht muß genommen werden.

Die Zeugung der Pflanzen hat sehr viel merkwürdiges und wunderbares. Die Zengungstheile der Pflanzen, die männlichen sowohl, als die weiblichen, besizzen eine ihnen eigene Reizbarkeit, vermöge welcher sie sich, nach der geringsten Berührung, einander nähern, wodurch die Befruchtung geschieht. Ausserdem besteht der Saamenstaub aus unzähligen reizbaren Kügelchen, welche, nach der geringsten Berührung zerplazzen, und den Saamen, in Gestalt einer öhligen Flüßigkeit, auf eine weite Entfernung von sich sprizzen. Am beßten sieht man diese Erscheinung an dem Saamenstaube des Kürbiß, weil derselbe ziemlich groß ist. Ein berühmter Schriftsteller in der Gärtnerey, welcher über diesen Gegenstand Versuche angestellt hat, sagt: a) „Diese Blüthe (nämlich die männliche des Kürbis) sizt mehrentheils auf ziemlich langen rauhen Stielen. Der, darin befindliche, männliche Theil sieht einer

Spiz-

a) von Dieskau Vortheile in der Gärtnerey. Bd. I. S. 269.

Z 5

Spizmorchel nicht unähnlich, und ist mit gelbem
Saamenstaube so stark bedekt, daß man denselben
mit den Fingern davon abnehmen kann. Unter den
unzählbaren Arten des Saamenstaubes ist dieser un=
streitig mit einer von den größten. Er schikt sich
daher vorzüglich zu mikroskopischen Beobachtungen,
wo sich die einzelnen Körnchen zwar rund, aber doch
mit vielen Spizen besezt, dem Auge darstellen. Sie
sind, nach Art des Fischrogen, halbdurchsichtig.
Betrachtet man mehrere zugleich, und läßt ein we=
nig Wasser allmählig dazu laufen: so gerathen sie,
durch das Zerplazen, welches die Nässe verursacht,
in eine Bewegung, und werden von den, aus ihnen
herausgedrungenen, Keimen als wie mit einem Ne=
bel überzogen. Weit schöner ist es aber anzusehen,
wenn das Wasser nur ein einziges Körnchen berührt.
In dem Augenblikke, da dieses geschieht, sprizt es
seine Keimchen. wie eine Feuchtigkeit, auf das ge=
schwindeste, mit größter Heftigkeit, in einer fast un=
glaublichen Weite von sich, und die dadurch leer ge=
wordene Hülse nimmt eine blassere Farbe an. Die=
ses ist wohl der sicherste Beweis, daß der Regen und
andere Nässe beim Saamenstaube und der Befruch=
tung nachtheilig sind. Sollten wir denn nun wohl
eine andere Ursache finden, warum sich manche

Blu=

Blumen des Nachts zuſchließen, und gleichſam zu ſchlafen ſcheinen, als dieſe, daß ihr Staub, der bei manchen Sorten vielleicht aller zu gleicher Zeit reif wird, durch den Thau nicht untüchtig gemacht werden ſoll, ehe die Befruchtung durch ihn geſchehen iſt? Dieſe Befruchtung wird nun durch Inſekten, beſonders Bienen, oder durch die Luft, auf die Narbe der weiblichen Blüthe gebracht. Hier zerplazt er, von der daſelbſt befindlichen Feuchtigkeit, noch ſchneller, als durch das Waſſer; der Saamenkeim bringt in den Fruchtknoten, und die, dadurch geſchwángerte, junge Frucht erhält das Vermögen, zu wachſen und reifen Saamen zu tragen.„

Zu der Befruchtung der Pflanzen ſind die Inſekten ſchlechterdings nothwendig, und dieß iſt vielleicht der vorzüglichſte Nuzzen ihres Daſeins. Sie tragen den Saamenſtaub aus den männlichen Blumen an ihren Füßen auf den Eyerſtok der weiblichen Blumen, und reizen, durch ihre Berührung, die Staubfäden der Zwitter-Blumen, ſo, daß dieſe ihren Saamen von ſich ſprizzen und den Eyerſtok befruchten. Ohne die Inſekten würde bei den meiſten Pflanzen gar keine Befruchtung ſtatt finden. Daher hat auch jede Blume ihr eigenes Inſekt, von welchem

chem sie besucht, und durch welches sie befruch=
tet wird. Bei den Feigen ist es eine seit langer Zeit
bekannte Thatsache, daß ihre Befruchtung bloß
durch Insekten geschieht. Allein neuere Naturfor=
scher, ein Kölreuter und Sprengel, haben gezeigt,
daß eine Befruchtung durch Insekten bei den meisten
Blumen statt finde; daß bei den Kürbsengeschlech=
tern, bei den Schwertlilien, bei den Malven, der
nämliche Saamenstaub durch Insekten auf die weib=
lichen Theile gebracht werde; daß, aus diesem
Grunde, Gurken und Melonen in allzusehr geschlos=
senen Mistbeeten, wohin keine Insekten kommen
können, nicht gerathen; daß, aus eben diesem Grun=
de, ausländische Pflanzen, welche in Treibhäusern
blühen, selten oder niemals Frucht ansehen, weil
keine Insekten dahin kommen, um die Befruchtung
bewirken zu können. Die Befruchtung der Pflanzen
scheint demzufolge einer der vorzüglichsten Nuzzen
des Daseins der Insekten, und diese scheinen größ=
tentheils bloß darum vorhanden, um die Befruch=
tung der Pflanzen zu bewirken. Es lohnt sich der
Mühe, bei diesem wichtigen, von den größten Na=
turforschern allzuflüchtig behandelten, Gegenstande
etwas länger zu verweilen, und die weise Einrich=
tung der Natur in dieser wuuderbaren Verbindung
des

des Pflanzenreiches mit dem Thierreiche etwas ge=
nauer zu betrachten.   Ich folge hier vorzüglich dem
Hrn. Sprengel, welcher in seinem wichtigen und
interessanten Werke a) treffliche und genaue Beo=
bachtungen über die Befruchtung der Pflanzen durch
Insekten mitgetheilt hat. So weit ich Gelegenheit
gehabt habe, seine Beobachtungen zu wiederholen,
habe ich dieselben allemal richtig gefunden.

In Rüksicht auf ihre Zeugungstheile werden die
Pflanzen bekanntlich eingetheilt, in Pflanzen mit
getrennten Geschlechtern (bei denen die männli=
chen und die weiblichen Blumen getrennt, und auf
zweien verschiedenen Pflanzen vorhanden sind) in
Pflanzen mit halbgetrennten Geschlechtern (bei
denen die männlichen und weiblichen Blumen zwar
getrennt sind, aber auf derselben Pflanze sich befin=
den) und in Zwitter=Pflanzen (bei denen die männ=
lichen und die weiblichen Zeugungstheile in derselben
Blume und auf derselben Pflanze vorhanden sind).
Schon seit mehreren Jahren fiel mir, bey näherer
Untersuchung und öfterem Nachdenken, die Ein=
richtung der Natur, die Pflanzen durch Zwitter=
Blumen zeugen zu lassen, sehr auf, und ich glaubte

in

a) Das entdekte Geheimniß der Natur im Bau und
 in der Befruchtung der Blumen. 1795.

in dieser Einrichtung etwas den übrigen Gesezzen der Natur widersprechendes zu finden. Ich nahm näm- lich damals, mit allen mir bekannten Naturforschern, an: daß jede Zwitterblume durch sich selbst sich befruch- te; daß in jeder Zwitterblume das weibliche Stigma durch den Saamenstaub derselben Blume befruchtet würde. Nun meinte ich aber, bei genauer Nachfor- schung über die Gesezze der Natur, gefunden zu ha- ben, daß die Natur jede Zeugung bei allzunaher Verwandtschaft zu verhinderen, und die Erzeugung eines erblichen Schlages, welcher durch allzunahe Zeugung in denselben Familien entsteht, so viel als möglich zu verhüten suche. Bloß auf diese Wei- se erklärte ich mir die wunderbare Einrichtuug, daß manche Thiere (wie z. B. der Regenwurm und die Schnekke) zwar Zwitter sind, dennoch aber nicht mit und durch sich selbst allein zeugen können, son- dern eines anderen, ihnen ähnlichen, Geschöpfes zur Fortpflanzung ihrer Gattung bedürfen. Jedes In- dividuum, so dachte ich, hat etwas eigenthümliches, und die Natur will nicht, daß das Individuelle und Eigenthümliche in einen erblichen Schlag, in eine Rasse, ausarten soll: allein bei den Zwitterpflanzen scheint dieß doch der Fall zu sein; denn das sind ja Zwitter, die sich selbst befruchten, durch sich selbst

her-

hervorbringen, und demzufolge das Eigenthümliche und
Individuelle fortpflanzen. Diesen Zweifel konnte ich mir
nicht eher lösen, als bis ich vor ein paar Jahren das treff=
liche Werk des Herrn Sprengels erhielt. Dieser feine
Beobachter hat gefunden, daß die Zwitterblumen
sich nicht nur nicht selbst befruchten, sondern daß,
nach der weisen Einrichtung der Natur, bei den mei=
sten eine solche Selbstbefruchtung, eine Zeugung mit
sich selbst, ganz unmöglich ist. Wenn bei den Zwit=
terblumen, z. B. bei dem Epilopium augustifolium
bei den Schirmblumen, bei dem Delphinium Ajacis, dem Aconitum Napellus, u. f. w. die Blume sich
geöffnet hat; so ist dieselbe nicht sogleich im Stande
befruchtet zu werden.   Es entwikkeln sich zuerst die
männlichen Zeugungstheile, und erst nachher, wann
diese keinen Saamenstaub mehr haben, die weiblichen.
Die Zwitterblume ist demzufolge den Blumen
der Pflanzen mit halbgetrennten Geschlechtern ähn=
lich: denn anfänglich ist sie eine männliche, nachher
aber eine weibliche Blume.   Selbst befruchten kann
sie sich nicht: denn zu der Zeit, da die männlichen
Zeugungstheile vorhanden sind, sind die weiblichen
noch gar nicht da; und zu der Zeit da die weiblichen
vorhanden sind, haben die männlichen bereits alle
Zeugungskraft verlohren.   Eine mechanische Be=
frucht=

fruchtung (entweder durch unmittelbare Berührung der Staubfäden und Stigmaten, oder durch Hinwehung des Saamenstaubes auf die Stigmate vermittelst des Windes) kann demzufolge gar nicht statt finden, und es bleibt nur Ein Mittel übrig, wie dergleichen Blumen befruchtet werden können, nämlich durch Insekten, welche den Saamenstaub von den Staubfäden der jüngeren Blumen auf das Stigma der älteren bringen. In einigen Pflanzen (z. B. bei der Euphorbia Cyparissias) verhält es sich umgekehrt: die Insekten bringen den Staub der älteren Blumen auf die Stigmaten der jüngeren.

Die ganze Art und Weise, wie die Befruchtung der Pflanzen durch die Insekten geschieht, hat so viel merkwürdiges und sonderbares, daß man bei näherer Betrachtung derselben zur größten Bewunderung hingerissen wird.

In den meisten Blumen wird in einem eigenen Behältnisse (Nectarium) ein süßer Saft abgesondert, welcher den Insekten zur Nahrung dient. Dieser Saft ist im Grunde der Blume auf eine solche Weise versteckt, daß das Insekt, um zu demselben zu gelangen, nothwendig die Geschlechtstheile der Blume berühren, und den Saamenstaub, welcher

in

in den zarten Haaren seiner Füße und seines Körpers hangen bleibt, abstreifen muß. Bei denjenigen Blumen, welche an ihrem unteren Theile ein Horn, oder einen Sporn haben, findet sich die Saftdrüse beinahe jederzeit in demselben. Vor dem Regen ist das Saftbehältniß, durch eine ganz eigene, aber mannigfaltig abgeänderte, Einrichtung so beschüzt, daß kein Regentropfen zu dem Safte gelangen, und denselben verderben kann. In einigen Blumen ist das Saftbehältniß mit einem eigenen Dekkel versehen, welcher von dem Insekte herabgedrükt, oder aufgehoben wird, und nachher, nachdem das Insekt sich entfernt hat, sich von selbst wieder verschließt, damit kein Regentropfen hinein falle. Einige Blumen, welche keine Dekkel über ihrem Saftbehältnisse haben, öffnen sich nur bei hellem Wetter, und sind bei trübem oder regnichtem Wetter verschlossen.

Damit die Insekten die Blumen leicht finden können, dazu dient der, theils angenehme, theils unangenehme, Geruch derselben, nebst der Farbe. Gerade dasjenige, was uns an den Blumen entzükt, Geruch und Farbe, sind nicht für uns, nicht für unsere Sinnen, wenigstens nicht hauptsächlich, vorhanden, sondern für die fliegenden Insekten, welche

Aa   die

die Blumen befruchten sollen. Ist der Saft in der
Blume sehr verstekt, so hat die Natur, an derjenigen Stelle, wo derselbe sich befindet, noch einen besonderen auffallenden gefärbten Flekken angebracht,
welcher den Weg zu dem Behältnisse des Honigsaftes
anweist, und welchen Hr. Sprengel, sehr passend,
das Saftmaal nennt. Dieses Saftmaal befindet
sich jederzeit gerade an derjenigen Stelle, auf welcher die Insekten in die Blumen hineinkriechen müssen, wann sie zu dem Safte gelangen wollen. Befinden sich in einer Blume mehrere Eingänge zu dem
Saftbehältnisse: so hat die Blume auch mehrere Saft-
määler, nämlich an jedem Eingange Eines. Ist
das Saftbehältniß entfernt von dem Orte, wo das
Insekt hinein kriechen muß: so verlängert sich das
Saftmaal von der Oeffnung, bis an die Stelle, wo
der Saft sich befindet, und dient auf diese Weise
dem Insekte statt eines sicheren Wegweisers. Ja,
Hr. Sprengel hat sogar bemerkt, daß, wann eine
Blume mehrere Saftbehältnisse hat, welche rings
um den Fruchtknoten herumstehen, oder nur Ein
Saftbehältniß, welches aber den Fruchtknoten in
Gestalt eines Ringes umgibt, und dessen Saft von
dem Insekte nicht anders verzehrt werden kann, als
wann es im Kreise um den Fruchtknoten herumläuft,
als-

alsdann auch das Saftmaal eine Ringförmige Gestalt hat, und das Insekt im Kreise herumführt.

Hr. Sprengel sagt: „So wie es Insekten
gibt, die bloß bei Tage herumschwärmen, und solche, die bloß des Nachts ihrer Nahrung nachgehen;
eben so gibt es auch Tagesblumen und Nachtblumen. Die Tagesblumen brechen des Morgens auf.
Viele derselben schließen sich des Abends; oder senken sich, da sie am Tage aufrecht standen; oder es
geht eine andere Veränderung mit ihnen vor, woraus man schließen kann, daß sie nur für Tages=Insekten bestimmt sind. Manche schliessen sich am
ersten Abend, und öffnen sich am folgenden Morgen
nicht wieder, blühen also nur Einen Tag. Die meisten blühen mehrere Tage. Die Tagesblumen sind
mit einem Saftmaale geziert, obgleich nicht alle. Die
Nachtblumen brechen des Abends auf. Bei Tage
sind die meisten derselben geschlossen, oder welk und
unansehnlich, woraus erhellet, daß sie für Tages=
Insekten bestimmt sind. Manche blühen mehrere
Nächte; die gemeine Tagkerze (Oenothera biennis)
blüht zwei Nächte. Die Nachtblumen haben eine
große und hellgefärbte Krone, damit sie in der Nacht
den Insekten in die Augen fallen. Ist ihre Krone
unansehnlich, so wird ihr Mangel durch einen star

Aa 2 ken

ken Geruch erfezt. Ein Saftmaal hingegen findet
bei ihnen nicht statt: denn hätte z. B. die weiſſe
Krone einer Nachtblume ein Saftmaal von einer an=
dern, aber auch hellen Farbe; ſo würde daſſelbe in
der Dunkelheit der Nacht gegen die Farbe der Kro=
ne nicht abſtechen, folglich ohne Nuzzen ſein. Hätte
ſie aber ein dunkelgefärbtes Saftmaal; ſo würde
dieß nicht in die Augen fallen, folglich eben ſo un=
nüz ſein, als jenes.„ Dieſe Bemerkung des Hrn.
Sprengel ſcheint mir völlig richtig: nur ſezze ich
noch hinzu, daß ich geneigt bin zu glauben, daß die
Nachtblumen einen ſchwachen phosphoreszirenden
Schein von ſich geben, durch welche die Inſekten des
Nachts zu ihnen gelokt werden. Wenn ich nicht irre,
ſo iſt auch dieſer Schein bereits von berühmten
Naturforſchern bemerkt worden.

Einige Blumen ſehen aus wie Saftblumen, und
haben auch ein Saftmaal, aber keinen Saft, z. B.
die Orchisarten. Durch dieſen Schein von Saft
werden die Inſekten zu ihnen gelokt, und befruchten
ſie. Die gemeine Oſter=Luzei (Ariſtolochia Clematitis) hat ebenfalls keinen Saft, aber ihr Anſe=
hen bewegt die Inſekten, in dieſelbe hinein zu krie=
chen. Dieſe Inſekten werden alsdann in der Blume
ſo lang gefangen gehalten, bis die Befruchtung ge=
ſche=

schehen ist, nachher aber aus ihrem Gefängnisse wieder herausgelassen.

Diejenigen Insekten, welche vorzüglich zur Befruchtung der Blumen bestimmt sind, z. B. Bienen und Hummeln, haben einen haarigen Körper, damit der Blumenstaub an demselben hangen bleibe. Einige Fliegen, welche zur Befruchtung der Asclepias bestimmt sind, bleiben zuweilen an einem Theile der Blume, welcher die Einrichtung eines Fangeisens hat, mit dem Beine hangen, und müssen entweder das Bein zurüklassen, oder umkommen.

Einige Insekten, z. B. die Hummeln, wissen sehr wohl, wo sich in der Blume der Saft befindet. Sie suchen sich daher auch zuweilen des Saftes derjenigen Blumen zu bemächtigen, in welche sie nicht hineinkriechen können, und zu deren Befruchtung sie gar nicht bestimmt sind. So gibt es eine kleine Art von Hummeln, welche in die Blume des Antirrhinum Linaria hinein kriecht, den Saft verzehrt und die Blume befruchtet, dagegen aber auch eine große Art von Hummeln, welche gewaltsamerweise von außen ein Loch in den Sporn beißt, den Saugrüßel hineinstekt und des Saftes sich bemächtigt.

Aa 3

Daß

Daß aber in vielen Fällen eine mechanische Berührung der Staubfäden und des Stigmas geschehe, dieß leidet keinen Zweifel; so wie es auch keinem Zweifel unterworfen ist, daß manche Insekten die Blumen besuchen, um dieselben entweder ganz, oder doch einzelne Theile derselben, zu verzehren.

Einige Beispiele, welche ich aus Hrn. Sprengels Werke entlehne, mögen die bisher angeführten, und für den Geschichtschreiber der Natur so äusserst wichtigen, Bemerkungen über die Befruchtung der Pflanzen deutlicher machen.

Bei der Salvia pratensis ist das Saftbehältniß in dem hintersten Theile der Kronen=Röhre. Es ist mit einem harten, an die Basis der Filamente angewachsenen, Dekkel vor dem Regen verwahrt. Die Hummel, von welcher diese Pflanze befruchtet wird, folgt dem Saftmaale (welches in einem purpurfarbnen Flekke auf der Unterlippe der blauen Blume besteht): sie stößt den Dekkel vor sich her in die Höhe; hierdurch wird der unterste Theil der Filamente aufwärts gestoßen, und nimmt eine horizontale Stellung an, da er vorher aufrecht stand. Der oberste Theil der Filamente springt nun zugleich aus der Oberlippe der Blume schnell heraus, umfaßt

. mit

mit feinen Enden den haarigen Rükken der Hummel, peitſcht denſelben gleichſam, und ſtreift den Staub der Staubfäden an demſelben ab. Die, mit dem Staube beladene, Hummel kriecht, nachdem ſie den vorhandenen Vorrath von Honigſaft verzehrt hat, rükwärts aus der Blume heraus, und alſobald ſpringen die Staubfäden wieder in die Oberlippe hinein. Mit dem Staube beladen fliegt nunmehr die Hummel auf eine andere Blume derſelben Art; und ſo wie ſie ſich auf die Unterlippe derſelben ſezzen will, berührt ſie mit ihrem Rükken das Stigma, welches weit aus der Oberlippe hervorragt: an demſelben ſtreift ſie den mitgebrachten Staub ab, und befruchtet auf dieſe Weiſe die zweite Blume mit dem Saamenſtaube der erſten. Mechaniſch kann dieſe Blume nicht befruchtet werden: denn da die Ränder der Oberlippe, in welcher die Staubfäden enthalten ſind, dicht aneinander ſchlieſſen; ſo kann nicht der kleinſte Theil des Saamenſtaubes auf das Stigma von ſelbſt fallen, oder durch den Wind auf daſſelbe geführt werden.

Die Iris-Arten können bloß durch Inſekten befruchtet werden. Bei der Iris pſeudacorus, oder der gemeinen Schwertlilie, iſt der Zwiſchenraum zwiſchen dem Griffel und der Kronenröhre mit Saft angefüllt, welcher vor dem Regen dadurch geſichert

iſt,

daß sich die drei Griffelblätter über die drei Kronen-
blätter herüber wölben.   Diese Blume wird durch
die Hummeln befruchtet. Sie erkennen den Weg zu
dem Saftbehältnisse an dem Saftmaale, nämlich an
dem, auf den Blättern der Krone befindlichen, gros-
sen, gelben und an dem Rande mit dunkelfarbigen Linien versehenen, Flekken. Dieser Flekke ist die Stelle,
wo die Hummeln in die Blume hinein kriechen müssen.   Sobald sie hineingekrochen sind, führt sie die
Fortsezzung des Flekkens unmittelbar zu dem Saftbehältnisse. Während die Hummel zu dem Saftbehältnisse hinabkriecht, drükt sie das Kronenblatt dicht
an das Griffelblatt und an den Staubfaden, so
daß sie mit den Haaren ihres Rükkens den Staub
desselben abwischen muß. Nachdem sie den Saft
verzehrt hat, kriecht sie rükwärts wieder aus der
Blume heraus, und befruchtet eine andere Blume
mit dem aufgefaßten Staube der ersten.

Der Honigsaft einiger Blumen ist für die Insekte betäubend, z. B. der Saft der Blumen der Asclepias und des Cynanchum; der Honigsaft anderer
Blumen ist für einige Insekten tödlich. So tödet
z. B. der Honigsaft der Iris Germanica die Bienen
auf der Stelle, sobald sie nur von demselben genossen
haben.   Daß

Daß bei der Syngenesia superflua, so wie bei der ganzen Gattung Centaurea, bei dem Viburnum Opulus, bei der Iberis, und bei vielen Schirmblumen, die Blumen an dem Rande eine weit größere Krone haben, als die Blumen in der Mitte, davon scheint der Grund zu sein, damit diese Blumen, welche insgesammt Saftblumen sind, den Insekten in desto größerer Entfernung in die Augen fallen mögen.

Die Befruchtung der Asclepias ist höchst merkwürdig. Die Kölbchen, welche sich an den Käppchen befinden, sind die Staubfäden; der walzenförmige Körper ist das Stigma, welches mit der, allen Stigmaten eigenen, klebrigen Feuchtigkeit bedekt ist. Dieses Stigma ist eigentlich doppelt. Jede Hälfte desselben steht mit einem eigenen Fruchtknoten in Verbindung, und ist von dem anderen unabhängig. Man kann, vermittelst eines feinen Federmessers, die beiden Hälften des Stigmas sowohl, als die beiden Fruchtknoten, von einander trennen, ohne Einen von beiden zu verlezzen. Die Befruchtung der Asclepias-Arten geschieht nur auf folgende sonderbare Weise durch die Fliegen. Sobald die Fliege, welche auf der Blume herum läuft, eines von den Käppchen mit dem Fuße berührt, so sizt dasselbe sogleich an dem Fuße fest, indem es die Einrichtung eines

Aa 5

Fang-

eisens hat. Das Insekt bemüht sich den Fuß los zu
machen, und reißt, vermittelst dieser Bemühung,
das Käppchen, und mit demselben die daran han-
genden beiden Kölbchen ab, welche den Saamenstaub enthalten. So wie nun die Fliege fortfährt,
auf der Blume herum zu laufen, bleiben die Kölbchen
an der klebrigen Feuchtigkeit des Stigmas hangen,
und das Stigma wird befruchtet. Da die Befruchtung bei dieser Art von Blumen ziemliche Schwierigkeit hat, und schlechterdings nicht anders geschehen kann, als durch Insekten: so geschieht es häufig, daß Blumen der Asclepias verblühen, ohne
Früchte anzusezzen.

Die Schirmblumen, oder Dolden-Gewächse, sind
alle Saftblumen. Der Saft befindet sich in dem obersten Theile des Fruchtknotens, innerhalb der Krone.
Das Saftbehältniß ist weiß, zuweilen auch gelb.
Bei den Schirmblumen liegt der Saft frei, und
ist vor dem Regen nicht beschüzt. Sie werden vorzüglich durch mehrere Arten von Fliegen befruchtet.
Die Schirmblumen sind zuerst männliche, nachher
weibliche Blumen: denn die Staubfäden blühen zuerst, und nachher die Pistille.

Bei

Bei der Paſſionsblume (Passiflora coerulea) iſt das Saftbehältniß der ringförmige, mit Saft ganz angefüllte, Raum an dem Grunde des Kelches. Durch die Zwiſchenräume der Strahlen kann nicht leicht ein Regentropfen durchbringen, ein Inſekt aber kann leicht ſeinen Saugerüſſel durchſtekken. Die Blume hat eigentlich, wie Hr. Sprengel zeigt, eine dreifache Saftdekke, und auch ein dreifaches Saft= maal, welches aus dreien verſchiedenen, und verſchie= dentlich gefärbten, konzentriſchen Ringen beſteht. Das Saftmaal läuft um das Saftbehältniß rings herum, damit das Inſekt demſelben folge, und ſeinen Saug= rüſſel, zwiſchen den Strahlen, rings herum, an ver= ſchiedenen Stellen in das Saftbehältniß bringe. Ein großes Inſekt kann auf den Strahlen, als auf den Speichen eines Rades, bequem rund herumlaufen. Zuerſt blühen nun bei dieſer Blume die männlichen Theile, und in der zweiten Hälfte der Blüthezeit die weiblichen. „Wenn ein großes Inſekt die Blume „zu der Zeit beſucht, da die Staubfäden in der „Blüthe ſind, ſo muß es nothwendig, indem es auf „dem großen Strahlenkranze, nach Anleitung des „Saftmaales, um das Saftbehältniß ringsherum „läuft, und den Saft aus demſelben herausholt, „mit ſeinem Rükken den Staub von den Antheren, „wel=

„welche eben deßwegen benselben auf ihrer unteren
„Seite haben, abstreifen. Durch die Stigmate wird
„es hieran nicht verhindert, welche eben deßwegen
„höher stehen. In der lezten Hälfte der Blüthezeit ha=
„ben sich die Griffel herabgesenkt, so daß nun die Stig=
„mate ein wenig niedriger stehen, als die, nunmehr
„staublosen, Antheren. Wenn das Insekt die Blume
„alsdann besucht, so muß es eben so nothwendig
„mit seinem Rükken, welchen es in einer jüngeren
„Blume mit Staub beladen hat, die Stigmate be=
„rühren, und dieselben bestäuben. Und auf solche
„Art wird die ältere Blume von einem Insekte, ver=
„mittelst des Staubes einer jüngeren, befruchtet.„

Von welchem Insekte diese Blume besucht und
befruchtet wird, ist nicht bekannt, weil das Insekt
nicht zugleich mit der Blume aus Brasilien nach Eu=
ropa gebracht worden ist. Daher kommt es auch,
daß die Passiflora in Europa so selten Früchte ansezt.

Die Saftblumen fahren während ihrer gan=
zen Blüthezeit fort, denselben abzusondern. So oft die
abgesonderte Menge von den Insekten verzehrt ist,
wird dieselbe aufs Neue ersezt.

Nicht

Nicht bei allen Saftblumen geschieht die Befruchtung unumgänglich nothwendig durch Insekten. Hr. Sprengel überzeugte sich hievon durch folgenden Versuch. Von zweien Pflanzen der Martagons-Lilie, welche in seinem Garten blühten, überzog er die Eine mit einem Beutel von leinener Gaze, dessen Oeffnung er zunähte, um den Insekten den Zugang zu der Blume zu verwehren; die andere Blume ließ er den Insekten frei. Die Blumen der überzogenen Pflanze bekamen befruchtete Saamenkapseln, die Blumen der anderen nicht. Keine anderen Insekten konnten zu der Blume gelangen, als Ameisen, welche sich auch in derselben fanden.

Das Delphinium Ajacis ist ebenfalls eine Saftblume, und zwar eine solche, welche zuerst männlich, nachher aber weiblich ist. Die Insekten, von denen sie befruchtet wird, sind die Hummeln. Diese bringen den Staub von den Staubfäden der jüngeren Blumen auf das Stigma der älteren, bei denen die Staubfäden bereits verblüht sind. Das Saftmaal befindet sich auf dem Dütenförmigen Blatte der Blume, welches mit dem Sporne, der den Saft enthält, zusammengewachsen ist. Dieses Blatt hat nämlich eine andere Farbe, als die übrigen, und einige Figuren von dunkler Farbe. So wie sich eine

ne Hummel auf die, von der Natur gezeichnete,
Stelle sezt, in die Blume hinein kriecht, und aus
dem Sporne den Saft saugt, muß sie nothwendig
bei den jüngeren Blumen, den Staub der blühenden
Staubfäden mit ihrem Unterleibe abstreifen. Das
Stigma ist alsdann, in einer solchen Blume, in welcher die Staubfäden blühen, noch nicht vorhanden.
Die Hummel fliegt mit dem Staube nach einer älteren Blume hin, sucht auch dort den Saft zu verzehren, und findet nun das Stigma eben so in ihrem
Wege, wie die Staubfäden in der vorigen Blume.
Sie kann also nicht zu dem Safte gelangen, ohne den
Saamenstaub der vorigen Blume an dem Stigma
abzustreifen, an dessen klebriger Feuchtigkeit derselbe
hängen bleibt.

Bei dem Antirrhinum Linaria ist der Saft
in dem Horne enthalten. Daß derselbe nicht mit
Regentropfen vermischt werde, wird verhindert,
indem die Unterlippe der Krone sehr einwärts in die
Höhe gezogen ist, wodurch ein großer hohler Höker
entsteht, welcher die Unterlippe dicht an die Oberlippe andrükt, so, daß die Blume fest verschlossen
ist. Dazu kommt noch, daß der Höker an der inneren Seite mit Haaren bewachsen ist, wodurch die
Regentropfen noch mehr verhindert werden, einzu-
dring

bringen. Es gibt für das Inſekt nur Einen Weg,
in die Blume zu gelangen, und dieſen Weg zeigt
ihm das Saftmaal, nämlich die goldgelbe, von der
Farbe der übrigen Blume abſtechende, Stelle des
Hökkers der Unterlippe. Das Inſekt ſezt ſich auf
dieſen Flekken, trennt, vermöge ſeiner eigenen
Schwere, die Unterlippe von der Oberlippe, und
kriecht in die Blume hinein. Die Unterlippe der
Blume iſt aber inwendig haarig, und hat nur in der
Mitte einen kahlen Streifen. Die Inſekten, welche ſich
an den Haaren nicht halten können, folgen natürli-
cherweiſe dieſem kahlen Streife nach. Aber eben an
der inneren Oberfläche des Hökkers, eben an der
mittelſten kahlen Stelle deſſelben, liegen die beiden
Paare von Staubfäden, und zwiſchen denſelben das
Stigma. Das Inſekt muß alſo nothwendig mit ſeinem Rükken die Staubfäden ſowohl, als das Stigma, berühren, und dieſes durch den Saamenſtaub
jener befruchten. Bei dem Herauskriechen ſtreift es
den Staub der unterſten Staubfäden ab, und bringt
ihn an das Stigma, bei dem Hereinkriechen aber den
Staub der oberſten Staubfäden. Wenn das Inſekt aus der Blume wieder herauskriecht, ſo drükt
ſich die Unterlippe, vermöge ihrer Elaſtizität, mit
Gewalt wieder an die Oberlippe an, wodurch die
Blu-

Blume wieder fest verschlossen, und vor dem Regen geschüzt ist.

Auf eine höchst wunderbare Weise geschieht die Befruchtung der Aristolochia Clematitis. Ich werde dieselbe, da sie für die Geschichte der Natur wichtig ist, indem sie über manche andere natürliche Erscheinungen lehrreiche Aufschlüsse gibt, hier noch anführen, und damit meinen Auszug aus Hrn. Sprengels, noch nicht von den Naturforschern hinlänglich gewürdigtem, Meisterwerke beschliessen.

Die Röhre der Blume dieser Aristolochia ist, so lang die Blume aufrecht steht, mit steifen, fabenförmigen, weissen Haaren versehen, welche gegen die Mitte der Röhre anfangen, daselbst einzeln, nachher immer häufiger, und am Ende am häufigsten sind. Die Spizzen dieser Haare sind nicht nach der Oeffnung der Röhre, sondern nach dem Kessel zugekehrt, und bilden also an derjenigen Stelle, wo die Röhre auf dem Kessel sizt, eine kleine Reuse, so daß die Fliegen zwar leicht durch die Röhre hindurch und in den Kessel hinein kriechen können, daß sie aber, wann sie einmal in den Kessel hineingekrochen sind, wegen der ihnen entgegen stehenden Haare, nicht mehr hinaus können. Die Blume befindet sich, während der Zeit ihrer Blüthe, in dreien verschiedenen Zuständen.

ben. Anfänglich scheint sie zu blühen, blühet aber noch nicht; denn weder die Staubfäden, noch das Stigma, sind ausgebildet. Während dieses ersten Zustandes, welcher gemeiniglich sechs Tage dauert, fängt die Blume Fliegen. Diese Insekten kommen, durch den Schein getäuscht, auf die Blume, und kriechen hinein, bis endlich eine ziemliche Anzahl derselben in dem engen Raume des Kessels gefangen ist. Indessen erhalten die Staubfäden nebst dem Stigma ihre gehörige Reife; der zweite Zustand. Die, in dem Gefängnisse unruhigen, Fliegen streifen, durch ihre Bewegung, den Staub von den Staubfäden, und bringen denselben auf das Stigma. Sobald die Blume befruchtet ist, geht sie in den dritten Zustand über. Sie kehrt sich um, verwelkt, und entläßt die gefangenen Insekten aus ihrem Gefängnisse. Die Art von Fliege, welche diese Befruchtung bewirkt, ist die Tipula pennicornis *Fabric.*

Es gibt Vegetabilien, deren Fortpflanzung und Befruchtung ganz und gar von anderen organisirten Körpern abhangt, und die, wegen dieser sonderbaren Abhängigkeit sowohl, als wegen des gänzlichen Mangels an Selbstständigkeit, besondere Aufmerksamkeit verdienen. Unter den Pflanzen dieser Art ist der gemeine Mistel eine der merkwürdigsten. Die-

B b

se

se Pflanze wächst nicht auf und in der Erde, son=
dern auf Bäumen; sie sezt also schon zu ihrer Exi=
stenz einen Baum voraus, auf welchem sie sich auf=
halten könne.   Sie kann ferner, wie Kölreuter
gezeigt hat a), unmöglich auf eine andere Weise, als
durch Insekten, befruchtet werden; folglich sezt sie zu
ihrer Befruchtung die Existenz der Insekten voraus.
Endlich kann auch der reife Saame nicht anders, als
durch Vögel, welche ihn auf dem Einen Baume fres=
sen, und auf dem anderen unverdaut von sich geben,
wieder an eine Stelle gebracht werden, wo er kei=
men soll: ohne Vögel ist demzufolge die Fortpflan=
zung dieser Pflanze unmöglich, und es erfordert die=
se Gattung, wann sie nicht ganz untergehen soll,
Bäume, Insekten und Vögel. Sie kann also schwer=
lich eher entstanden sein, als bis es Bäume, Insek=
ten und Vögel, gegeben hat.

Alles, was bis jezt über die Gattungen, Ras=
sen, Spielarten und Varietäten der Pflanzen, bekannt
ist, besteht in folgenden Erfahrungen, welche wir
den Herren Kölreuter und Kloß zu verdanken
haben.

a) Kölreuter Fortsezzung der vorläufigen Nachricht.
S. 72.

Das

Das Tabaks-Geschlecht.

Erfahrungs-Säzze über dieses Geschlecht.

1. Wenn der Eierstok der Nicotiana rustica mit dem Saamenstaube der Nicotiana paniculata befruchtet wird; so entstehen vollkommene Saamen. Aus diesen Saamen entstehen Pflanzen, welche wahre Blendlinge sind, und zwischen der Nicot. rust. und panic. gerade das Mittel halten. „Ich wurde mit vielem Vergnügen gewahr, „sagt Hr. Kölreuter, „daß sie nicht nur allein in der Ausbreitung der Aeste, in der Lage und Farbe der Blumen überhaupt, gerade das Mittel zwischen den beiden natürlichen Gattungen hielten, sondern daß auch bei ihnen insbesondere alle zur Blume gehörigen Theile (die Staubkölbchen allein ausgenommen) gegen dieselben Theile von den natürlichen gehalten, eine fast geometrische Proportion zeigten. Die Staubkölbchen waren um ein merkliches kleiner, als sie bei den natürlichen Pflanzen (der Nicot. panic. und rust.) sind, und enthielten folglich, auch dem Raume nach, nicht so viel Saamenstaub in sich, als jene. Er war überdem weisser und trokner, und seine Theile hingen nicht so gut unter einander zusammen. „

2) Von

2. Von der männlichen Seite ist diese Blend= lings=Pflanze größtentheils unfruchtbar, und ihr Saamenstaub ist zur Befruchtung nur wenig tüchtig.

3. Von der weiblichen Seite ist diese Blend= lings=Pflanze fruchtbar. Wenn sie mit dem Saa= menstaube der Nicot. panic. oder rustica befruchtet wird: so erhält man fruchtbare Saamen, aus de= nen ein neuer Mittelschlag entsteht, welcher sich et= was mehr dem Vater nähert, mit dessen Saamen= staube die Blendlings=Pflanze befruchtet worden ist.

4. Obgleich diese Blendlings = Pflanze von der männlichen Seite nur wenig fruchtbar ist, so ist sie es doch zuweilen a). Die mit ihrem eigenen Saa= menstaube befruchtete Blendlings=Pflanze, pflanzt sich aber nicht ganz rein fort, sondern sie artet bald et= was dem ursprünglichen Vater, bald mehr der ur= sprünglichen Mutter nach.

5. Man erhält ganz dieselbe Blendlings=Pflan= ze, wenn der Eierstok der Nicot. panic. mit dem Saamenstaube der Nicot. rust. befruchtet wird. Die= se Blendlings=Pflanze verhält sich in jeder Rüksicht eben so, wie die vorher beschriebene.

6. Wenn man diese Blendlings = Pflanze mit dem vermischten Saamenstaube der Nicot. rustic.

unb

a) Kölreuter Fortsezzung. S. 21.

und perennis befruchtet: so erhält man Blendlinge, welche mehr oder weniger von der perenn. an sich haben.

7. Wird diese Blendlings-Pflanze mit dem vermischten Saamenstaube von der Nicot. panic. und perenn. befruchtet: so erhält man eben solche Blendlinge, als wenn man den Saamenstaub von der panic. allein zur Befruchtung genommen hätte. Von der perenn. haben sie nichts angenommen.

8. Wird diese Blendlings-Pflanze mit dem vermischten Saamenstaube von der Nicot. panic., rust. und perenn. befruchtet: so erhält man eben solche Blendlinge, als wenn man den Saamenstaub von der panic., oder von der rustic., allein zur Befruchtung genommen hätte.

9. Wird mit demjenigen Theile des Saamenstaubes der Blendlings-Pflanze, welcher tüchtig zur Befruchtung ist, die Nicot. rust. befruchtet: so erhält man eben solche Pflanzen, als man erhält, wenn man die Blendlings-Pflanze mit dem Saamenstaube der Nicot. rust. befruchtet.

10. Wenn der Eierstok der Nicot. rust. mit dem vermischten Saamenstaube der Nicot. panic. und perenn. befruchtet wird: so erhält man bloß die bis-

her

her beschriebene Blendlings-Pflanze. Von der perenn. nimmt die rust. gar nichts an.

11. Wird der Eierstok der Nicot. panic. mit dem vermischten Saamenstaube der Nicot. rust. und perenn. befruchtet: so erhält man bloß die bisher beschriebene Blendlings-Pflanze. Von der perenn. nimmt die panic. gar nichts an.

12. Wird der Eierstok der Nicot. panic. mit dem vermischten Saamenstaube der Nicot. panic. und perenn., oder mit einer Mischung aus dem Saamenstaube der Nicot. panic. perenn. und rust., befruchtet: so nimmt sie bloß den Saamenstaub ihrer eigenen Rasse an, und nichts von den anderen.

13. Eben so verhält sich auch die Nicot. perennis.

Aus diesen Versuchen erhellet: 1) daß die Nicot. rustica und paniculata zwei Rassen Eines ursprüng= lichen Stammes sind: denn sie zeugen mit einander fruchtbare und halbschlächtige Junge. 2) Daß die Nicot. (und vermuthlich allen Pflanzen) den Saamenstaub ihrer Rasse jedem anderen vorziehe, und nur in Ermanglung desselben sich mit dem Saamenstaube einer anderen Rasse ihrer Gattung vermische.

Fer=

Fernere Versuche mit der bisher beschriebenen Blendlings-Pflanze aus der Nicot. ruſtic. und paniculata:

14. Wird der Eyerſtok dieſer Blendlings-Pflanze mit dem Saamenſtaube der Nicot. perennis befruchtet: ſo entſteht ein neuer Blendling, welcher zwiſchen dem erſten Blendlinge und der Nicot. perennis einen Mittelſchlag ausmacht. Dieſer Blendling iſt aber von der männlichen Seite ſowohl, als von der weiblichen, größtentheils unfruchtbar. Man kann ihn weder mit ſeinem eigenen Blumenſtaube, noch mit dem Blumenſtaube der Nicot. ruſtic. perenn., panic. und glutin. befruchten.

15. Die Bleudlinge, ſowohl der erſte (1) als der zweite (14) wachſen viel ſchneller und höher, haben einen viel ſtärkeren Trieb, blühen länger und leben länger, als die väterlichen und mütterlichen Pflanzen, aus denen ſie entſproſſen ſind. Eine ähnliche Bemerkung iſt oben, bei den Baſtarten der Kanarienvögel, gemacht worden; vielleicht gilt dieſe Bemerkung allgemein, bei allen Blendlingen der Thiere und Pflanzen.

16. Wird die Blendlings-Pflanze (1) mit dem Saamenſtaube der Nicot. panic, befruchtet,; ſo erhält man, wie bereits bemerkt worden iſt (3.) einen

neuen

neuen Mittelschlag, welcher der Nicotiana paniculata noch ähnlicher ist, als die Blendlings-Pflanze. Wird derselbe mit dem Saamenstaube der Nicot. glutinosa befruchtet: so erhält man einen abermaligen halb- schlächtigen, aber unfruchtbaren, Blendling. Dieser lezte Blendling nähert sich sehr demjenigen Blendlinge, welcher durch Vermischung der Nicot. panic. und glutin. entsteht, und von welchem unten die Rede sein wird.

17. Wird die Blendlings-Pflanze (1.) mit dem Saamenstaube der Nicotiana glutinosa befruchtet: so erhält man einen Mittelschlag, dessen Saamen- staub unfruchtbar zu sein scheint.

18. Wird die Blendlings-Pflanze (1) mit dem Samenstaube der Nicot. panic. befruchtet; so erhält man, wie bereits bemerkt worden ist (1. 16.) einen neuen Mittelschlag, welcher der Nicot. panic. noch ähnlicher ist, als die Blendlings-Pflanze. Wird derselbe mit dem Saamenstaube der Nicot. panic. auch wieder befruchtet: so erhält man Pflanzen, welche von der Nicot. panic. kaum mehr zu unter- scheiden sind, und fruchtbare Saamen in Menge liefern, auch sich selbst zu befruchten vermögen.

19. Wird die, in dem vorigen Versuche erhaltene, Pflanze mit dem Saamenstaube der Nicot. panic. abermals befruchtet: so wird der neue Mittelschlag der Nicot. panic. noch ähnlicher. 20.

20. Wird endlich die, in dem vorigen Versuche erhaltene, Pflanze noch einmal mit den Saamenstaube der Nicot. panic. befruchtet: so entsteht die wahre Nicot. panicul. Von der Nicot. rust. bleibt dann keine Spur mehr übrig.

Hier ist also eine auffallende Analogie in den Gesezzen der Zeugung zwischen dem Thierreiche und dem Pflanzenreiche.

Die Nicot. rust. zeugt mit der Nicot. panic. den Blendling (1).

Der Blendling (1) zeugt mit der Nicot. panic. den Terzeron (3).

Der Terzeron (3.) zeugt mit der Nicot. panic. den Quarteron (18.)

Der Quarteron (18.) zeugt mit der Nicot. panic. den Octavon (19.)

Der Octavon (19.) zeugt mit der Nicot. panic. die Nicotiana paniculata. (20).

In der fünften Generation ist folglich von demjenigen, was die Nicotiana rustica in die Zeugung gebracht hatte, keine Spur mehr übrig.

Eben so zeugt der weisse Mensch mit dem Neger, den Mulatten.

Der Mulatte mit dem Weissen, den Terzeron.

Der Terzeron mit dem Weissen, den Quarteron.

Der

Der Quarteron mit dem Weissen, den Quinteron,

Und der Quinteron mit dem Weissen, einen Menschen, welcher ganz weiß ist, und von seinem schwarzen Halbursprunge keine Spur mehr übrig behält. Die Analogie ist also vollkommen.

21. Die Vermischung der Nicot. ruft. mit dem Quaterone (18.) wollte anfänglich nicht gelingen, gab aber, bei wiederholtem Versuche, eine große Menge fruchtbarer Pflanzen, welche dem Blendlinge (1) äusserst ähnlich waren.

22. Die Vermischung des Blendlings (1) mit dem Quarterone (18.) gab einen Mittelschlag, welcher viel von der panic. an sich hatte.

23. Die Vermischung des Terzerons (3) mit der Nicot. ruft. gibt einen Mittelschlag, welcher sich wieder etwas mehr der ruft. nähert, dessen Fruchtbarkeit oder Unfruchtbarkeit aber noch nicht ausgemacht ist.

24. Es ist oben (14) bemerkt worden, daß nach Vermischung des Blendlings (1) mit der Nicot. perenn. ein neuer Blendling entstehe, welcher zwischen dem ersten Blendlinge (1.) und der Nicot. perenn. einen Mittelschlag ausmache; daß aber dieser neue Blendling größtentheils unfruchtbar sei. Einst gelang es indessen dennoch, ihn mit dem Saamen

menstaube der Nicot. rust. zu befruchten, und es ent=
stand daraus abermals ein Mittelschlag, welcher et=
was mehr von der Nicot. rust. angenommen hatte.

Die Nicot. perenn. gehört demzufolge mit der
Nicot. panic. und rust. vermuthlich zu Einer Gat=
tung.

25. Wird der Terzeron (3) mit der Nicot.
glutin. vermischt: so erhält man einen Mittelschlag,
welcher unfruchtbar zu sein scheint.

26. Der Terzeron (3.) gibt mit der Nicot. maj.
vulgaris einen Mittelschlag, welcher unfruchtbar zu
sein scheint.

27. Merkwürdig ist es, daß, wenn man den
Terzeron (3.) mit sich selbst befruchtet, daraus
Pflanzen zieht, und diese abermals mit sich selbst
befruchtet, dergleichen Pflanzen in den folgenden Ge=
nerationen von selbst immer mehr der Nicot. panic.
an Gestalt und übrigen Eigenschaften sich nähern.

Soviel von der Vermischung der Nicot. panic.
und rust. Nunmehr wollen wir einer anderen Reihe
von Versuchen über das Tabaksgeschlecht erwähnen,
wel=

welche für die Naturgeschichte nicht weniger lehrreich sind, als die vorigen.

1. Die Nicotiana major vulgaris gab mit der Nicotiana glutinosa einen Blendling, welcher in allem zwischen beiden Pflanzen das Mittel hielt, aber von der männlichen sowohl, als von der weiblichen Seite, völlig unfruchtbar war, und durch keinen Saamenstaub von andern Rassen befruchtet werden konnte. Endlich aber gelang es Hrn. Kölreuter doch noch, aus dieser Vermischung einen fruchtbaren Blendling zu erhalten.

Demzufolge gehören die Nicotiana maj. vulg. und die Nicot. glutinosa nicht zu zweien verschiedenen Gattungen, sondern sie sind bloß verschiedene Rassen Eines Stammes.

2. Die Nicotiana transsylvanica gibt mit der Nicot. glutinosa einen Blendling, welcher eben so unfruchtbar ist, als der Bleubling (1).

Demzufolge gehört die Nicot. transsylv. zu einer anderen natürlichen Gattung, als die Nicotiana glutinosa.

3. Die Nicot. rust. gibt mit der Nicot. perennis einen Blendling, welcher bis jezt noch unfruchtbare Saamen gebracht hat. Daß aber diese beiden Ta-

baksbalsarten dennoch vermuthlich zu Einer Gattung gehören, ist oben bereits gezeigt worden.

4. Die Nicot. rustic. gibt, durch Vermischung mit der Nicot. maj. vulg. einen Blendling, welcher bis jezt noch unfruchtbare Saamen gebracht hat.

5. Die Nicot. rust. gibt, durch Vermischung mit der Nicot. glutinosa, einen Blendling, dessen Blumen unbefruchtet abfallen, und welcher also ganz unfruchtbar ist.

6. Die Nicot. panic. gibt mit der Nicot. perenn. einen Blendling, welcher fruchtbar zu sein scheint.

7. Die Nicot. panic. gibt mit der Nicot. vulg. maj. einen unfruchtbaren Blendling.

8. Die Nicot. panic. gibt mit der Nicot. glutinosa einen unfruchtbaren Blendling.

9. Die Nicot. glutin. gibt mit der Nicot. perennis einen unfruchtbaren Blendling.

10. Eben so verhält sich die Nicot. transylvanica mit der Nicot. panic.

11. Die Nicot. maj. vulgaris, perennis, transylvanica, und die Nicot. flore albo, zeugen alle unter einander halbschlächtige und fruchtbare Blendlinge.

12. Wenn man die Nicot. perenn. mit einer kleinen Menge eigenen Saamenstaubes, und zugleich mit einer viel größeren von dem Saamenstaube der glu-

glutin. befruchtet: so erhält man bloß Nicot. perennis.

13. Wenn man die Nicot. glutin. mit einer kleinen Menge eigenen Saamenstaubes, und zugleich mit einer großen Menge Saamenstaub von der Nicot. panic. befruchtet: so erhält man bloß Nicot. glutinosa.

14. Eben so verhält sich die glutin, wenn man, statt des Saamenstaubes der panic., Saamenstaub von der maj. vulg. nimmt.

15. Wenn man die Nicot. rust. mit einer sehr kleinen Menge ihres eigenen Saamenstaubes, und einer viel größeren Menge von dem Saamenstaube der panic. befruchtet: so erhält man doch eine Anzahl Blendlinge, unter vielen ächten Pflanzen per rustica.

Ueberhaupt zieht jede Pflanzenart, wie oben bereits bemerkt worden ist, ihren eigenen Saamenstaub jedem anderen Saamenstaube vor.

Durch die obenstehenden Versuche, welche aber noch wiederholt und abgeändert werden müßten, um für den Naturforscher recht lehrreich zu sein, ist es bewiesen, daß die Tabaksarten alle zu Einer Gattung gehören, und bloß verschiedene Rassen Eines Stammes sind: denn sie zeugen mit einander halbschlächtig und fruchtbar.

———————

Das

Das Nelken-Geschlecht.

1. Der Dianthus chinensis mit einfachen, hell-kermesinrothen Blumen, wurde mit dem Saamen-staube des gemeinen Dianthus barbatus (von einer Art mit kermesinrothen, etwas ins violette spielen-den, und mit kleinen weissen Punkten besäeten, Blumen) befruchtet. Es entstand ein Blendling, wel-cher zwischen den Eltern genau das Mittel hielt, und dessen Blumen kermesinroth, etwas ins Violette spie-lend, und überall mit weissen Punkten bedekt waren. Die Blumen dieses Blendlinges waren im Stande, sich selbst zu befruchten.

2. Der Blendling (1) wurde mit dem Saa-menstaube des Dianthus Chinensis befruchtet, und gab einen neuen Mittelschlag, einen Terzeron, wel-cher dem Dianthus Chinensis schon ähnlicher sah, als der Blendling (1). Die weissen Punkte in den Blumen waren verschwunden; dagegen aber zeigte sich der, dem Dianthus Chinensis eigene, Kreis wie-der. Dieser Terzeron befruchtete sich selbst, und brachte gute Saamen.

3. Der Blendling (1) wurde mit dem Saa-menstaube des Dianthus barbatus befruchtet. Der dadurch erhaltene Mittelschlag, oder Terzeron, hat-

te

te weit mehr Aehnlichkeit mit dem Dianthus barbatus, als der Blendling (1). So groß war die Aehnlichkeit, daß ein Theil der Blumen in dem ersten Sommer nicht blühete. Die Blumen waren an dem inneren und äusseren Theile blaßröthlich, in der Mitte aber kermesinroth, und hatten ganz deutliche weisse Punkte. Uebrigens waren die Blumen unter sich
verschieden.

4. Der Terzeron, welcher entstand, wenn der
Eierstok des Dianthus Chinensis mit dem Saamenstaube des Blendlings (1.) befruchtet wurde, kam
völlig mit dem Terzerone (2.) überein.

5. Der, mit seinem eigenen Blumenstaube befruchtete, Blendling (1.) blieb auch in den folgenden Generationen sich völlig gleich.

6. Der Blendling (1.) wurde mit dem Saamenstaube des Dianthus hortensis (von einfacher
purpurrother Blume) befruchtet. Es entstand ein
neuer Mittelschlag, welcher aber mehr von dem
Dianthus hortensis (der Gartennelke) als von dem
Blendlinge (1) an sich hatte. Dieser Mittelschlag
hatte keine Staubfäden (welches bei dem Nelken-
Geschlechte überhaupt sich oft ereignet).

7. Wenn die Eierstökke des neuen Blendlinges
(6.) mit dem Saamenstaube des Dianth. hortensis

oder

oder des Dianth. Chinensis befruchtet wurden; so erhielt man nur eine sehr geringe Anzahl fruchtbarer Saamen.

8. Der Terzeron (2.) gab, durch Befruchtung mit dem Saamenstaube des Dianthus barbatus, abermals einen Blendling, welcher sich nun wieder dem Dianthus barbatus sehr genähert hatte, aber unfruchtbarer geworden war.

9. Diese Blendlinge hatten eine sehr viel stärkere Vegetationskraft, blüheten auch früher und länger, als ihre Eltern gewöhnlich zu thun pflegen.

10. Der, mit seinem eigenen Saamenstaube befruchtete, Terzeron (3.) artete in den folgenden Generationen immer mehr nach dem Dianthus barbatus.

11. Der, mit seinem eigenen Saamenstaube befruchtete, Terzeron (2.) artete in den folgenden Generationen immer mehr nach dem Dianthus Chinensis. Eben so verhielt sich der Terzeron (4) wenn derselbe mit seinem eigenen Saamenstaube befruchtet wurde.

12. Wenn der Terzeron (2.) mit dem Saamenstaube des Dianthus barbatus befruchtet wird: so entsteht ein neuer Blendling, welcher dem Blendlinge (1.) äusserst ähnlich ist.

Cc   13.

13. Nur mit großer Schwierigkeit kann man den Dianthus Chinensis und den Dianthus hortensis mit einander vermischen. Wenn es aber gelingt: so erhält man einen Blendling, welcher von beiden gleichviel an sich hat. Die Blumen sind blaßpurpur= roth, allenthalben gleich stark gefärbt, und haben schon einen schwachen Geruch. Von dem Kreise des Dianthus Chinensis ist kaum eine schwache Spur übrig. Dieser Blendling befruchtet sich selbst; das heißt: er ist von der männlichen Seite sowohl, als von der weiblichen, fruchtbar.

14. Wird der Dianthus Chinensis mit dem Saamenstaube des Dianthus Carthusianorum sylva= ticus befruchtet: so entsteht ebenfalls ein Blendling, welcher von männlicher und weiblicher Seite noch et= was fruchtbar ist.

15. Wird der einfache Dianthus Chinensis mit dem gefüllten befruchtet: so entsteht kein Mittel= schlag, sondern zuweilen lauter einfache, zuweilen lau= ter gefüllte Nelken. Ein Beweis, daß beide Pflanzen bloß Varietäten Einer Rasse, nicht aber verschie= dene Rassen Eines Stammes sind: denn nur das, was unausbleiblich halbschlächtig anerbt, macht den Unterschied der Rassen aus.

16.

16. Wird der Blendling (1) mit dem Saamenstaube des Dianth. hortensis befruchtet: so entsteht, wie bereits oben (6.) bemerkt worden ist, ein neuer Mittelschlag, welcher mehr von dem Dianthus hortensis an sich hat, als von dem Blendlinge (1). Wird nun der Eierstok dieses neuen Mittelschlages wieder mit dem Saamenstaube des Dianthus Chinensis befruchtet: so entsteht abermals ein Mittelschlag, welcher sich etwas mehr dem Dianthus Chinensis nähert.

17. Wird der Eierstok des Mittelschlages (6.) mit dem Saamenstaube des gefüllten Dianthus hortensis befruchtet: so entsteht abermals ein Mittelschlag, welcher von dem Dianthus hortensis wenig mehr verschieden ist.

18. Wird der Eierstok des Blendlinges (1.) mit dem Saamenstaube des Blendlinges (13.) befruchtet: so erhält man einen neuen Mittelschlag, welcher etwas von beiden Blendlingen an sich hat.

19. Wird der Eierstok des Blendlinges (14.) mit dem Saamenstaube des Dianthus Chinensis befruchtet: so entsteht ein neuer Mittelschlag, welcher dem Dianthus Chinensis wieder etwas näher kommt, als der Blendling (14.).

20.

20. Wird der Eierstok des Blendlinges (14.) mit dem Saamenstaube des Dianthus barbatus befruchtet: so entsteht ein fruchtbarer Mittelschlag, welcher mit dem Mittelschlage, oder Terzeron (3.) eine große Aehnlichkeit hat.

21. Wird der Blendling (13.) durch sich selbst befruchtet: so entstehen Pflanzen, welche dem Blendlinge (13.) ähnlich sind.

22. Wird der Blendling (13.) mit dem Saamenstaube des Dianth. hortensis befruchtet: so erhält man einen neuen Mittelschlag, welcher weit mehr Aehnlichkeit mit dem Dianth. hortensis hat, als der Blendling (13.) und dessen Blumen auch schon einen weit stärkeren Geruch haben, als die Blumen des Blendlinges (13).

23. Wird der Eierstok des Dianthus Chinénsis mit dem Saamenstaube des Dianthus superbus befruchtet: so entsteht ein Blendling, welcher fruchtbar ist. Auch dieser Blendling blühet weit länger, und hat überhaupt ein längeres Leben und eine stärkere Vegetationskraft, als seine Eltern.

24. Wird der Eierstok des Blendlinges (1.) mit dem Saamenstaube des Dianth. suberbus befruchtet: so entsteht ein neuer Mittelschlag, welcher etwas von der Gestalt des Dianth. superbus angenommen hat.

25.

25. Wird der Blendling (13.) mit dem Saamenstaube des Dianth. superbus befruchtet: so entsteht ein neuer Mittelschlag, welcher ganz deutlich etwas von dem Dianth. superbus angenommen hat.

26. Wird der Eyerstok des Dianth. barbatus mit dem Saamenstaube des Dianth. hortensis befruchtet: so entsteht ein Blendling, welcher zwischen beiden ein Mittelschlag ist.

26. Wird der Eyerstok des Dianth, barbatus mit dem Saamenstaube des Dianth. deltoides befruchtet: so entsteht ein, vermuthlich unfruchtbarer, Blendling.

27. Wird der Dianthus Chinensis mit dem Saamenstaube des Dianth. deltoides befruchtet: so entsteht ein, vermuthlich unfruchtbarer, Blendling.

28. Wird der Dianthus Chinensis mit dem Saamenstaube des Dianthus Armeria befruchtet; so entsteht ein Blendling. In dem Versuche war der Dianth. Chinensis gefüllt, und daher fanden sich auch die Blumen des Blendlinges gefüllt und ohne Staubfäden. Dieser Blendling war von männlicher und weiblicher Seite ganz unfruchtbar, vermuthlich weil der Dianth. Chinensis gefüllt gewesen war.

29.

29. Wird der Dianthus plumarius Sibiricus mit dem Dianthus Chinenſis befruchtet: ſo entſteht ein Blendling, welcher ſich ſelbſt befruchten kann, das heißt, welcher von männlicher ſowohl, als weiblicher Seite, fruchtbar iſt. Der Dianthus plumarius Sibiricus war aus den Saamen einer Pflanze erwachſen, welche Gmelin aus Sibirien nach Tübingen gebracht hatte, und der Dianth. Chinenſis war ein Dianthus mit einfachen Blumen.

30. Der Dianth. plumar. Sibiricus gibt mit dem Dianthus glaucus einen, wie es ſcheint unfruchtbaren, Blendling.

31. Werden die, durch ſich ſelbſt fortgeflanzten, Blendlinge (21.) mit dem Saamenſtaube des Dianth. plumar. Sibiric. befruchtet: ſo entſteht ein neuer Blendling, welcher fruchtbar iſt.

32. Wird der Blendling (23.) mit dem Saamenſtaube des Dianth. barbatus befruchtet: ſo entſteht ein neuer Blendling, welcher große Aehnlichkeit mit dem Blendlinge (24) hat.

33. Wird der neue Mittelſchlag, oder Blendling (25.) abermals mit dem Saamenſtaube des Dianthus ſuperbus befruchtet: ſo entſteht ein neuer Terzeron, welcher mit dem Dianth. ſuperbus ſchon große Aehnlichkeit hat.

Aus

Aus allen diesen Versuchen erhellet unwidersprech-
lich, daß die Arten des Dianthus, mit welchen dieselben sind angestellt worden, nämlich: Dianthus
Chinensis, barbatus, hortensis, Carthusianorum, glaucus, deltoides, plumarius, superbus und Armeria,
alle zu Einer natürlichen Gattung gehören, und bloß
als so viele verschiedene Rassen Eines Stammes anzusehen sind. Denn da sie alle mit einander, und
unter einander, halbschlächtig und fruchtbar zeugen, folglich eine Einheit der Zeugungskraft unter
ihnen statt findet: so müssen sie auch alle aus Einem
gemeinschaftlichen Stamme ursprünglich haben entstehen können, und entstanden sein.

Das Wollkraut-Geschlecht.

1. Die Vermischung des Verbascum phoeni-
ceum mit dem Verbascum Lichnitis, gibt einen Blendling.

2. Die Vermischung des Verbascum phoeni-
ceum mit den Verbascum phlomoides, gibt einen
Blendling.

3. Die Vermischung des Verbascum phoeni-
ceum mit dem Verbascum nigrum, gibt einen Blendling.

4. Die

4. Die Vermischung des Verbaseum phoeni-ceum mit dem Verbascum Blattaria, gibt einen Blend-ling.

5. Sehr merkwürdig scheint es, daß das Ver-baseum phoeniceum, mit welchem diese Versuche angestellt wurden, sich mit seinem eigenen Saamen-staube durchaus nicht befruchten ließ. Es ist dieses ein neuer Beweis des oben aufgestellten Sazzes: daß die meisten Zwitterblumen nur durch den Saa-menstaub eines anderen Individuums ihrer Raße be-fruchtet werden können.

6. Die Vermischung des Verbascum phoeni-ceum mit dem Verbascum Thapsus, gibt ebenfalls einen Blendling.

7. Die Vermischung des Verbascum nigrum mit dem Verbascum Lichnitis, gibt ebenfalls einen Blendling.

8. Die Vermischung des Verbascum nigrum mit dem Verbascum Blattaria, liefert auch einen Blend-ling.

9. Eben so erhält man einen Blendling, wenn man das Verbascum Lichnitis mit dem Verbascum Blattaria vermischt.

10. Oder das Verbascum nigrum mit dem Ver-bascum Thapsus.

11.

11. Oder das Verbaſcum phlomoides mit dem Verbaſcum nigrum.

12. Oder das Verbaſcum phlomoides mit dem Verbaſcum Lichnitis.

13. Oder das Verbaſcum Thapſus mit dem Verbaſcum Lichnitis.

14. Oder das Verbaſcum Blattaria mit dem Verbaſcum Lichnitis.

Hr. Kölreuter bemerkt, In Rükſicht aller der ſo eben angegebenen Blendlinge des Wollkraut=Geſchlechtes, daß ſie:

1) alle einen vollkommenen halbſchlächtigen Mittelſchlag zwiſchen ihren Eltern ausmachen.

2) Von der männlichen ſowohl, als von der weiblichen Seite, durchaus unfruchtbar ſind.

3) „Es hat,„ ſagt er „beinahe das Anſehen, als wenn das ſchnellere Wachsthum; die beſchleunigte, frühere und verlängerte Blüthezeit; die neuen, gegen den Herbſt ſich zeigenden, Triebe junger Stengel aus der Wurzel ſowohl, als aus dem Stamme; und eine längere Dauer der Pflanze, mit unter die allgemeineren Eigenſchaften der Baſtarte zu rechnen wären. Alles dieß hat noch bisher bei den meiſten Baſtarten aus dem Wollkraut=Geſchlechte, beſonders bei den ins Land verſezten, und zwar auch bei

fol=

solchen Gattungen eingetroffen, deren einheimische Mutter- oder Vaterpflanzen gemeiniglich erst im zweiten Jahre zu blühen, und nach vollbrachter Blüthe gänzlich abzusterben pflegen. Es ist sehr schwer von der verstärkten Vegetationskraft vor der Blüthe einen tüchtigen Grund anzugeben; hingegen ließe sich die Fortdauer derselben nach der Blüthe vielleicht daraus erklären; weil sich diese Pflanzen nicht, wie die natürlichen, durch die Ernährung des Saamens erschöpfen und ausmergeln können."

Die Bemerkung, daß die Blendlinge von zweijährigen Pflanzen, das heißt, von Pflanzen, welche erst im zweiten Jahre blühen, und dann absterben, einjährige Pflanzen sind, nämlich solche, welche schon in dem ersten Jahre blühen, diese Bemerkung scheint mir von größter Wichtigkeit zu sein. Es erhellet wenigstens daraus, daß der Unterschied zwischen zweijährigen und Einjährigen Pflanzen nicht wesentlich ist, und daß eine besondere Modifikation des Bildungstriebes die Einen in die anderen zu verwandeln vermag.

Uebrigens bleibt es, so lang bis die erzeugten Blendlinge des Wollkraut-Geschlechtes fruchtbar gefunden werden, noch unausgemacht, ob die Arten

des-

desselben bloß Rassen Einer Gattung, oder aber wirklich verschiedene Gattungen sind.

Das Levkoyen-Geschlecht.

Die Gärtner nehmen bekanntlich einen Unterschied zwischen Sommer- und Winterlevkoyen an, und Linné hat zwei Arten daraus gemacht, von denen er die erste Cheiranthus annuus, die zweite aber Cheiranthus incanus nennt. Die Sommerlevkoyen (Cheiranthus annuus) dauern nur Einen Sommer: die Winter-Levkoyen hingegen (Cheiranthus incanus) blühen nicht in dem ersten Sommer nach ihrer Aussaat, sondern erst in dem darauf folgenden Sommer, nach überlebtem Winter; daher ihr Nahme. Hr. Kölreuter untersuchte: ob es wirklich zwei verschiedene Gattungen, oder nur verschiedene Rassen Eines Stammes wären. Er vermischte sie beide unter einander, und erhielt dadurch einen völligen Mittelschlag zwischen beiden, einen Blendling. Dieser Blendling verrieth seine mittlere Natur, indem er früher und stärker zu blühen anfing, als die Winterlevkoyen in dem ersten Jahre zu thun pflegen, dagegen aber seine Blumen später, und nicht in der vollkommenen Anzahl hervor-

412 Zweiter Abschnitt. Anwend. der Theorie

vorbrachte, als es sonst die Art der Sommer-Lev-
koyen mit sich bringt. Die Seitentriebe blühten in dem
ersten Sommer gänzlich, und auch der Haupttrieb
schien zur Blüthe kommen zu wollen, welches jedoch
erst in dem folgenden Jahre, aber früh geschah. Dieser Blendling war übrigens ausserordentlich fruchtbar.

Es erhellet aus diesem Versuche, daß Cheiranthus annuus und Cheiranthus incanus, oder die Som-
mer- und Winter-Levkoyen, bloß zwei verschiedene
Raßen Eines Stammes sind.

Cheiranthus incanus gibt, durch Vermischung
mit dem Cheiranthus feneftralis, einen fruchtbaren
Blendling. Wird dieser Blendling abermals mit dem
Saamenstaube des Cheiranthus feneftralis befruchtet, so entsteht ein Terzeron, welcher sich dem Cheiranthus feneftralis mehr nähert, als der Blendling.

Das Hibiskus-Geschlecht.

Der Hibiscus Mauihot wurde mit dem Hibiscus
vitifolius vermischt. Aus dieser Vermischung entstand ein fruchtbarer Mittelschlag. Folglich sind
Hibiscus vitifolius und Hibiscus Manihot bloß verschiedene Raßen Eines Stammes.

Das

Das Stechapfel=Geschlecht.

Die Datura ferox wurde mit der Datura Tatula vermischt. Aus der Vermischung entstand ein halb=schlächtiger und fruchtbarer Blendling. Ein Beweis, daß diese beiden Stechapfel zu Einer Gattung gehören.

Das Akeley=Geschlecht.

Die gemeine Europäische Garten=Akeley (Aquilegia vulgaris) wurde mit der Amerikanischen Ake=ley (Aquilegia Canadensis) befruchtet, und gab einen halbschlächtigen, sehr fruchtbaren, Blendling. Beide sind demzufolge verschiedene Rassen Eines Stammes.

Das Kürbis=Geschlecht.

Die verschiedenen Farben und Gestalten der Kür=bisse sind nicht verschiedene Rassen Einer Gattung, sondern bloß verschiedene Varietäten Einer Rasse. Dieß erhellet daraus, daß dergleichen Eigenthüm=lichkeiten der Kürbisse nicht unausbleiblich anerben. Die bunten Kürbisse z. B. wenn sie auch mit der größten Sorgfalt gewartet, und rein befruchtet wer=den, arten nicht nach, sondern werden jederzeit mehr grün, als die Saamen, aus denen sie gezogen wor=den sind: zuweilen auch ganz grün.

Eben

Eben so wenig, als die Farbe, artet die Gestalt nach. Aus langen Birnkürbissen entstehen, auch nach der reinsten Befruchtung, ganz runde a): zuweilen pflanzt sich jedoch die Gestalt fort. Allein der Umstand, daß dieß nicht unausbleiblich geschieht, ist ein Beweis, daß der Unterschied in der Gestalt der Kürbisse, eben so wie der Unterschied in der Farbe, bloß ein Varietäten = Unterschied, kein wesentlicher ist.

Man kann, nach der Bemerkung des Hrn. von Dieskau b), den Kürbis mit dem Saamenstaube von mehr als Einer Varietät befruchten. „Wir haben hier„ sagt er „aus einem schönen Sternkürbisse vier bis fünf, einander ganz unähnliche, Sorten gezogen, und nur Eine davon hatte mit der Mutter einige Aehnlichkeit.„ Eben dieß beweisen auch die Versuche des Hrn. Hofadvokats Pezold c).

Der männliche Saamenstaub des Kürbis läßt sich über vier und zwanzig Stunden aufbewahren, ohne daß er seine Kraft verliert.

a) von Dieskau Vortheile in der Gärtnerey. Bd. I. S. 285.

b) Ebendaf. S. 286.

c) Ebendaf. S. 286.

———————

Das

Das Geranium-Geschlecht.

Hr. Kloß a) vermischte das Geranium inquinans mit dem Geranium Zonale, und erhielt einen fruchtbaren Blendling, welcher zwischen beiden Eltern genau das Mittel hielt. Die Zweige dieses Blendlinges waren nicht so dik und fleischig, als die Zweige des Geran. inquinans, aber auch nicht so schlank, als die die Zweige des Zonale. Die Blätter waren so dik und filzig, als bei dem Geran. inquin. aber auch diker, als bei dem Geran. Zonale. Der klebrige Schleim des inquin. hatte sich fast ganz verlohren. Der braune Kreis des Zonale blieb bis zur Hälfte übrig. Die Blumenblätter waren nicht so breit, als bei inquin., aber auch nicht so lang, als bei Zonale. Die Farbe der Blumen hielt zwischen der hohen Scharlachfarbe des inquin. und der Fleischfarbe des Zonale gerade das Mittel. Es war auch kein Theil der Pflanze, worin sich nicht die mittlere Proportion auf das genaueste gezeiget hätte.

a) Hannöverisches Magazin. 1755. S. 646.

Ich glaube nunmehr die Richtigkeit der von mir aufgestellten Theorie dargethan, und überzeugend bewiesen zu haben, daß der, von dem großen Denker

Kant

Kant für die Menschen-Rassen angenommene, Saz der unausbleiblichen halbschlächtigen Zeugung ein allgemeines Naturgesez ist, welches für die ganze organisirte Natur, für Thiere sowohl, als für Pflanzen, gilt. Von einigen besonderen Anwendungen desselben Gesezzes, wodurch wir über die Veränderungen, welche die organisirten Körper seit ihrem ersten Ursprunge erlitten haben, wichtige Aufschlüsse erhalten, werde ich bei einer anderen Gelegenheit sprechen, vorausgesezt, daß dieser erste Versuch einer philosophischen Naturgeschichte von Naturforschern und Philosophen nicht allzuungünstig aufgenommen werde.

An

Anhang

die schwarzen Karaiben betreffend.

Oben S. 63. hatte ich gesagt, daß die schwarzen Karaiben auf der Insel St. Vinzent Blendlinge wären, welche einen weit muthigern, kraftvollern und thätigern Schlag von Menschen ausmachten, als die beiden Raßen, aus deren Vermischung sie entsprungen sind. Hierüber schrieb mir ein scharfsinniger, mit der Geschichte der Menschheit genau bekannter, Naturforscher, welchem ich die Bogen meines Buches während des Abdruckes mittheilte, folgendermaßen:

„Mir war nicht bekannt, daß die, S. 63. er„wähnten, schwarzen Karaiben auf St. Vincent „Blendlinge seien. Ich hatte immer geglaubt, es „seien die reinen Abkömmlinge der entloffenen Ne„ger, deren etliche hunderte, in der ersten Hälfte „des vorigen Jahrhunderts, von Barbadoes dahin „geflüchtet sind.„

Db   Da

Da nun mehrere Leser gegen meine Behauptung dieselben Zweifel haben könnten, die mein einsichtsvoller Freund hatte; so halte ich es für Pflicht, diese Zweifel auf eine befriedigende Weise zu lösen. Dazu dient mir eine kleine Schrift, welche im vorigen Jahre zu London herausgekommen ist, und als authentisch und offiziell angesehen werden kann, weil sie aus den hinterlassenen Papieren und Aktenstücken des verstorbenen ersten Sekretairs der Großbrittannischen Admiralität, Sir William Young, gezogen ist a). Der Titel dieser, in Rücksicht auf den Gegenstand, von welchem ich hier handle, wichtigen Schrift, heißt:

An account of the black Charaibs in the island of St. Vincent's; with the Charaib treaty of 1773 and other original Documents. Compiled from the papers of the late Sir William Young, Bart. 8. 1795.

Hier wird von den schwarzen Karaiben folgendes erzählt:

„Die Insel St. Vinzent war, zur Zeit ihrer Entdeckung, mit rothen Karaiben bevölkert, welche wahr-

a) In dem Monthly Review for April 1796 wird S. 471 gesagt: This pamphlet is valuable for its almost official authenticity.

wahrscheinlich von dem festen Lande von Süd-Amerika dahin gekommen waren. Im Jahre 1675 scheiterte ein Afrikanisches Sklaven-Schiff an der Küste von Bequia, ungefähr zwei Seemeilen von St. Vinzent, und die meisten Neger schwammen glüklich an das Land. Die Karaiben pflegten in jener Gegend zu fischen. Da sie nun diese Neger fanden, nahmen sie dieselben in ihre Kanoes, brachten sie nach St. Vinzent, und machten Sklaven aus ihnen. Allein einige Zeit nachher, als sich die Neger sehr vermehrten, fingen die Karaiben an, sich vor ihnen zu fürchten, und beschlossen, alle männlichen Kinder der Schwarzen umzubringen. Dieß veranlaßte einen Aufstand der Neger, in welchem sie eine große Anzahl von Karaiben umbrachten, in die Nordwestlichen Gebirge der Insel entflohen, und so viele Weiber der Karaiben mit sich nahmen, als sie konnten. Dort sind sie nun von Zeit zu Zeit, durch entflohene Negersklaven aus den benachbarten Inseln, verstärkt worden, und ihre Abkömmlinge sind jezt eine wilde und unabhängige Horde, welche unter dem Namen der schwarzen Karaiben bekannt ist."

„Im Jahre 1763 wurde die Insel St. Vinzent, auf welcher die Franzosen einige zerstreute

Plan-

Plantagen errichtet hatten, den Engländern über-
laffen. Allein es zeigte sich bald, daß die Betrieb-
samkeit der Missionarien und die Höflichkeit der Franzosen einen vortheilhaften Eindruk auf die Karaiben
gemacht hatten; denn diese fuhren fort, ihre Bedürfnisse von der Insel Martinique zu hohlen, und
unterhielten eine Art von Bündniß mit dem dortigen
Französischen Gouverneur. Als sich die Engländischen Pflanzungen erweiterten, bedurften die Pflan-
zer der Ländereien, welche ein Eigenthum der Karaiben waren. Einige unter ihnen wagten es, dergleichen Ländereien von den Karaiben zu kaufen: allein dieß wurde von der Engländischen Regierung ge-
mißbilligt, weil es sich mit den rechtmäßigen An-
sprüchen der Regierung nicht vertrüge. „

„Am 24 August 1769 traf der Schiffshaupt-
mann Quinland, welcher Befehlshaber eines be-
waffneten Schiffes war, mitten zwischen den Inseln
St. Lucia und St. Vinzent, vier große, mit Pul-
ver, Blei und Schießgewehren beladene, Kanoes an.
In jedem befanden sich ungefähr zwanzig bewaffnete
Karaiben. Quinland gab das Signal an diese Kanoes, daß sie nach seinem Schiffe kommen sollten.
Die vier Kanoes segelten alle mit einander auf ihn
zu. Da er aber nur neun Mann am Borde seines

Schif-

Schiffes hatte, so gab er ein Zeichen, daß Eines
nach dem anderen zu ihm kommen sollte. Dessen ungeachtet beharrten sie darauf, zusammen nach ihm
zu rudern. Um sie abzuhalten, löste er eine Kano-
ne. Sie beantworteten dieß sogleich durch Musket-
tenschüsse, und ruderten vorwärts, als wenn sie sein
Schiff einnehmen wollten. Er ließ noch eine Kano-
ne lösen, wodurch Eines von den Kanoes in den
Grund gebohrt wurde. Die Karaiben aus diesem
Kanoe schwammen, mit den Hirschfängern im Munde, seinem Schiffe zu. Er fuhr so lang fort zu
feuren, bis er alle vier Kanoes in den Grund gebohrt hatte. Da aber von der, aus neun Mann
bestehenden, Mannschaft seines Schiffes zwei getöd-
det und Einer verwundet waren, und da er also nur
sechs Mann übrig hatte, um der großen Anzahl zu
widerstehen, welche, mit den Hirschfängern im Munde, die Seiten seines Schiffes zu erklettern versuchte;
so segelte er fort, und bezeugte nachher, in seiner
eidlichen Aussage über diesen Vorfall: wie er glaube, daß jene achtzig Karaiben alle in der See ertrun-
ken seien.„

„Dieser unangenehme Vorfall erwekte die heftig-
ste Rachsucht der Karaiben, und sie waren bereit,
feindselig gegen die Engländer zu verfahren, sobald

sich

sich dazu Gelegenheit zeigen würde. Auf solche Weise entstand allmählig ein, immer mehr zunehmender, Haß zwischen den Engländischen Pflanzern und den schwarzen Karaiben, welcher nun endlich in schreklliche Feindseligkeiten ausgebrochen ist. Die Karaiben haben so entsezliche Grausamkeiten verübt, daß weiter nichts übrig blieb, als entweder die weissen, oder die schwarzen Einwohner, von der Insel wegzubringen. Bereits hat die Engländische Regierung (im Jahre 1795) den Befehl gegeben, alle schwarzen Karaiben von der Insel St. Vinzent weg; und nach der kleinen Insel Rattan in der Honduras-Bay zu bringen. Ob aber dieser Entschluß wird in Ausführung gebracht werden können, muß die Folge lehren."

Verbeſſerungen.

S. 3. Z. 4. ſtatt einen organiſirten, leſe man: einem organiſirten.

S. 11. Z. 1. ſtatt asgeht, leſe man: ausgeht.

S. 14. Z. 6. 7. ſtatt nach Geſezen, leſe man: nach den Geſezen.

S. 22. Z. 3. ſtatt Panſpermiſten, leſe man: Panſpermiſten.

S. 34. Z. 5. von unten, ſtatt mohrere, leſe man: mehrere.

S. 39. Z. 2. ſtatt ausarten, leſe man: anarten.

S. 46. Z. 13. ſtatt bei mehreſten, l. m. bei den mehreſten.

S. 56. Z. 4. ſtatt erſtaunenswordige, l. m. erſtaunenswürdige.

— — Z. 6. ſtatt der groſen, l. m. des groſen.

S. 58. Z. 9. von unten, ſtatt dem Bedürfniſſen, leſe man: dem
Bedürfniſſe.

— — Z. 2. von unten, ſtatt Blendelinge, leſe man: Blendlinge.

S. 87. Z. 12. ſtatt worde, leſe man: werde.

S. 99. Z. 8. von unten, ſtatt gelbraun l. gelbbraun.

S. 119. Z. 14. ſtatt beinahe l. beinahe.

S. 127. Z. 15. ſtatt von l. vor.

S. 136. Z. 7. ſtatt Naſen l. Naſe.

S. 157. Anmerk. a) Z. 1. ſtatt 1738 l. 1788.

S. 164. Z. 5. ſtatt Städer l. Städter.

— — Z. 9. ſtatt brannen l. braune.

S. 175. Z. 5. ſtatt Urſprungs l. Urſprung.

— — Z. 2. von unten, ſtatt mehr l. wenig mehr.

S. 177. Z. 2. ſtatt ſtarben, l. ſtürben.

S. 181. Z. 1. der Anmerkung, ſtatt colorem l. colorem.

S. 192. Z. 2. von unten in der Anmerkung muß das Wort auch
weggeſtrichen werden.

S. 193. Z. 1. der Anmerkung, ſtatt verändert, l. verändert haben.

S. 195. Z. 6. ſtatt dunkelgefärbte l. dunkelgefärbten.

S. 196. Z. 1. von unten, ſtatt denſelben l. demſelben.

S. 198. Z. 8. ſtatt Farbe l. Farben.

S. 202. Z. 6. ſtatt einmals l. einmal.

S. 209. Z. 11. von unten in der Anmerkung, ſtatt preequitantur
leſe man: perequitantur.

S. 217

Verbesserungen

S. 217. Z. 6. von unten, in der Anmerkung, statt to their l. of their.

S. 229. Z 6. von unten, statt Farbe l. Farben.

S. 237. Z. 9. statt Haare l. Haaren.

S. 251. Z. 10. statt Auf l. Auch.

S. 275. muß der erste Absatz so gelesen werden: die Zähne des Menschen sind von den Zähnen aller übrigen, von dieser Seite bekannten, Thiere, vorzüglich aber die Schneidezähne in der unteren Kinnlade, durch ihre aufrechte Stellung verschieden.

S. 314. Z. 3. von unten, muß das Wort: eigentlicher, ausgestrichen werden.

S. 360. Z. 9. statt welcher l. welche.

S. 364. Z. 15. statt ansehen l. ansetzen.

S. 372. Z. 13. statt durch welche l. durch welchen.

S. 388 Z. 5 von unten, statt ver l. der.